新訂 事例で学ぶ保育内容

領域 言葉

監修　無藤 隆
編者　宮里暁美　倉持清美　伊集院理子
著者　野田淳子　掘越紀香　清水由紀　横山真貴子　浜口順子　北野幸子

萌文書林
Houbunshorin

シリーズはじめに

　幼児「カラー5領域」シリーズについて、多くの方々に大学の授業や現場での研修などのテキストとして使っていただいてまいりましたが、平成29年3月の幼稚園教育要領、保育所保育指針、幼保連携型認定こども園教育・保育要領の改訂（改定）を受けて、そのポイントを盛り込み、改訂しました。

　同時に、従来からの特徴を堅持しています。第一に何より、保育現場の写真をほとんどの見開きに入れて、視覚的なわかりやすさを可能にしていることです。それは単なる図解ではなく、長い時間をかけて、保育現場で撮った実践についての写真です。中身に意味があるように、複数の写真を組み合わせて、本文で記述している活動の流れがわかるように工夫したところも多々あります。また、写真をすべてカラーにしてあります。今時、だれしも写真がカラーであることに慣れているだけでなく、やはり実際の様子がよくわかるからです。とくに初心の学生などにとっては大事なことです。

　第二に、本シリーズでの実践例と写真は、とくにお茶の水女子大学附属幼稚園及び東京学芸大学附属幼稚園など、編者や執筆者の関わりが深く、全国的にも名がとどろいている園について、その長年にわたり蓄えられてきた実践知を解説と写真により明らかにしようとしてきたものです。その実践者自身も多く執筆していますし、研究者もまた実践者と協同しながら研究を進めてきており、保育の改善や解明に努めてきました。その成果を本シリーズで初心者にもわかりやすい形で伝えるようにしています。

　第三に、その意味で本シリーズは、大学の研究者と現場の実践者との間のまったくの対等の協同関係により執筆してきました。その協力関係を維持し発展させることと本書を執筆する過程は重なり合ったものなのです。日頃から研究会や保育公開や園内研究会などを通して協働してきた間柄でもあります。

　第四に、実践と理論の往復と対応に意識して、執筆しました。そのふたつが別なことでないように、話し合いを重ねて、原稿の調整を行いました。シリーズの全体のあり方を整えるとともに、各巻ごとに編者を中心に執筆者と互いに連絡を取りつつ、完成に至ったのです。理論的な立場の章も実践のあり方を踏まえ、それに対する展望を提供するよう努めました。

　最後に何より、新しい幼稚園教育要領、保育所保育指針、幼保連携型認定こども園教育・保育要領の考え方を反映させています。それは次のように整理できます。

最も基本となることは、従来からの考えを引き継ぎ、乳幼児期に相応しい教育のあり方を保持し発展させていくことです。この時期の子どもは園の環境にある物事に能動的・主体的に関わることを通して成長を遂げていくのであり、保育者の仕事はそれを支え促す働きにあります。また、この時期に子どもに経験してほしい事柄を整理したものが保育内容の5つの領域なのです。

　そこで子どもの内面に育つ力が「資質・能力」です。それを子どもが関わり、その関わりを通して体験を重ね、学びとして成立していく過程として捉えたものが幼児教育としての3つの柱です。プロセスとして捉えることにより、保育において子どもを指導する際のポイントが見えてきます。それは、子どもが気づくこと・できるようになること（知識・技能の基礎）、試し工夫すること（思考力などの基礎）、自分のやりたいことに向けて粘り強く取り組むこと（学びに向かう力など）を中心としたものです。それは短い時間での活動をよりよくしていく視点であり、同時に、長い期間をかけて子どもの学びが成長につながっていくあり方でもあります。

　その資質・能力の始まりの姿を示すものが、保育所保育指針などに示される乳児保育の3つの視点です。自分の心身への関わり、人との関わり、物との関わりからなり、それが5つの領域に発展すると同時に、そこから資質・能力が伸びていきます。

　その幼児期の終わりの姿が「幼児期の終わりまでに育ってほしい姿」です。それは資質・能力の成長が5つの領域の内容のなかで具体化していき、姿として結実し、さらに小学校以降へと伸びていく様子を示しています。これが実践を見直す視点として使えるものとなります。

　このように、新たな考え方を取り入れながら、乳幼児期の教育の本質である環境を通しての保育の考え方を実践に具体的に即して解説したものが本シリーズなのです。

　このような大胆な企画を全面的にサポートしてくださった萌文書林編集部の方々に感謝するとともに、本書に登場することを快く承知していただいた子どもたちと保護者の方々、また保育の現場の実践者の方々に感謝申し上げます。

　平成29年の年末に

監修者　無藤　隆

本書はじめに

　子どもの成長にとって、ことばの獲得は重要なカギを握っています。人と関わるために必要であり、物に探究的に関わるなかで気づいたことを表すのにもことばが力を発揮します。さらに、人が話すことばに興味をもち、自分の思いも伝えられるようになると、対話が成立し、より深い学びへと向かうことができます。また、絵本や物語などに親しむなかで、ことばが描き出す世界のおもしろさを感じるようになります。就学前の教育・保育において、ことばとの豊かな出会いを重ねていくことは、重要な課題なのです。

　本書の第1章、第2章は、幼児教育の基本、乳幼児期の発達と領域「言葉」についてまとめました。ここではまず、ことばとなる前のことばについて学びます。産声や微笑み、まなざしの交流もまた、ことばになる前のことばなのです。それは愛情に満ちた親や保育者との関わりのなかで育ちます。周囲のおとなの慈しみに満ちた応答的な関わりが、乳幼児のなかにため込まれ、ときを選び、「ことば」という形になって外に現れてきます。ことばの育ちの基盤は、誕生のそのときから大切に積み重ねられていくのです。

　第3章からは、領域「言葉」の重要な諸側面について、具体例をあげながら解説しました。「多様な感情体験」「信頼関係」「自分の考えや思いを伝える」「話しことばと書きことば」「ごっこ遊び」の5側面です。それぞれの具体例を通して、ことばが生まれ広がっていくプロセスや保育者の援助と環境について紹介しています。どうしてそのことばが生まれたのか、子どもはことばにどのような思いを込めているのか、ことばはどのように受け止められひろがっていくのかなど、事例から読み取り、語り合うことで学びは深まっていくでしょう。ここでは、対話的な学びを期待しています。

　第8章では、幼児教育の現代的課題と領域「言葉」というテーマで、メディア環境がもつ課題、評価や幼小接続の問題についてまとめました。21世紀の社会を生きるうえで必要とされる能力とは何か、そのためにことばは、どのような役割を果たすのかについて考える糸口にしてください。

平成30年8月

編者代表　宮里暁美

領域 言葉
Contents

シリーズはじめに
本書はじめに

第1章 幼児教育の基本

§1 幼稚園教育要領、保育所保育指針、幼保連携型認定こども園教育・保育要領における幼児教育の捉え方とは ……………………… 10
1. 幼児教育の根幹／2. 育みたい資質・能力／3. 幼児期の終わりまでに育ってほしい姿／
4.「資質・能力」を育む3つの学び

§2 これからの0～2歳児の保育 ……………………………………… 16
1. 非認知と認知能力／2. 養護と教育の一体性／
3. 0～2歳児の保育における「視点」から領域へ／4.「視点」と「領域」

§3 幼児教育の目的と領域 ……………………………………………… 19
1. 幼児期にふさわしく教育するとは／2. 小学校以上の教育の基盤として／
3. 家庭や地域の教育とのつながりのなかで／4. 子どもの発達を促すとは／
5. 保育内容がもつ意味

§4 環境を通しての教育 ………………………………………………… 24
1. 環境に置かれたものと出会う／2. 園という場が探索の場となる／
3. 子ども同士の関係のなかから始まる／4. 保育者が支える／
5. 子どもが活動を進め組織し計画する

§5 幼児教育の基本 ……………………………………………………… 28
1. 幼児期にふさわしい生活の展開／2. 遊びを通しての総合的な指導／
3. 一人一人の発達の特性に応じた指導／4. 計画的な環境の構成

§6 保育者のさまざまな役割 …………………………………………… 32
1. 用意し、見守り、支える／2. 指導し、助言し、共に行う／
3. 共感し、受け止め、探り出す／
4. あこがれのモデルとなる／5. 園のティームとして動く

§7 領域「言葉」と他領域との関係 ……………………………………………… 36
　1. 領域「言葉」の概要／2. 0〜2歳児における「言葉」に関わるねらい及び内容／
　3.「幼児期の終わりまでに育ってほしい姿」と領域「言葉」との関連／
　4. 領域「言葉」と他領域との関係／5. 幼小接続について

第2章 乳幼児期の発達と領域「言葉」

§1 乳幼児期の発達とことば ……………………………………………………… 46
　1. からだで感じる世界（誕生〜1歳未満のころ）／
　2. 自分で広げる世界（1歳〜2歳のころ）／3. 広がる活動世界（3歳〜6歳のころ）

§2 乳幼児期のことばの発達とおとなの存在 ………………………………… 52
　1. 心の拠り所となり、内的世界を受け止める／2. やりとりを支え、広げる

§3 ことばの発達をとらえる視点 ……………………………………………… 56
　1. さまざまな表現としてのことば／2. コミュニケーションとしてのことば／
　3. 耳から親しむことば、目で楽しむことば

第3章 多様な感情体験とことば

§1 多様な感情体験と快・不快の感情 ………………………………………… 64
　1. 多様な感情体験の場の保障／2. 快と不快を伝えることば／
　3. 心を揺さぶられる体験と考えることば／4. 保育者やなかまとつなぐことば

§2 自分の思いや気持ちを主張し、気持ちを整える ………………………… 75
　1. 自分の思いに気づき表す／2. 自分の思いや気持ちを適切に表現する／
　3. 気持ちを立て直す

§3 なかまと意見を調整しながら話し合う …………………………………… 84
　1. 保育者がモデルになって話し合う／2. なかまの気持ちに気づいて調整する／
　3. なかまと話し合って調整する

§4 自分をいろいろな方法で表す ……………………………………………… 92
　1. 絵やお話で表す／2. 文字などの記号で表す／3. ことばで遊ぶ

第4章 信頼関係から生み出されることば

§1 ことばにならない表現を受け止める …………………………………… 100
　1. 居場所、居方を見つける／2. 行為を通してつながる心

§2 くり返しのなかでの呼応 …………………………………………………… 107

§3 生活体験を共有する ………………………………………………………… 109
　1. ことばで伝えたくなるような体験／2. 実感をともなった体験の積み重ね

§4 イメージ、感覚を共有する ………………………………………………… 114
　1. 豊かなことばを生み出す基盤／2. からだを通した共通のイメージ

第5章　自分の考えや思いを伝えることば

§1　相手に伝わることばを用いる ……………………………………………… 120
1. 相手のことばをよく聞き、相手にわかるように伝える／
2. 感情を冷却し、「本当に伝えたいこと」を伝える

§2　みんなの考えをまとめる ……………………………………………………… 123
1. みんなの考えを聞いて、自分の考えを見つめ直す／
2. みんなの考えをまとめるための「心の場所」をつくり出す

§3　相手の思いを理解する ………………………………………………………… 126
1. なかまの思いやりに気づく／
2. 相手の思いの理解を出発点として、みんなで問題を解決していく

§4　みんなと伝え合う ……………………………………………………………… 130
1.「一次的ことば」と「二次的ことば」／ 2. 集団のなかで相手のことばに耳を澄ます／
3.「ことば」のもつ大きな可能性

第6章　「いま、ここ」を越えて広がる世界とことば

§1　書きことば（文字）が広げる世界 ………………………………………… 136
1. 話しことばが伝える世界／ 2. 書きことばが伝える世界

§2　文字に出会う …………………………………………………………………… 145
1. 表す文字／ 2. 伝える文字／ 3. 手がかりとなる文字／
4. 保育者がつくり出す文字環境

§3　文字を自分のものにする …………………………………………………… 151
1. 文字のはたらきに気づく／ 2. 文字の便利さに気づく／
3. 文字が使える楽しさや喜びを知る

§4　文字を使う　―文字を介した活動― ……………………………………… 158
1. 絵本から広がる世界／ 2. お手紙ごっこ

第7章　ごっこ遊びとことば

§1　イメージをふくらませる …………………………………………………… 166
1. ことばとイメージ／ 2. なかまとイメージ／ 3. 環境とイメージ

§2　ことばを使って考える ……………………………………………………… 171
1. 保育者の力を借りて考える／ 2. なかまの力を借りて考える／
3. ごっこの力を借りて考える

§3　役割とことば ………………………………………………………………… 176
1. なりきった表現／ 2. 役の外からの表現

§4　ことばによる状況設定とその共有 ………………………………………… 179
1. 状況をつくり出すことば／ 2. 状況設定の共有

第8章 幼児教育の現代的課題と領域「言葉」

- §1 現代社会とことばをめぐる問題 ……………………………………… 188
  - 1. ことばをはぐくむ基本的な環境／2. 現代社会のメディア環境がもつ問題
- §2 ことばの成長を支える保育者の視点
  － イメージと生活をつなぐ言葉を紡ぐ － ……………………………… 192
- §3 保育の評価は「みとり」から …………………………………………… 194
  - 1. 遊びと生活の経験とともに育ち、学ぶ姿を「みとり」評価する／
  - 2. 保育者のカリキュラム・マネジメント／3. PDCAサイクル
- §4 領域「言葉」における評価と小学校との連携 ……………………… 200
  - 1. ねらい・内容・内容の取扱いを踏まえた領域「言葉」の評価／
  - 2. 幼児期の終わりまでに育ってほしい姿の活用
- §5 評価を道具に － 保育実践の質の維持・向上を図るために － ……… 203
  - 1. 評価の観点をもつ／2. 評価方法を知る
- §6 新しい時代の乳幼児教育 － 生きる力の基礎として思考力を育む － …… 206

- 引用文献 ………………………………………………………………… 208
- 学生に紹介したい参考文献 ……………………………………………… 210
- 幼稚園教育要領、保育所保育指針 ……………………………………… 211

※本文中の上付き数字[1]は、引用文献の番号を示しています。
引用文献は、巻末に章別に掲載してあります。

● 掲載写真について ●

本書は保育事例・写真を多数掲載して編集いたしました。ご協力いただきました園や関係者のお名前は、奥付に「事例・写真 提供協力」としてまとめています。また、本書全体にわたって多くの事例と写真のご協力をいただいた5園については、下記のように園名を略して本文中にも掲載しております。

略 称	正 式 園 名
お茶大	お茶の水女子大学附属幼稚園
お茶大いずみ	お茶の水女子大学いずみナーサリー
お茶大こども園	文京区立お茶の水女子大学こども園
学大小金井	東京学芸大学附属幼稚園小金井園舎
学大竹早	東京学芸大学附属幼稚園竹早園舎

第 1 章

幼児教育の基本

―― この章で学ぶこと ――

乳幼児期にふさわしい教育を行う、その中核が「環境を通しての保育」の捉え方である。
子どもは身近な環境に能動的に関わり、その充実した活動すなわち遊びを通して
心身の成長が可能となる。それを遊びを通しての学びと呼ぶ。
そこで育っていく子どもの根幹にある力が資質・能力であり、
それが幼児教育の終わりまでに育ってほしい姿として結実し、さらに小学校以降へと伸びていく。

§1 幼稚園教育要領、保育所保育指針、幼保連携型認定こども園教育・保育要領における幼児教育の捉え方とは

1 幼児教育の根幹

　幼稚園教育要領第1章では、幼児教育の根幹を幼児期の特性に応じて育まれる「見方・考え方」として示している。幼児教育における「見方・考え方」は、「幼児がそれぞれ発達に即しながら身近な環境に主体的に関わり、心が動かされる体験を重ね遊びが発展し生活が広がる中で環境との関わり方や意味に気づき、これらを取り込もうとして諸感覚を働かせながら試行錯誤したり、思いを巡らせたりする」ということである。

　この体験というのは内面が動くことと言っている。だから、心を動かされる体験というのは、いろいろなことに喜んだり感動したり、ワクワクしたりする体験をすることである。そういうことを積み上げながら、子どもの主体的な遊びが発展していく。また、遊び以外の生活の場面が広がっていく。そのなかで環境との関わり方や意味に気づき、自分たちが環境に関わっていることがどういうふうにすればよくなるか、どういう意味をもっているかについて考える。環境の関わり方を知り、こうしたいと思う気持ちをもち、それを取り込んで、自分のものとして自分の力でやってみたいと思うことから試行錯誤が生まれる。これは体を使い諸感覚を使いつつ、思い巡らすことである。思い巡らすというのは、「じっくり考える」「あれこれ悩む」「こうかなと思う」「こうしようとする」といった、子どもの内面的な、知的であり情動的なことを表現した様子である。

　たとえば、子どもたちが砂場遊びのなかで水を流すとする。樋を使って水を入れていくときに試行錯誤するだろう。子どもたちのイメージとしては水が水路みたいにスーッと流れていく、だけれど、樋が短いから組み合わせていく。その時に4歳児で最初はいい加減にやっていると、傾斜が平らで流れなかったり、樋に隙間が空いていると水が漏れたりするし、そうしているうちに、たとえば樋を重ねるときに上流の樋が上になければならない、逆になっ

ていると隙間ができてしまうとか、細かいことに気づいて台を工夫することを何度もやっていく。そこに身近な環境に主体的に関わっている姿がある。何とか水を流したいというあこがれのイメージをもち、そのうえで何度も工夫している。水を流したいという気持ちから生まれる物事の関連づけということがここでいう意味である。子どもにとって、実際に何かをやることで、さまざまな事

柄のつながりが見えてくる。そのなかで、自ら考えながら、保育者と話しながら何度もやっていく。そこには試行錯誤がある。同時に単に手先で適当にやっているわけではない。ランダムにやっているわけではなくて、一度上流の樋を上の方にすると気づけば、それが外れたらまた上に乗っけることをする。傾斜が適当にできたら、それが外れたらちゃんと直す。水の特徴に気づきながら、それを自分のものにしていく子どもの様子が見られる。

　そう考えると、幼児教育の一番の中心は、この「見方・考え方」であって、それを子どもが自分のものにしていく過程であるわけである。それを保育者は援助していく。この「見方・考え方」が成立していく過程を「学び」と言っている。それが幼児期にふさわしい教育のあり方で、それが一番の中核になる。今回の改訂では、それが幼稚園・保育所・認定こども園でつながる根幹だということで明確にしてある。

　そのうえでそれを小学校以降につないでいく必要があると考える。ここにもふたつの側面がある。ひとつは幼児教育と小学校教育のつながりをしばしばあまりに周辺的・断片的なことを見ていく傾向があるということである。そうではなく、子どもたちが学校教育を通して育っていくときに身につけていく力の根幹までさかのぼって整理していく。これを小学校・中学校で言えば、教科を超えて共通の子どもたちの力の根幹というものは何なのかということに戻って整理していくということになる。それを「資質・能力」と呼んでいる。小学校とこの資質・能力においてつながる。もうひとつは、あまりにそれが抽象的すぎるので、具体的に5歳児の終わりごろの子どもたちが見せる発達の姿を具体的に提示して、それを小学校につなぐとしてある。この二重の構成によって幼児教育と小学校教育のつなぎをしていく。

2　育みたい資質・能力

　まず、根幹となる力について3つに分けてある。①は「知識及び技能の基礎」、②は「思考力・判断力・表現力等の基礎」、③が「学びに向かう力、人間性等」である。これは小・中学校において従来言ってきた、「知識・技能」と「思考力・判断力・表現力等」と「主体的に学習する態度」という学力の3要素に対応している。この3つの資質・能力は幼・小・中・高で大きくは同じであるとしている。また、幼稚園と認定こども園と保育所においても同様である。つまり、すべての幼児教育の施設と、基本的には小・中・高が共通の枠組みであるとしたわけである。その共通性を明らかにさせて、そのうえで幼児期の固有性というのを、先ほどの見方・考え方によって、幼児期らしく言い換えて、はっきりとさせていく。

　まず1番目に、「知識及び技能の基礎」の部分（豊かな体験を通じて、感じたり、何に気付いたり、分かったり、できるようになったりする）である。これは、砂場の例でいうと、「水は高い所から低い所へ落ちる」くらいは3歳児でもわかるだろうが、「ちょっとした隙間があるとこぼれる」とか、もう少し大きくなると、「相当ゆるやかにすると水が流れない」、逆に「傾斜があると水の流れが速くなる」という傾斜度に気づいていく。実際に遊びながら特徴を見いだしていくのだが、これが知識及び技能の基礎となる。それは別の言い方をすれば

「何（what）」についてである。知識及び技能の基礎というのは、世の中にはいろいろなものやいろいろな人がいて、それぞれの特徴がわかるということであるし、それぞれの特徴に関われるということだと言える。水の特徴に気づく、縄跳びが跳べる、ウサギをだっこできる、ダンゴムシは丸まるなど、それぞれの特徴がわかる、知るとか、実際にウサギにとって心地よいように抱くことができるなどといった、個別的な事柄が実は幼児教育のなかでは無数に存在する。これをまず基本として捉える。

　2番目に、「思考力・判断力・表現力等の基礎」であるが、これは、「気付いたことや、できるようになったことなどを使い、考えたり、試したり、工夫したり、表現したりする」力である。では、「考える」というのはどういう場面で起こるだろうか。「考える」というのは、脳のそれなりの部分を使うことであり、活性化していると言ってよい。その意味での考えること自体は乳児のときからしていることである。

　ただ、大人は頭の中だけで考える。それは、幼児にはなかなか難しい。幼児の「考える」場面というのは、つまり先ほどの砂場に水を流すだとか、段ボールで窓を窓らしく作るとかなどで、それは子どものやりたいことや願いがあることによって「工夫する」という姿が出てくる。どう工夫すればいいか、ということで立ち止まり、そこで試行錯誤する。その手を止めて「エーと」と思うその瞬間に子どもの考えが生まれる。一瞬考えるなかで、子どもたちの試行錯誤と考える力が入り混じっている。気づいたこと、できるようになったことを使いながら考えたり試したり工夫したりするわけである。

　さらに、ここに表現も出てくるだろう。つまり、考えたことや工夫したことを互いに伝えるということである。それによって子どもたちの考える力はさらに伸びていく。伝え合うというのは対保育者や対子ども同士ということであるが、「ここのところを工夫した」「こういうふうにするといいんだよ」等をお互いに言えるようになっていく。そこに自分たちの考えることの自覚があり、自覚があることによってよりよく考えるところに結びついていく。

　3番目の「学びに向かう力、人間性等」であるが、これはまさに非認知的な力の部分である。根幹にあるのが学びに向かう力なのだと考える。つまり、幼稚園教育要領等でこれまで大切にしてきた「心情・意欲・態度」というものはまさに非認知的能力、あるいは社会情動的な力である。そこでは従来、態度の詳細があまり書かれていなかったが、そこをもう少しはっきりさせていく。「心情・意欲」はまさに「心が動かされ」「やりたい」「好きになる」「興味をもつ」という部分である。「態度」はそれをもとにして、「粘り強く取り組む」とか「積極的に工夫する」あり方を指している。意欲だけではなく、たとえば「好奇心」「やり遂げる力」「挑戦していく力」「人と協力する」等、さまざまなことが「態度」と呼ばれており、それによっていかによりよい生活を営むかが大切になる。子どもが自分たちが作った物、気

づいたものを使ってさらに遊びや生活を発展させるものということを指す。たとえば、5歳児がまず大きなお家を作って窓を開けてみる。その後、3歳児をそこに招待する、中でお茶会をする。そうするとテーブルを用意してお茶セットを置いて、3歳児を呼んできて……ということはひとつの遊びの活動が次に展開しながら子どもたちがそれを生かしてまた活動していっている。これこそが、「よりよい生活を営む」幼児像となる。

　では、それは具体的にはどういうふうに実践していけばよいのか。幼児教育の具体的な中身は5領域にある。5領域というのは「ねらい」があって、それは「心情・意欲・態度」を中心とした、先ほど示した3つの資質・能力の部分であり、具体的には内容を指している。内容によって、とくに「知識及び技能の基礎」が育まれる。砂場を使うのか、水を使うのか等々のことが内容となる。

　そのうえで10の姿というのを提示している。これは、5歳児修了までに資質・能力が育っていく際の具体的な姿として挙げられている。つまり、5領域の中で5歳児の後半で、子どもたちに育っていくであろう姿を取り出している。5領域の内容というのは、よく見ると、やさしめなものと難しいものが混じっている。「これは3歳児くらい」というものと「これは5歳児くらい」というものが混じっているのである。それとともに、小学校との関連において、幼稚園・保育所・認定こども園を共通化していくときに幼児期の終わりまでに、言い換えれば幼稚園、保育所や認定こども園で育っていく「子どもの最終像」を描いていくことが大切になると考えている。それを小学校へつなげていく。それは最終テストをしようという発想のものではない。5歳児の2学期・3学期の子どものあれこれ遊び・活動している様子を思い浮かべたときに、思い当たる節があるようなことを示している。「あれが育っている」「あの辺がまだ育っていないから、ちょっと10月から力を入れよう」等を10に整理してある。

3　幼児期の終わりまでに育ってほしい姿

　10の姿を確認したい。①は「健康な心と体」で、幼稚園などの「生活の中で、充実感をもって自分のやりたいことに向かって心と体を十分に働かせ、見通しをもって行動し、自ら健康で安全な生活をつくり出すようになる」とある。これはまさに領域「健康」そのものである。5歳児後半らしさというのは「見通しをもつ」とか「生活をつくり出す」というようなところかと思われる。それらは3歳児もできなくはないだろうが、それをちゃんとするのは難しいというところで、やはり5歳児の姿であると思われる。

　次に②自立心は、「身近な環境に主体的に関わり様々な活動を楽しむ中で、しなければならないことを自覚し、自分の力で行うために考えたり、工夫したりしながら、諦めずにやり遂げることで達成感を味わい、自信をもって行動するようになる」とあり、これはまさに非認知的な力になる。これも、たとえば「自覚して行う」とか「諦めずにやり遂げる」とか「自分の力で」というと年長らしさというものを感じるわけで、この辺まで育ってほしいと

保育者として願うのである。

　さらに、③協同性も同様である。「友達と関わる中で、互いの思いや考えなどを共有し、共通の目的の実現に向けて、考えたり、工夫したり、協力したりし、充実感をもってやり遂げるようになる」とあるが、これはまさに「人間関係」のなかに、「友達と楽しく活動する中で、共通の目的を見いだし、工夫したり、協力したりなどする」とあり、それを受けている。共有するとか工夫、協力するとかやり遂げるということが、年長らしさということになるだろう。

　そういった10の項目が用意された。その際に、この『幼児期の終わりまでに育ってほしい姿』は、資質・能力が5領域の内容において、とくに5歳児の後半にねらい

を達成するために、教師が指導し幼児が身につけていくことが望まれるものを抽出し、具体的な姿として整理したものである。それぞれの項目が個別に取り出されて指導されるものではない。もとより、幼児教育は環境を通して行うものであり、とりわけ幼児の自発的な活動としての遊びを通して、これらの姿が育っていくことに留意する必要がある。

　この姿というのは5歳児だけでなく、3歳児、4歳児においても、これを念頭に置きながら5領域にわたって指導が行われることが望まれる。その際、3歳児、4歳児それぞれの時期にふさわしい指導の積み重ねが、この『幼児期の終わりまでに育ってほしい姿』につながっていくことに留意する必要がある。これは保育所・認定こども園なら、0歳、1歳からスタートすることになるだろう。そして、これが「5歳児後半の評価の手立てともなるものであり、幼稚園等と小学校の教師がもつ5歳児修了の姿が共有化されることにより、幼児教育と小学校教育の接続の一層の強化が図られることが期待できる」のである。また、小学校の教員に「幼児教育って要するに何ですか」と聞かれたときに、「この10の姿を育てることです」と返答することができる。逆に言うと、「小学校に行く子どもたちはこの10の姿が多少なりとも育っているところです」と言えるわけである。厳密にいうと「この子はここが弱い、ここは伸びている」というのがあると思うので、それに向かって育っていきつつあるということであり、その具体的様子は要録等で示していけばよい。言うまでもなく、幼児教育における評価は、テストしてということではなく、保育者が保育を改善するためにある。

　この上で、10の姿として実現していく「資質・能力」を育てていくというときに大切なのは、「プロセスをどうしっかりと進めていくか」ということである。具体的には「学習過程」という表現であるが、学校教育法上で幼稚園も「学習する」ことになっているので「学び」と呼んでもいいし、「遊び」と呼んでもよい。資質能力を育てていく、その学びの過程にあって、子どもたちが主体的な遊びをするなかで身につけていくプロセスを保育者はどう支えていくか指導していくか。その際のポイントを3つに整理したのが「主体的・対話的で深い学び」の充実である。

4 「資質・能力」を育む3つの学び

　この「主体的・対話的で深い学び」というのは幼・小・中・高で共通して使っている言葉であるが、幼児期には幼児期なりの意味で使っている。

　「①直接的・具体的な体験の中で『見方・考え方』を働かせて対象と関わって心を動かし、幼児なりのやり方やペースで試行錯誤を繰り返し、生活を意味あるものとして捉える『深い学び』が実現できているか」

　「②他者との関わりを深める中で、自分の思いや考えを表現し、伝え合ったり、考えを出し合ったり協力したりして自らの考えを広げ深める『対話的な学び』が実現できているか」と言われており、これは、他者と協同の関係、自分たちでやっていること・やってきたことを言い表し、伝え合うなかで深めていこうとすることである。

　「③周囲の環境に興味や関心をもって積極的に働きかけ、見通しをもって粘り強く取り組み、自らの遊びを振り返って、期待をもちながら、次につなげる『主体的な学び』が実現できているか」。これは「主体的」について、まさに幼児教育の中心の部分である。主体的な遊びを通して学びを実現していくことなのである。ここはまさに非認知的な能力を育てるということである。ここでのポイントはまず、興味や関心をもってまわりに働きかけるということ、2番目は見通しをもつことである。粘り強く取り組むというのは、見通しをもつことなのである。

　たとえば、「人の話を聞く姿勢」といっても、ただボーッと座っていればいいわけではない。ボーッと聞くか、しっかり考えて聞くかの違いは、見通しをもつかどうかの違いなのである。なかなか3歳児に見通しをもつことは難しいだろうが、4・5歳になると「何をめざしてこれを言っているのだろう」と考えることができるようになってくる。砂場に水を流すというのは、樋と水があるなかで先生に「流しなさい」と言われて流すということではなく、子どもにとっては砂場に海やプールのようなものを作ろうとするなかで、バケツやホースを使うのであろう。つまりは、何かしらのものを作ろうとしているイメージがあり、見通しをもっている。そういうなかで主体性は育っていき、さらに、自らの姿勢を振り返ることができるようになる。「今日どういう遊びをしたのか」、「その遊びのなかでどういう工夫をしたのか」というのを友達同士で伝え合うということ、クラスで先生が子どもに聞いて発表してもらう、「これはどう」と聞いてもらう、それが対話ということである。

　そう考えると、「深い学び」も、「対話的学び」も「主体的な学び」ももちろん相互に密接に関連し合っていて、「ここが主体的な学びの時間、こっちが対話的な学び、ここが深い学び」ではない。すべての基礎となっているのが、子どもがものと出会い、人とつながり合いながら、より主体的で対話的な深い学びを実現していく過程であり、それが幼児教育のなかで起きているプロセスなのである。それが、より高いレベルで充実したものになるための指導のあり方である。幼児教育がほかの教育と共通性をもち、いかに小学校教育以降につながって、しかも同時に幼児期としての土台を形成できるかということをはっきりさせているのである。

§2 これからの0〜2歳児の保育

1 非認知と認知能力

　保育において普通の言い方をすれば、「認知」というのは知的な力で、「非認知」というのは情意的な力とか人と協働する力ということである。「資質・能力」でいうと、「知識及び技能の基礎」は「気づくこと」と簡単には言えるが、それは知的な力の一面である。もう一面は2番目の「思考力等」で、それは考えること、工夫することであり、知的な力の中心だ。3番目の「学びに向かう力・人間性等」というのは「心情・意欲・態度」の育ちから生まれるとあるので、情意的な部分となる。「心情・意欲・態度」という「心情」は、気持ちとか感情であり、心が動かされると説明できる。「意欲」はやりたいと思うこと。「態度」というのは、保育内容でいうと粘り強くできるといった類のことを指している。だから粘り強く最後まで取り組むとか、難しいことにも挑戦してみるとか、みんなで一緒に考えていくというのを「態度」と言う。そのあたりを一括りにして「学びに向かう力」ということで、これを小・中・高共通の言い方にしようとしている。

　幼児期の終わりまでに育ってほしい姿を理解するとき、乳児期から始まるということが重要である。「乳児保育のねらい・内容」で3つの視点が示されている。第1が「自分の心身への関わり」である。2番目は「親とか保育士など身近な人との関わり」で、信頼感とか愛着を育てることから始まる。3番目は「ものとの関わり」で、ここに気づいたり考えたりという知的な部分の芽生えがある。

　なお、「健やかに伸び伸びと育つ」という部分で、心身について子どもが自ら健康で安全な生活をつくり出す力の基盤を養うということとしており、これが幼児期の終わりまでに育ってほしい姿とつながることがわかる。つまり乳児から始まって幼児期、さらに小学校・中学校との連続性を明瞭に出してある。また、身近なものとの関わりの方は、「考える」「好奇心」というのも入っている。乳児もまた当然ながら考えるのである。それは小学生や、まして大人とは違う働きでもあり、無意図的で無自覚的であるけれど、そこから発展していき、より意図的で自覚的な考えへと乳幼児期全体を通して発達していく。人間関係は段階的であり、まず愛着が成り立って、その次に1〜2歳児を見ていくと、仲間との仲良し関係が始まり、3歳以降に集団的な取り組みや共同的活動が始まるという3段階になっている。ベースとして愛着がまず先にある。

このように、いずれも発達的な展開として示してあり、視点で異なるが、いずれにしても乳児期からの連続的な発展というのが強く打ち出されている。

2 養護と教育の一体性

養護とは生命的な存在である子どもの生きることそのものの保障を言っている。生命の保持と情緒の安定という整理は、その身体とさらに心の基盤を整えるということを意味している。とくに保育側がそのことの責務を負っており、保育所なり認定こども園ではとくに幼い子どもがおり、長時間の生活があるので強調されるが、実はその用語を使うかは別とすれば、幼稚園教育でそもそも「保育」という用語を使い（学校教育法における幼稚園教育の目的）、保護という概念がそこで中核的な意味をもち、また児童福祉法の根幹にある理念としての「愛し保護すること」を受けている以上、当然なのである。

養護とは保育・幼児教育の施設の場という家庭から離れて不安になっている子どもを安心していてよいとするところから始まる。そこから、保育者との愛着・信頼の関係に支えられ、子どもの関心が徐々にその周囲へと広がっていく。すると、そこにほかの子どもたちがおり、いろいろなものがあり、さまざまな活動が展開していることに気づき、そこに加わろうとする動きが始まる。そこでの経験の保障が保育内容の5つの領域として整理されたものであり、その経験を「教育」と呼ぶのである。だから、養護に支えられた教育が「幼児教育」ともなり、将来の小学校以降の学校教育の土台となり、同時に小学校以降の教育を下に降ろすのではなく、身近な環境における出会いとそこでの関わりから成り立つ経験をその幼児教育としていくのである。

3 0～2歳児の保育における「視点」から領域へ

実は乳児保育の「視点」は、5領域が成り立つ発達的根拠でもある。発達的問いというのは大体始まりを問題にする。身体に関わるところは比較的直線的に発達していく。物の辺りは広がりとして発達していく。人との関わりは対大人と対子どもと違うので階段的な展開をする。いずれにしてもその5領域が教科教育の手前にある乳幼児期に成立する土台であり、さらにその基盤がある。逆に、その上に発展の土台があって、その上に教科があるということなのである。全体を見ると、小・中学校の教科教育の発達的な基盤が乳児から始まることが明示されたと言えるのではないだろうか。そういう意味で、乳幼児から大人までの流れを発達的に規定して教育を位置づけるということになったのである。

第1章 ▶ 幼児教育の基本　17

子どもが主体的に環境と相互作用することで、その成長が保証されていくという原理は平成元年度から入っているが、子どもの主体的な生活、自発的な活動としての遊びを、専門家である幼稚園教諭・保育士が援助していくという構造が、平成20年度ではっきりとしてきた。計画としての保育課程、実現としての指導計画というカリキュラムがはっきりしている。それを受けて、幼児教育全体の原則が構造的に明示されたのである。

　「幼児期の終わりまでに育ってほしい姿」というのは方向性であると述べた。それは幼児期に完成させようとしているわけではない。乳児期から育っていく方向である。「姿」というのはさまざまな活動のなかで見えてくる子どもの様子である。かつ、保育者がていねいに見ていけば見えるような様子なのであり、現場で見えてくる部分を大切にしていこうというメッセージなのである。とくに、乳児保育から始まる子どもの姿であるのだが、幼稚園もゼロから始まるわけではなく、幼稚園に行く前に家庭での育ちがあり、さらに子育て支援施設などで集団経験がある程度あり、そういうところの育ちを受けて幼稚園がある。

4　「視点」と「領域」

　乳児保育では、たとえば8か月の赤ちゃんは、自分の体と相手となる大人、そしてそばにあるものとの関わりで始まる。それに対して保育内容というのは子ども自身がどう関わるかという、その子どもの関わりである。「保育内容」という場合には、まわりにいろいろなものがあるというところから出発する。人がいる、物がある、動物がある、植物がある、積み木があるというように、物や人や出来事の整理で、そこに子どもが出会っていくという捉え方をする。しかし乳児においては、子どもが関わるという行為そのものが先にあって、そこから対象化が始まる。それを「領域」と呼ぶと誤解を招くので、「関わりの視点」としている。関わるというあり方が重要なのである。乳児自身がまわりにどう働きかけるというか、まわりにどう関わるかということの視点である。小さい時期から人と関わるなかにいろいろなことが生まれてくるという、関わりから捉えるということを意味している。

§3 幼児教育の目的と領域

　幼児教育は家庭や地域の教育とつながりつつ、家庭で養育されてきた子どもの力をさらに家庭外にある諸々に向けて伸ばしていくものである。園でのさまざまな活動から子どもが経験することがしだいに身について積み重なり、小学校以降の学校教育やさらにはそこでの自立した生活への基盤となっていく。だが、それは単にのちに必要なことを保育者が一方的に述べれば身につくということではない。幼児期の特性に配慮してそれにふさわしい指導の仕方がいる。だが、逆にまた幼児期にふさわしく、子どもが喜ぶなら何でもよいのではない。発達の大きな流れを形成して、将来に向けての基盤づくりともなるべきなのである。

1 幼児期にふさわしく教育するとは

　幼児期にふさわしいとは何をすればよいのだろうか。活動であり、遊びであり、また生活である。それは教育の方法であるように思えるが、同時に、教育の内容に関わり、さらに幼児教育の目的に関わってくる。そこで可能であり、望まれることが何かということから目的や内容が規定され、実際にはどのように行ったらよいかで方法が定まるが、そのふたつが別々のことではないというのが、この時期の教育の基本となる特徴なのである。

　幼児期はとくに幼稚園においては（基本的には保育所や認定こども園でも）、家庭で育ってきた子どもを受け入れ、一定の空間（園のなか）と一定の時間（4時間程度）、ある程度の人数の同年代の子ども集団のなかで、育てていく。それが小学校教育へと引き継がれていく。たとえば、小学校教育ではこれこれのことをする。その前の準備の段階でこういったことができていると便利なので、そうしてほしいという声がある。それはもっともだが、そのうち、どれが幼児期にふさわしいことなのかどうかの吟味がいる。さらに、小学校側で必要とは意識されていないが、実は幼児期に育てていることはたくさんある。

　だからまず、幼児期に子どもは幼稚園といわず、保育所・認定こども園といわず、どんなことを学び、どんなふうに育っているのかを検討し、それをもとに、そこをさらに伸ばすとか、特定の点で落ち込みがないようにするということが基本にある。その全体像のなかで特定のことの指導のあり方を問題としうる。そういった子どもがふだんの生活で行い、学び、また教わっているであろうことを、もっと組織的に、また子どもが積極的に関わるなかで、さまざまな対象について、園のなかで関わり、そこから学んでいくのである。その意味で、幼児期の教育は子どものふだんの学びの延長にあり、その組織化と集中化にあるのである。

2 小学校以上の教育の基盤として

　小学校以降の学校教育はふだんの生活ではあまり出会わないことについて、しかし、将来必要になるから、教室の授業で学んでいく。専門家になるために、また市民生活においてある程度は必要であることではあるが、といって、ふだんの生活で子どもにそれほど理解でき、学習可能なように提示されない。見よう見まねでは学ぶことができないことである。かけ算の九九を、とくに筆算としてふだんの生活の延長で学べるとはあまり思えない。文章の細部の表現の精密な意味を考え、何度も文章を読み返して考えるという経験もほとんどの子どもはしそうにない。そこで、小学校では教師が教科書を使って、ていねいに初めからステップを踏んできちんと理解し記憶できるように教えていくのである。

　幼児期に生活と遊びをもとに学んでいくというのは単にそういったやり方が導入しやすいとか、楽しいからということではない。学ぶべきことが生活や遊びの活動と切り離せないからである。またそこで子どもが行う活動の全体とつながったものだからである。

　たとえば、小学校の算数で図形の学習が出てきて、丸や三角や四角について学び、さらに面積の求め方を習う。では、幼児期はそのような形を身のまわりから探し出して、命名したり、簡単な図形を比べたりすることだろうか。実はそうではない。実際に幼稚園の生活を見てみると、そこで出会う図形とは、たとえば、ボール遊びのボールが球であり、積み木遊びの積み木が四角や三角である（正確には、立方体や直方体や三角柱）。机だって立方体のようなものだ。子どもにとって規則性のある形が印象に残るのは立体図形であり、それを使って、図形の特徴を利用した遊びをするときであろう。ボールはまさに球として転がるから遊べるのである。積み木は四角は積み重ね、三角はとがったところに使う。子どもの遊びや生活のなかにあって、身体を使って持ったりさわったりできて、形の特徴が顕著に利用されるものが基礎として重要である。

　学ぶべき事柄を生活や活動の文脈から切り離して、教室のような場で、言葉をおもに使って説明を受けて学ぶのは幼児の時期にはまだ早い。この時期は身のまわりにある諸々について関わり、その関わりから多くのことを少しずつ積み重ねていくのである。

　その積み重ねを発達の流れといってもよい。どんなことでもその流れのなかで獲得されていく成果であり、あくまで後から見ると、ひとつの成果となっていても、その背後には長い時間をかけてのさまざまな活動からのまとまりとして成り立つものなのである。45分座って人の話を聞くとか、鉛筆を持つということでも、ある時期に訓練して成り立てばよいのではない。人の話を聞くのは姿勢を保つだけではなく、その内容に興味をもち、自分が知っていることにつなげつつ理解を試みていく長い発達の過程が乳児期から始まって生じている。

筆記具にせよ、クレヨンで絵を描くことから色鉛筆を使うこと、大きな画用紙に描くことや小さな模様を描くこと、手先の巧緻性を要するさまざまな活動に取り組むこと等が背景にあって、初めて、鉛筆をちゃんと持ち、小さな字を書くということが可能になる。

　さらにそういった小学校の学習活動を可能にする前提として学びの自覚化、自己抑制ができるようになるということが挙げられる。算数の時間には算数を学ぶといったことが可能なためには、やろうとすることを自分の力で切り替えて、続きは次の機会にして、今は目の前のことに集中するなどができる必要がある。そういったことはまさに幼児教育で少しずつ進めていることである。時間割を入れて行うということではなく、やりたいことをやりつつも、ほかの子どもに配慮し、園の規則を守り、適当なときに遊びを終わらせる、などができるようになっていく。そういった広い意味での学校への準備は気づかれにくいが、最も大事なことである。

　実はその前には、やりたいことをするということ自体の発達がある。自己発揮とは、何も自己が確立していて、それを発揮するという意味ではない。まわりのさまざまなものが何であれ、それに心が動いて、何かやってみたくなり、実際に試し、それをもっと広げていく。そういった遊びのような自発性のともなった積極性のある活動が成り立つことをいっているのである。何にでも好奇心を燃やし、それに触れたり、いじったり、試したりして、その結果を見て、もっとおもしろいことができないかと考えてみる。そこに実はその後の学習の原点があるのである。

3　家庭や地域の教育とのつながりのなかで

　たとえば、小学校以上の教育でも、家庭や地域の教育のあり方とつながり、連携して進められる。だが、その教育内容も教育の方法も、学校という独自の場で学校ならではの事柄について教えることで成り立つものである。それ自体が直接に家庭や地域での活動やそこでの学びとつながるというわけではない。

　だが、幼児期の場合、そこで活動し学ぶことは家庭や地域でのことの延長にある。だからそのつながりはいわば内在的であり、だからこそ、幼児教育ということで、家庭や地域での教育を含めて、園の保育を考えるのである。

　そこで、子どもの発達の全体に対して、園と家庭と地域が総体として何を可能にしているのかの検討は不可欠である。ある程度の分担があり、また重なりがあるだろう。家庭で親子・家族の関係のなかで、また慣れ親しんだ場において、日々の繰り返しのような活動を子どもは営んでいる。その多くは親に依存し、親にやってもらっているだろう。そうなると、園においては、子どもだけでやれることを増やすべきであろう。また、

発達としてもそのほうが伸びていくに違いない。といって、何でもできるというわけにはいかず、むしろ、とくに注意を向けたことのない多くのことにできる限り関わりを増やそうとしているのだから、初めはほとんどのことができないだろう。だから、そこに助力が必要になる。

多くの家庭でやっていることであれば、改めて園であれこれとその種の活動を初めからすべて行う必要はないだろう。家庭で少々やっているが不十分であるなら、園で行うことになる。家庭でやってはいるが、漠然としていて明瞭な形でないため、園では正面切ってきちんと学ぶようにするかもしれない。子ども同士の集まりのなかで互いの関係を取り結び、小集団さらに大きな集団へと活動を展開するようなことは、地域での子ども集団がほとんど成り立っていない現在では、とくに園に求められるだろう。

そういったことの見通しのうえで、子どもにとって必要な経験を保証していくために、保育内容を定めている。必要な活動から子どもは内容に即した経験を得て、それを広げ、深めるなかで発達を遂げていく。

4 子どもの発達を促すとは

幼児期の教育を子どもの発達を促すこととして捉えた。しかし、その発達とはさほど自明のことではない。発達学とか発達心理学とかで扱うものが、幼稚園での保育での大まかの流れを規定するのではあるが、その保育の実際にまで立ち入るものではない。むしろ、そこでいう発達とは、家庭・地域・園がつながるなかで子どもが経験し、その経験が相互に重なりながら、次の時期へと発展していく大きな「川」のようなものだとイメージするとよいだろう。たくさんの支流があり、また分岐し、合流しつつ、しだいに川は大河となって流れていく。その川の流れやまわりの景色の様子を記述していくと、発達が見えてくるが、それはかならずしも細部まで固定したものではない。大まかな川筋の線だけが決まっていて、あとは、実際の子どもを囲む環境や人々や文化のあり方でその詳細が成り立っていくのである。

そういった総体が発達を進めていくのはよいとしても、そこで、とくに園において専門家である保育者がその発達を促すとはいかにして可能なのだろうか。すでに生じている・動き始めているところを促すのである。だから、すでに起きているところを見定めつつ、さらにそれが進むように、関連する活動が生じるような素材を用意する。すると、子どもがその素材に関わり、その素材をもとにさまざまな活動を展開する。その活動の流れのなかですでに生まれている発達の流れをもとに学びが成り立ち、子どもはいろいろなことができるようになったり、気づいたり、その他の経験を深めるだろう。その経験が子どもにとってその発達に入り込み、発達を促すことになる。

だから、どういった発達を促し、そこでいかなる学びを可能にし、どういった経験が結果していくかを保育者は見定めて、環境にしかるべき素材を用意する。またその素材へどう関わると、とくにそういった学びと経験と発達の経路が成り立つかを考えて、それを刺激し、動かしていくであろう活動を支え、助言し、ときに指示していくのである。

5 保育内容がもつ意味

　幼児期の特徴の大きなものに、その発達は物事への関わりのなかで、いわばそれに含み込まれるところで進むということがある。その物事の種類が保育内容である。その意義はふたつに大きく整理できる。

　ひとつは、家庭から学校への移行の期間としての幼児期において、子どもはこの世の中を構成する諸々と出会い、そこでの関わりを通して、次に

成長していくであろうさまざまな芽生えを出していくということである。そういった諸々とは、たとえば、人であり、動物であり、植物であり、砂であり土であり、積み木でありすべり台である。あるいはまた自分自身であり、自分の身体である。また、他者とコミュニケーションをとるための手段であり、とりわけ、言葉であり、また自分の考えや感じ方を表す表現の方法であり、表現されたものである。そういったものが、健康、人間関係、環境、言葉、表現といった具合に大きくまとめられている。

　そういった物事についてそれが何であり、どのようにして成り立ち、どのようにいろいろな仕方で動くかということをわかるだけではなく、それに対して自分がどのように関わることができて、どのような経験が可能なものなのか、自分がそこで考え、感じ、さらには感動することがあるのか、その様子はどのようなものかなどが感性的に把握できるようになる。それが幼児期の発達である。

　もうひとつは、その対象をいわば素材にして、自分がそこでもがき、感じ、考えることが大事だということである。子どもは抽象的なことを相手に学ぶわけではない。生活はつねに具体物からなる。そこで子どもが能動的に関わるとき、それが遊びという活動になっていく。そういった遊びや生活が幼児期の特徴だということは、保育内容を切り離して、子どもの活動はあり得ないということである。しかも、その活動が展開し、そこで子どもの経験が深まるには、その対象となる物事の特質に応じた独自の関わり方が不可欠である。何でもよいからそれに触れれば、そこにおのずと子どもにとって意味のある経験が成り立つのではない。その物事にふさわしいあり方を子どもは模索するのである。とはいえ、子どもの遊びにおいては、かならずしも大人の正答とか正しい規則にのっとらねばならないのではない。物事は実に多様な可能性を秘めているから、むしろ幼児期はその可能性を逐一試していき、そのうえで、正しいとか適切だとされる関わり方の方向へと習熟していくのである。

§4 環境を通しての教育

　幼児教育は園の環境を通して、そこでの子どもの出会いを通して成り立つ。その経緯をていねいに追ってみよう。

1　環境に置かれたものと出会う

　子どもは園の環境に置かれたものと出会い、そこから自分でできることを探し、取り組む。むしろ、園に置かれたものからやってみたいことを誘発されるというほうがよいだろう。すべり台を見ればすべりたくなる。積み木を見れば積みたくなる。

　とはいえ、園にはルールがあり、何でもしてよいというわけでないことは入園したての子どもでもわかる。また、さわりたくなっても、実際にどうしたらよいかがすぐにわかるとは限らない。保育者が説明をしたり、見本を示すこともある。ほかの子どもがやっているのを見て、まねすることもある。ある3歳の子どもが入園後すぐに砂場に入り、どうやら初めてらしく、おずおずと砂に触れていた。砂を手ですくい、それを何となく、そばにまいていた。そのうち、まわりの子どもの様子を見ながら、手で浅い穴を掘り始めたのである。おそらくほとんど初めて砂に触り、砂場に入ったのだろう。砂の感触もなれないだろうし、穴を掘ることもわからない。何より、そこでのおもしろさがピンとこない。でも、一度始めると、ほかの子どもの刺激もあり、自分で始めたことを発展させていくことも出てくる。何より、自分がしたことの結果を見て、さらに何かを加えていくことにより、工夫の芽があらわれる。

　どうしてもっと簡単に保育者が使い方を指導し、正しいやり方を指示することをなるべく避けようとするのだろうか。ひとつは、園に置かれたもの、またそこにいる人、そこで起きている事柄は実にたくさんあり、その一つ一つを保育者が指示するより、子どもが見て取り、自分で始めるほうがいろいろなことについて学べるからである。

　また、どのもの・人をとっても、多様な可能性の広がりがあり、その動かし方の全体を知ることが必要だからである。積み木は置くだけではなく、叩くことも、転がすこともできないわけではない。置き方だって、上や横や斜めといろいろとある。置いて見立てることも、その上を歩くことも、ものを転がすことも可能。体の動き自体だって、数百という体中の関節での曲げ方や回転の仕方とその組み合わせだけでも膨大な可能性があり、その一つ一つ

を子どもは経験することで、その後のもっと組織的な体の動かし方の基礎ができる。そういった経験のうえに、場に応じ、対象の特性を考慮し、目的にふさわしい使い方を習得するのである。

　園に置かれたものとは、子どもがいわば世界に出会い、その基本を学ぶための一通りの素材である。おそらくどんなところであっても、人間として生きるのに必要な最小限の出会うべき対象があり、関わりがあるだろう。水や土や風や光といった自然や、動植物、さまざまな人工物、いろいろな人、自分自身、そこで可能な社会的文化的に意味のある活動。そういったものへの出会いを保証する場が園である。

2 園という場が探索の場となる

　園にはいろいろなものがあり、さまざまな子どもがいて、絶えず多種多様な活動が並行して生じている。小さな子どもにはめまいがするほど、することのできる可能性が目の前に繰り広げられている。だが、それらのほとんどは眺めていると楽しくて時が過ごせるとか、ボタンひとつでめずらしい光景が展開するというものではない。いくら積み木を眺めていても、自動的におもしろいことが起こるわけではない。あくまで子どもが関わって、おもしろいことを引き起こすのである。いや、子どもが初めて、動かし、工夫し、発見し、思いつくからこそ、楽しいのだろう。一見、何でもないようなものを一転させて、変化をつくり出せることがおもしろいのである。

　そういったものが園にはほとんど無数に置いてある。保育者がとくにそういった意識をもたないような何でもない隅っこや単なる都合で置かれたものでさえ、子どもはそうした遊びの素材に変えてしまう。雨の日に、雨樋から水がポトポトと垂れてくれば、それに見ほれ、入れ物を置いて、水を溜めてみたり、音を楽しんだりするかもしれない。

　園のどこに何があり、そこで何が可能かを子どもはしだいにわかっていく。それでも、季節や天候により何ができるかの可能性は広がる。ほかの子どもが楽しそうに遊んでいれば、そういうこともできるのかと新たな気づきもある。自分の技術が向上すれば、また可能性が大きくなる。「園は子どもの宇宙である」と私はあるところで述べたことがある。

　園のいろいろな箇所に子どもが動く動線を毎日重ねていってみよう。その無数の線が重なっていくに違いない。そのさまざまな箇所で子どもがする活動や動き方の種類も広がっていき、動線の重なりをいわば立体化し、時間の流れのなかでの展開をイメージしてみる。子どもは園という生態学的環境の一部になり、そこでの潜在的可能性の探索者になるのである。

3 子ども同士の関係のなかから始まる

　子どもの間の関係はまた独自の活動のあり方を構成する。園の物理的なものの場のあり方とは異なる独自の人間としての関係を子どもは取り結ぶからである。園は子どもが見知らぬところから互いに親しくなり、協力の関係をつくり出す経験をする場でもある。子どもは園においてほかの子ども、すなわち対等につきあう相手に出会うのである。

　子ども同士の関係は友情という心理的人間関係にいずれ発展していくが、まずは共に遊ぶということから始まる。平行遊びという言葉があるように、たとえば、砂場で一緒にそばで遊んでいつつも、しかし互いに話し合ったり、明確に模倣し合ったり、共に同じものをつくるということはまだない。だがどうやら一緒にいるということはうれしいようである。実はそういった関係はある程度協力して同じものをつくったり、遊んだりするようになっても続いていく。大型積み木を使って、ふたりがともに「遊園地」をつくっていた。しかし、時々どうするか話し合ったり、遊んだりするものの、大部分の時間はひとりずつで組み立ている。ただ、5歳児くらいになると、分担して、各々が何をつくっているかを互いに了解し、また全体のテーマに合うように工夫している。大事なことはそのものを使う遊びに関心があって、その遊びがいわばほかの子どもを巻き込むようにして、広がることを基本形としているところにある。

　といっても、子ども同士がもっと直接に交渉することはしばしば見られる。交渉があまり生じていなくても、数名が一緒に動きまわるといったことは始終ある。そこでは、同じようなことをするということ自体に喜びを感じているようである。相手がすることと同じことをする。相手が跳び上がれば、こちらも同じように跳び上がり、楽しい感情が伝染し、その感情に浸っているようである。人間関係は、共にいることの楽しさといった感情を中心に成り立つ。

　しだいに特定の相手との安定し持続した関係が生まれる。園に朝行くと、特定の子どもを探し、いつもその数名で動く。またその子どもが来たら、何も文句を言わずに仲間に入れてやる。だがその一方で、始終、遊ぶ相手が変化し、毎日入れ替わるのも幼児期の特徴である。子どもは園でのさまざまな子どもと遊ぶことを通して、さまざまな人柄の人とのつきあい方の学びをしているのである。同時に、特定の人と親しくなるという経験も始まっている。

　子どもが同じ目標をもって、互いにそれを実現しようと、相手に配慮し、話し合ったり、工夫したりして、活動することは、つまり協力する関係が成り立つことである。子ども同士の関係は親しみを感じるということと、目標に向けて協力するということの両面をもち、そのつながりが濃密であることに大事な意味がある。

4 保育者が支える

　園が単に子どもが集まり、安心して遊べる公園以上の意味をもつのは、保育者が園の環境を整え、また随時、子どもの活動を支えるからである。その支えは専門的なものであり、その専門性が何であるかを理解し、それを身につけることにより、初めて、プロとして一人前になる。そこには、ピアノを弾くといった個別の技術を必要とするものがあるのだが、根幹はこれまでも述べてきたような子どもの活動を促し、子どもの深い経験を支えていくことにある。この点は節を改めて、後ほどさらに詳しく述べよう。

5 子どもが活動を進め組織し計画する

　子どもは環境との出会いから活動し、学んでいく。そこではただそのものを眺めたり、誰かと一緒に定まったことをしていても、子どもの経験として深まっていかない。何より、子どもがその子なりにやってみたいと心が動くことが肝心である。そうなって初めて、子どもの力が存分に発揮され、またまわりのものや人を利用しようという気持ちも生まれる。といっても、実際には、何かを眺めて、そこでおもしろく思って、すぐに活発に工夫して取り組むとは限らない。まず取りかかる。そこでふとおもしろくなる可能性に気づく。さらにやってみる。だんだん、楽しくなる。こうしたらどうだろう、と工夫も出てくる。そういった対象と子どもの間のやりとりが成り立って、活動は発展していく。その過程で子どもがもつ力や好みその他が発揮され、またまわりを巻き込んでいくだろう。

　子どもにとって園の環境が大事だとは、単に図書館のようにまた公園のように、子どもに有益な遊具その他の素材を配列して、順番にそれに接するようにすることではない。子どもが対象とやりとりをして、ほかの子どもとの協同する関係に広がる一連の過程を刺激し、持続させていくところにある。

　そこから、子どもは思いついていろいろなことをする楽しさや、どんなことでも関わり試してみると、おもしろい活動が広がるものだということをわかっていく。まわりのいろいろなことへの興味が生まれ、それがその後の大人になるまでの長い生活や学習の基盤となる。さらに、試してみることから、もっと計画して、こうやってみようと先をイメージして、そこに向けて、自らのまたまわりの子どもの活動を組織することの芽生えも出てくる。そういったことが園の環境において成り立つことが幼児教育の核である。

第1章　▶　幼児教育の基本　　27

§5 幼児教育の基本

以上述べてきたことを改めて、幼児教育の基本として整理してみよう。

1 幼児期にふさわしい生活の展開

　子どもは園のなかでたとえば、造形活動を保育者の説明のもとに行うといった活動もする。だが、それは小学校の授業とはかなり異なっている。明確な時間割というわけではない。その製作はたとえば、七夕の笹の飾りというように、行事やその他の活動に用いるためである。また、とくに保育者が指示しない自由遊びを選ぶ時間でも子どもが造形活動を行えるように、部屋にはクレヨンや絵筆や紙などが用意してあり、やりたいときに使えるようにしてある。そして設定での造形活動はそういった子どもが自発的に取り組む活動への刺激にもなり、またそこで使えるような技法の導入をも意図している。逆に、そういったふだんやっていることが子どもの設定での活動の工夫としてあらわれてもくるだろう。子どもが、たとえば日頃から親しむウサギやザリガニを絵に描くことがある。そういう毎日のように世話したり、遊んだりする経験がもとになり、豊かな絵の表現が生まれてくる。

　そもそも、子どもが朝、園に来て帰るまでのその全体が子どもにとっては生活である。そこでは、服を着替えるとか、トイレに行くといったこと、お弁当や給食を食べることも含めて、保育の活動である。幼児期にはそういったことも生活習慣の自立として大事だし、また、子どもが自分でできるようになるという自信を得るためにも大事な活動となる。そういった流れのなかで子どもの遊びの活動は生まれているし、設定の活動だって、意味をもつ。さらに、設定の活動と子どもの自由な時間の遊びがさほどに違うともいえない。子どもが興味をもって集中するように設定の活動を行えるようにするには、子どもの遊びの要素を組み込む必要がある。逆に、ふだんの遊びだって、それが子どもにとっておもしろくなり、発展していくには、保育者の助力が不可欠である。

　幼児期の生活は子どもにとって遊びと切り離せない。衣食住の生活自体と遊びそのものは異なるが、その間はつながりが深く、すぐに生活から遊びへ、遊びから生活へと移行するし、重なっていく。またそこで体を使い、実際に関わり、動いていくところで、子どもにとっての経験が成り立つ。

2 遊びを通しての総合的な指導

　子どもの行うどの活動をひとつとっても、そこには保育内容の領域でいえば、さまざまなものが関係している。たとえば、大型の積み木遊びをするとしよう。子どもは想像力を働かせ、どういった場にするか、どこを何に見立てるかと考えるに違いない。そこにはさらに言葉による見立てや言葉を使っての子ども相互の了解が行われるだろう。互いの意見の調整があり、誰を仲間に入れるか、誰をごっこの役割の何にあてるかでも、子ども同士のやりとりがなされる。

　積み木を積んでいくのだから、そこには手の巧緻性が必要となる。ずれないようにしっかりと積まないと、何段も積むことはできない。斜めの坂にしたり、門にしてくぐれるようにしようとか思えば、どうやれば可能かと考える必要もあり、試行錯誤からよい工夫を編み出すことも出てくる。積み木というものの特性を考慮し、ものの仕組みのあり方を捉えていく必要もある。さらに、三角や四角（正確には三角柱や立方体や直方体）の形を生かそうともする。積んでいくのは四角い積み木であり、上には三角を置いて、屋根みたいにする。平たい板を使って坂にする。形の特性の利用がなされる。

　こう見てみると、ひとつの遊びのなかに、領域健康（手先の運動）、人間関係（友達同士の交渉）、環境（仕組みの理解や図形）、言葉（見立てややりとりの言葉）、表現（積み木の組み立ての全体が表現）のすべてのものが関係していることがわかる。小学校につながるという面では、生活科（遊び）、算数（図形）、国語（言葉）、図工（表現）、道徳（一人一人の子どもの意見を生かす）、等々につながることも理解されよう。

　遊びが総合的であるとは、そういった多くの領域が遊びのいろいろな面を構成するからであるが、さらに、もっと未分化な遊びのなかの子どもの心身の躍動があるからである。子どもの心も思考も遊びの展開のなかで生き生きと動き始め、子どもの体の動きと密着し、分けがたいものとして、流動し、形をなし、活発化し、また静かになり持続する。その基底にある経験の流れからそれが対象につながり、活動を引き起こすことで内容に関わる気づきが生まれていく。

3 一人一人の発達の特性に応じた指導

　子どもはその時期にふさわしく、時期に固有の発達の経路をたどって、進んでいく。その大きな道筋はどの子どもをとっても、ほぼ共通である。だが、その流れを仔細に見ると、ちょうど川は上流から下流に流れ、海に注ぐのは同じで、その上流・下流といったことに伴う

特徴も大きくは共通である。だが、一つ一つの川は独自の道をたどり、勢いも異なり、幅も違うし、まわりの光景もさまざまである。それは川の独自性であり、その土地の様子や気象風土、天候などにより異なるのである。子どももまた、大きな筋は共通でも、子どもの生来の気質、それまでの家庭の養育条件、誰が友達となったか、子ども自身がどのように遊びを展開してきたかなどにより、経験が少しずつ異なり、発達の独自性が生まれる。

　さらに、子どもが特定の対象に関わり、そこで繰り返し活動するなかで、ある程度はどの子どもにも共通する流れとその踏んでいく順序が成り立つ。すべり台であれば、初めはおずおずと段を登り、すべるにしても緊張して少しずつ足を突っ張りながらすべるだろう。だが、しだいに慣れていき、すべりを楽しむようになる。次には、すべり方を変えてみたり、誰かと一緒にすべったりもする。すべり台の板を逆に登ってみるなどの冒険もするだろうし、腹ばいとか段ボールを使ってすべるなども出てくるかもしれない。

　そうすると、発達を3つの水準で考えることができる。第1は、大きな時期ごとの流れであり、大まかでかなりの幅がある。第2は、その場への適応を含んだ、対象との関わりの進化である。第3は、子どもによる独自の経験による、その持続と展開の流れであり、それは一人一人異なる。

　保育者はつねにその3つを念頭に置き、一般的な年齢や時期の特徴だけではなく、対象に応じて、また一人一人の発達の流れのありように応じて、活動を計画する。大きな枠としての計画と、そこでの対象に対する技術指導を含めた適応や習熟への指導、さらにひとりごとへの配慮を並行して考えるのである。

4 計画的な環境の構成

　繰り返し述べてきたように、幼児教育の基本的なあり方は、園にさまざまなものを置き、そこへの関わりを誘導することである。だとすると、保育者が子どもに相対し、どう関わり指導するかということ自体とともに、どのように園の環境を整え、子どもの活動を導き出すための素材とするかに十分に配慮する必要がある。

　一年中置いてあるいわば基本素材というものがある。保育室や庭の空間がそうである。

それが、走りまわったり、運動遊びや踊りをおどったり、遊具を取り出して展開する場となる。また保育室には絵を描く道具や紙が置いてあるだろう。セロハンテープその他の文房具類がある。紙やテープや段ボールが置いてあることも多い。コーナーに積み木があったり、ままごと用の台所セットや衣装が置いてもある。庭に出ると、すべり台やブランコや砂場がある。砂場のそばには水道があり、バケツやスコップが使えるようになっている。

ちょっとした木立があり、そこには虫なども来るかもしれない。飼育小屋があり、動物を飼って、子どもが世話をしたり、遊んだりする。果実のなる木があったり、畑があり、栽培やその後の活動が可能となる。こういった年中あるものは動かせないものもあるにしても、大体は毎日のように子どもがしたがり、またするほうがよい活動に対応している。

　その時々で保育者が入れ替えたり、出したり引っ込めたりするものもある。壁面構成などは適宜変えていき、そのつどの子どもの活動の刺激剤となるべきだろう。秋の活動となるなら、ドングリや柿の実やススキなどを飾っておくかもしれない。部屋の絵本もそういった秋の素材に関わる図鑑とか、物語絵本を揃える。ある時期に保育者が導入することもあるだろう。編み物を教えてみる。そのための道具はいつも部屋にセットしておく。

　環境に年中置かれていながら、変貌を示すものもある。落葉樹があれば、落ち葉の季節に注目を浴びる。季節の変化に応じて、夏ならプールが出され、水遊びが展開する。花びらを使った色水遊びも行われる。冬は氷に興味をもち、どこならできやすいかを試してみる。

　そのつど、生まれる環境や呼び込まれまた出ていく環境もある。激しい雨の後に絵を描くとか、虹を見ることができた。小学生や中学生が訪問してきた。外に出て、散歩をして、近所の小川で遊び、ザリガニを捕まえる。

　子どもにはできる限り多様な環境を用意する。だが同時に、そこでの活動にじっくりと取り組むことを可能にして、経験を深める。環境との出会いからいかなる活動が生まれるかが肝心な点であり、それを見越した環境の構成が求められる。

第 1 章 ▶ 幼児教育の基本

§6 保育者のさまざまな役割

　保育者が園の環境を保育のための場と転換させる鍵である。どのように助力し、指導するかで、子どもの活動の幅も多様さも集中力も工夫の度合いも大きく変わってくる。その保育者の働きはいくつかに分けることができる。

1 用意し、見守り、支える

　子どもから離れ、子どもを見ていく働きである。環境を構成することは準備であるが、その日の保育を予想しつつ、行うことである。そのうえで、実際の保育の活動が始まり、子どもが遊びを進めていくとき、保育者は子どもの様子を見守り、必要ならいつでも助力に行ける体勢で、クラス全員の子どもの一人一人がどのようであるかを捉えていく。安全への配慮を含め、保育者は特定の子どもとのやりとりにあまり長い時間を費やすことを避けて、どの子どももその視野に入れるようにする。

　すぐそばでまた遠くから、子どもが何をしているかだけでなく、落ち着いているか、何か問題やもめ事が起きていないか、楽しそうかなどを把握できるものである。あるいは一通り遊んではいるが、どうやら遊びが停滞しているようだとか、いつもと同じことを繰り返しているだけではないかといったことは、そばに寄らないとわかりにくいが、捉えるべきことである。

　子どもは保育者に見守られているということで安心して遊びに没頭できる。困ったら相談し、助けを求めることができる。どこに行けば、保育者からの助力を得られるかがわかっている。その際には、保育者はよい知恵を出してくれるし、いつも味方するとは限らないにしても、遊びがおもしろくなるような提案をしてくると感じられる。時々、保育者に声をかけたり、目を合わせると、にっこりと励ましの合図をくれる。

　保育者は必要ならすぐに子どものところにかけつける。危ないことがあったり、もめ事が拡大しそうだったり、誰かがいじめられているようであったりする。遊びが沈滞し、退屈そうだったり、乱暴になっていたりする。ふらふらととくに何をするでもない子どもがいる。せっかくのおもしろい遊びが進んでいるのに、ほかの子どもが気づいておらず、もったいない。いろいろな場合に保育者は子どもの遊びに入っていく。そういったいつでも動くという準備をもちながら、見守ることが支えるという働きなのである。

2 指導し、助言し、共に行う

　保育者はまた子どもの活動に直接、関与して、指導していく。ここに指導技術の違いが最も顕著にあらわれる。子どもが対象に関わって、そこにおのずと発展が可能になり、子どもが工夫しつつ、豊かな遊びとなり、子どもが多くのことを学ぶ、となればよいのだが、そういうことはかならずしも起こるとは限らない。通常は、その活動を広げていく保育者の働きかけが必要なのである。

　保育者は指導助言の機会をためらってはいけない。だが、その仕方はかなり難しい。ひとつは、子どもに何をしたらよいのかの明確な指示をどの程度行うか、子どもの活動の手伝いをどの程度までしてやるかである。もし子どものやりたいことがはっきりとしており、しかし自力ではできそうになく、しかもそのための技術がわかっていないなら、この際、やり方を教えてみる手もある。途中までやってやり、あとはやってごらんと渡す手もあるだろう。子どもたちが何とか考えて、上手なまた正規のやり方ではないにせよ、やれそうな力があり、また課題であるなら、任せてみて、「どうすればできるのかな」と子どもに委ねることもできる。あえて、「一緒に考えてみよう、もしかしたら、このあたりを試してみるとよいかもしれないね」と誘うこともあってよい。

　子どもに考えさせ工夫させることが大事だが、同時に、ある程度の達成感を覚えられないと、先に進もうとしなくなる。技術指導はちゃんと行って、子どもが遊びに活用できるようにすると、かえって子どもの遊びが広がることが多い。その際一方で、子どもの遊びの価値とか、そこでの素材への関わりから何を学ぶとよいかの見通しをもつことが大事だ。つね日頃からそのことを念頭に置いておくと、いざという機会に指導が可能となる。もうひとつは、子どもの側の動きを捉え、それを拾い上げ、流れの勢いを大事にすることだ。教えておきたいことや気がつかせたいことはあるにせよ、それはまた次の機会として、子どもの側のやってみたいことや発見を尊重することも多い。子どもの願うことを察知して、その素材で実現でき、かつその素材の特性を生かすような活動を思いつけると、もっとよいだろう。一緒に活動して、子どもの感じているおもしろさのポイントを捉えることがヒントになる。

3 共感し、受け止め、探り出す

　子どもの気持ちを捉え、その感情を共にすることは、保育の最も基礎にあることである。そういった共感を感じてもらっていると子どもが思えるからこそ、その指導も命令ではなく、子どもの活動をふくらませるものとして受け止められる。何かの折に助けを求める気にもなる。うまくできたときに達成の喜びを声や笑顔で知らせもする。

　子どもがいろいろなことをする。保育者の指示の範囲であったり、園としてのルールのなかのこともあり、また時にそこからはみ出しもする。あるいは、そういった違反ではないが、なかなか保育者の期待に沿わず、たとえば、ほかの子どもの遊んでいるところに加われない

とか、砂や土に触れないといったこともあるかもしれない。そういった場合に、注意を与えたり、時に叱ったり、励ましたり、適切なやり方を示したりもするだろうが、その前提には何であれ子どものすることを受け入れるということがある。全部を是認し、許容するという意味ではない。子どもがそれなりの重みや流れのもとでそうしたということを理解し、そこで動いている子どもの気持ちに共感することである。「やってみたかったんだ」と、いけないことであっても、理解を示すことはできる。なかなかやろうとしないことについて、「難しいことだからね」と気持ちのうえでの大変さの了解を言葉にすることもできる。そうすると、子どもは思わずしてしまうことの理解があるのだと安心して、そのうえでの是非の説明や教示を受け止めるゆとりができるだろう。

　子どもがあることにこだわり、何度も試してみる。そういったことについて、理解を働かせるには、その場で様子をよく見たり、子どもの言葉に耳を傾けるとともに、記録を整理したり、思い起こしたりして、子どもの活動での経験を探り、追ってみるとよい。本当のところはわからないとしても、子どもの視点に立っての深い共感的理解を具体的な活動の場に即して進めることが次の援助の手立てにつながる。

4　あこがれのモデルとなる

　保育者が子どもに向き合うだけでなく、子どももまた保育者を見ている。助けを求め、確認や励ましを得るためでなく、子どもには保育者は親とは異なりながら安心できる相手であり、困ったら頼りにすることができ、そもそも園でどうふるまったらよいのかの見本となる。どうしてよいかわからないときに保育者を見て、参考にするだろう。だが、それだけではなく、日頃から保育者や5歳児の子どものすることを参考にしつつ、こういったことができるのかと子どもは思い、それをめざしたり、自分たちが大きくなったときに思い出して試してやってみるだろう。

　特定の遊びとか遊具の使い方という以前に、保育者の立ち居ふるまいが子どもの日頃の様子に影響していくものなのではないだろうか。歩き方ひとつとっても、ゆるやかながらスムーズな足の運びというものがある。ドタバタとするのではなく、急いでいるにせよ、落ち着

きのある歩き方である。歩きながら、まわりに配慮でき、ぶつかったりしない。まわりの子どもの様子に気を配る。

　説明をするとか、歌をうたうとか、絵本の読み聞かせの声の出し方や調子はもっと直接に子どもが模倣することがある。ものを作るときの手さばき、「どうしたらよいかなあ」と考える様子、「もっとがんばってみよう」と粘り強く取り組む仕方なども、子どもは保育者のやり方を見習うだろう。

保育者の服装や趣味にもよいセンスを発揮したい。保育室の飾りつけとか、花の生け方とか、歌の歌詞を紙に書いておくことひとつでも、センスがあらわれる。そういったものが子どもの感性に沈み込み、いつの間にか変えていくのである。

　とはいえ、あまりに大人の「よい趣味」に寄りすぎないように注意することも必要だ。子どもは、ちょうど、苦みの味を嫌い、甘いものが好きなように、明快なものや格好よいもの・かわいいものが好きなのである。そういったものを大事にしつつ、ほかの好みにもセンスを広げてほしいのである。

5　園のティームとして動く

　保育者ひとりが自分が担任する子ども全員へのすべての対応を担い、そこに全責任を負うというのは、本来、園においてあってはならないことである。園の保育は園長以下、全員で取り組み、保護者から委託された子どもの保育・教育にあたるのである。たしかに担任がいて、クラスの子どもに責任をもつのであるが、それはすべてを担い、ほかの保育者や園長などの介入や支援を排除すべきだということではない。園の保育は子どもに直接また継続的に関わる人もそうでない人もいて成り立つ。

　子どもの保育に迷ったら、ほかの保育者と相談し、管理職からの助言をいつでも受けられる。改めて会議といわずとも、ちょっとした業務の合間とか、子どもが帰ったあとのお茶の席にでもそういう話題が出る。そのためにも、日頃から研修その他を通して、そういった相互に信頼のおける、また園の全体の目標や考え方を共有している間柄をつくっていくのである。

　保育室での配置や園庭のあり方なども、園長の考えに従い、ある程度の整備を進めるだろうが、そこにクラスの担任の意見を反映し、また逆にそちらの設計意図を理解しつつ、クラスの活動を計画するだろう。そもそも、保育の指導計画は担任がつくりつつ、ほかの担任とも調整し、また園全体の教育課程と年間計画に合わせてもいく。園長に見てもらい、添削をしてもらうこともある。

　子どももまたいつもクラスとしてまとまって動くとは限らない。自由に遊ぶなかで園のいろいろなところに広がることもあるだろう。3歳児の子どもが5歳児の遊んでいるところに呼ばれて混じって遊ぶこともある。時に、多動な子どもがいろいろなクラスに行ってしまうこともある。そういった折など、自分のクラスの子どもでないなどと思わずに、目の前に来た子どもの世話をし、指導もするだろう。そのためにも、ふだんから、どのクラスの子どもであれ、その情報を共有しておく必要がある。

　園の保育とは、このように、各々の保育者がその力量を発揮しつつ、互いの得意や特徴を組み合わせ、園全体のいわば保育力を、個々の保育者の力の足し算以上に上げていくものなのである。そして、そういった園全体の保育に個々の保育者が加わることにより、その力量も伸びていく。園内の話し合いや研修の機会とともに、まさにティームとして保育に取り組むこと自体が保育者の力量形成の主要な場ともなるのである。

§7 領域「言葉」と他領域との関係

1 領域「言葉」の概要

　幼児期の教育は、子ども自身が体験することを通して行われる。子どもは、体験を通し、成長するに従ってさまざまに感じ考えるようになり、考えたことを自分なりのことばで表現するようになっていく。ことばにして表すことにより、自分の考えが明確になり、自分が発したことばを保育者や友達に受け止められることで、満足感を感じ、さらに考えたりことばにしようとしたりするようになっていく。

　友達との関わりのなかでは、思いが伝わらないという葛藤も経験することがあるが、それもまたことばの成長につながる大事な経験である。子どもが成長する上で、ことばの果たす役割は大きいのである。子どもの成長にとって「ことば」は大きな存在なのだということがわかる。

　幼稚園教育要領・保育所保育指針・幼保連携型認定こども園教育・保育要領において、領域「言葉」の概要は、次のように示されている。

> 経験したことや考えたことなどを自分なりの言葉で表現し、相手の話す言葉を聞こうとする意欲や態度を育て、言葉に対する感覚や言葉で表現する力を養う。（下線筆者、以下同）

　概要の文章から、領域「言葉」のなかで大切に育んでいきたいことが、4つ捉えられる。下線を引いた部分である。それぞれについて詳しく考えてみよう。

（1）自分なりの言葉で表現すること

　最初にあげられているのが、「自分なりの言葉で表現すること」である。「自分なりの」ということに重点が置かれている。なぜ「自分なりの」ということが大切なのだろうか。なぜならばことばとは、その子ども自身の内面から沸き起こるものだからである。

　人間は、誕生のそのときから親の愛情に満ちた関わりのなかで育つ。笑いかけられ、あやされ、語りかけられるといった関わりに対して、目を見張ったり、声をあげ

「おいしいね」「手を洗ったかな」「もうすぐね」、保育者と子どもたちのなごやかなやりとりが生まれる。うれしい時間（1、2歳児）。

たり、笑い返したりする。愛情に満ちた応答的な関わりのなかで、「ことば」の基盤が育まれ、やがてことばを発していくようになる。ことばは形式的なものではない。その子のことばだから意味がある。だからこそ、「自分なりの」が大事なのである。

（2）聞こうとする意欲や態度

　ことばの育ちにおいて相手の話を聞こうとする意識や態度の重要性については、2008（平成20）年改訂時に強調されたことである。自分の思いを一方的に主張し相手の言うことを聞こうとしない自己中心的な子どもが増えている状況を受けて盛り込まれた内容だったが、この課題は、今も見られる。相手の話すことを聞こうとする姿勢は、相手に気持ちを向けることによって生じる。相手の話を聞くことで互いの思いが重なっていく。引き続き重点を置いていくべき内容である。

「そっちもって」「おろしていいよ！」、バケツのなかに宝物をみんなで隠す（3歳児）。

（3）言葉に対する感覚

　言葉に対する感覚という視点は、今回の改訂で新しく加わったものである。領域「言葉」のねらい（3）に、次のように書かれている。

> （3）日常生活に必要な言葉がわかるようになるとともに、絵本や物語などに親しみ、言葉に対する感覚を豊かにし、先生や友達と心を通わせる。

　下線の部分が新しく書き加えられた部分である。
　さらに、内容の取り扱いに、（4）が新しく加わった。以下の文である。

> （4）幼児が生活の中で、言葉の響きやリズム、新しい言葉や表現などに触れ、これらを使う楽しさを味わえるようにすること。その際、絵本や物語に親しんだり、言葉遊びなどをしたりすることを通して、言葉が豊かになるようにすること。

第 1 章 ▶ 幼児教育の基本　37

「言葉に対する感覚」とは、「言葉の響きやリズム」「新しい言葉や表現」のことだということがわかる。多くのことばを覚え、語彙数が増えていくことにともすると目を奪われがちだが、ことばの響きやリズムのおもしろさを感じ取り楽しめるようになることが大切であるとしている。ことばに親しむなかで、子どもたちはことばのもつ微妙なニュアンスや心地よさ、おもしろさを味わっている。幼児期こそ育んでおきたいものが、言葉に対する感覚なのである。

「あ！ なるよ！」、鳩時計の音楽が大好き。友達に知らせ合って集まって、踊りだした（2歳児）。

（4）言葉で表現する力

経験したことや考えたことなどを自分なりのことばで表現し、相手の話すことばを聞こうとする意欲や態度を育てるとともに、ことばに対する感覚を磨くなかで、言葉で表現する力が養われていく。このことが、幼児期に確実に育てていきたい力なのである。

幼稚園教育要領、第1章総則、第4の3「指導計画の作成上の留意事項（3）」に、言語に関連した留意事項が載せられている。

> （3）言語に関する能力の発達と思考力等の発達が関連していることを踏まえ、幼稚園生活全体を通して、幼児の発達を踏まえた言語環境を整え、言語活動の充実を図ること。

言語の発達が思考力などの発達と関連していることが明記され、子どもの発達を踏まえた言語環境を整えることの重要性が強調されている。

今回の改訂においては、自分の思いや考えを表現し、伝え合ったり、考えを出し合ったり、協力したりして自分の考えを広げ深める「主体的な学び」や「対話的な学び」にスポットが当たっている。さらに、子どもなりのやり方で試行錯誤を繰り返しながら、生活を意味あるものと捉える「深い学び」の重要性が強調されている。「主体的・対話的で深い学び」によって、子どもの資質・能力が高められていくわけだが、「深い学び」のために必要なこととして、遊びの振り返りがあげられている。

> 幼児が次の活動への期待や意欲をもつことができるよう幼児の実態を踏まえながら、教師や他の幼児と共に遊びや生活の中で見通しをもったり、振り返りをするよう工夫すること。
> 　　　　　　　　　　　　　　　　　　　　　（指導計画の作成上の留意事項（4））

遊びや生活の見通しや振り返りにおいて、保育者は問いかけ、子どもたちは自分なりのこ

「どこから来たんですか？」、外国のお客様に質問。「ここかな？」「こっちだよ」と地図で確かめている（5歳児）。

とばで答える。思いや考えをことばで表現し、伝え合う喜びを実感していくのである。

保育の形態はさまざまであるが、集まって話し合う時間を設定している園は多いと思われる。しかし、その方法や内容についての検討は、不十分ではないだろうか。子どものことばの発達において、話し合いのあり方や保育者の発問の仕方が問われている。これからの課題である。

2　0～2歳児における「言葉」に関わるねらい及び内容

今回の改訂（定）により、幼稚園、保育所、幼保連携型認定こども園の間で、保育内容や幼児期の終わりまでに育てたい姿についての整合性が図られた。乳幼児期の教育・保育に一貫性ができたことは、大きな成果である。ここでは、保育所保育指針等から、乳児期からの「言葉」の育ちと援助のあり方についての記載を抜き出し、3歳児以降の「言葉」の育ちと援助のあり方につなげていくことで、一貫性について検討する。

乳児保育に関わるねらい及び内容

> 　身近な人に親しみをもって接し、自分の感情などを表し、それに相手が応答する言葉を聞くことを通して、次第に言葉が獲得されていくことを考慮して、楽しい雰囲気の中での保育士等とのかかわり合いを大切にし、ゆっくりと優しく話しかけるなど、積極的に言葉のやり取りを楽しむことができるようにする。
> 　　　　　　　　　　　　　（イ　身近な人と気持ちが通じ合う（ウ）内容の取り扱い②）

基盤にあるものが「親しみ」である。「ゆっくりと優しく話しかける」という行為が求められ、それが乳児保育における「応答的」な関わりなのである。保育者が、乳児にとって「身近な人」になるように、少人数での関わりや安定的な関係を大切にし、保育を積み重ねていくことが必要である。

「おばけだぞ！」、大好きな保育者を驚ろかして大喜び（1歳児）。

第1章 ▶ 幼児教育の基本　39

1歳以上3歳未満児の保育に関わるねらい及び内容

> （略）　発声も明瞭になり、語彙も増加し、自分の意志や欲求を言葉で表明できるようになる。このように自分でできることが増えてくる時期であることから、保育士等は、子どもの生活の安定を図りながら、自分でしようとする気持ちを尊重し、温かく見守るとともに、愛情豊かに、応答的に関わることが必要である。　　　　（1　基本的事項　ア）

1歳を過ぎ、子どもたちは大きく成長する。そのなかで大切なポイントが、楽しい雰囲気のなかで保育者とのことばのやりとりを楽しむ、ということである。また、気持ちや経験の言語化を行うことを援助するなど、子ども同士の関わりの仲立ちをすることも必要になってくる。個人差が大きい時期なので、それぞれの子どもの発達に応じて、保育の内容を適切に展開することが求められる。

「エプロンして！」「だって、ママになるんだもん」（2歳児）

「0歳児から3歳未満児までの保育に関わるねらい及び内容」に一貫して流れていることは、保育者の存在の重要性である。家庭で育つ子どもにとっては、親の存在が重要なのと同じである。親や保育者の存在があって、子どもは自分の意志や欲求をことばで表明するようになる。表明したことを受け止められ何らかの反応が返ってくる生活を重ねる中で、もっと表明しようとする子どもになり、3歳児クラスに入園、進級していくのである。

3　「幼児期の終わりまでに育ってほしい姿」と領域「言葉」との関連

幼児期の終わりまでに育ってほしい姿のうち、領域「言葉」との関連が強いと思われる姿について以下にあげる。とくに関連していると思われる箇所に下線を引いた。

> （3）協同性
> 　友達とかかわる中で、互いの思いや考えなどを共有し、共通の目的の実現に向けて、考えたり、工夫したり、協力したりし、充実感をもってやり遂げるようになる。
>
> （4）道徳性・規範意識の芽生え
> 　友達と様々な体験を重ねる中で、してよいことや悪いことがわかり、自分の行動を振り返ったり、友達の気持ちに共感したりし相手の立場に立って行動するようになる。
>
> （5）社会生活との関わり
> 　幼稚園内外の様々な環境に関わる中で、遊びや生活に必要な情報を取り入れ、情報に基づき判断したり、情報を伝え合ったり、活用したりするなど、情報を役だてながら活動するようになるとともに、公共の施設を大切に利用するなどして、社会とのつながりなどを尊重するようになる。

> （6）思考力の芽生え
> 　身近な事象に積極的に関わる中で、物の性質や仕組みなどを感じ取ったり、気付いたりし、考えたり、予想したり、工夫したりするなど、多様な関わりを楽しむようになる。また、友達の様々な考えに触れる中で、自分と異なる考えがあることに気づき、自ら判断したり、考え直したりするなど、新しい考えを生み出す喜びを味わいながら、自分の考えをよりよいものにするようになる。
>
> （7）自然との関わり・生命尊重
> 　自然に触れて感動する体験を通して、自然の変化などを感じ取り、好奇心や探究心をもって考え言葉などで表現しながら、身近な事象への関心が高まるとともに、自然への愛情や畏敬の念をもつようになる。
>
> （9）言葉による伝え合い
> 　先生や友達と心を通わせる中で、絵本や物語などに親しみながら、豊かな言葉や表現を身に付け、経験したことや考えたことなどを言葉で伝えたり、相手の話を注意して聞いたりし、言葉による伝え合いを楽しむようになる。

「幼児期の終わりまでに育ってほしい姿」のなかで、領域「言葉」と関連が深い部分をまとめてみた。そこから考えられることは以下の通りである。

○　「協同性の育ち」では、互いの思いや考えなどを共有するために必要なのが「ことば」だと考えられる。思いや考えを共有するためには、ことばの育ちが欠かせない。同時に、思いや考えを伝え合いたいという思いからことばを使うことで、ことばの力が育っていく。
○　「道徳性・規範意識の芽生え」では、友達の気持ちに共感していることを伝えるのは「ことば」である。友達の気持ちが伝わるためにも、「ことば」が力を発揮する。ことばがあることで、体験が成立するという状態が、「社会生活の関わり」や「思考力の芽生え」においても引き起こされている。
○　「思考力の芽生え」の記載は、「対話的、応答的で深い学び」の典型的な例だと思われる。対話的・応答的な学びの基盤にあるのが、「自分なりのことばで表現する」力なのである。
○　「自然との関わり・探究心」のところでも、好奇心や探究心をもって考え言葉などで表現することで、体験が深まっていくとされている。
○　「言葉による伝え合い」は、全文がことばに関するものでありすべてに下線を引いた。ここでも「豊かな言葉や表現」という記載があり、ことばに対する感覚に着目する姿勢が示されている。

「幼児期の終わりまでに育ってほしい姿」のなかから領域「言葉」と関連がある記載について考えてきた。多くの姿の基盤に「ことば」があり、体験を重ねることで「ことば」が育つということがとらえられた。「ことば」は、子どもが体験を広げる際の要なのである。

4 領域「言葉」と他領域との関係

　領域「言葉」は、ほかの領域と密接に関連し合っている。ことばが育つことで人やモノとの関わりが活発になる。同時に人やモノとの出会いがあることで、ことばが育つということがある。それぞれの領域が双方向に影響し合っているのである。それぞれの領域について考えてみよう。

（1）領域「健康」との関係
　心と体の健康は、保育者やほかの子どもとの温かい触れ合いのなかで自己の存在感や充実感を味わうことを基盤として、保たれていく。保育者との柔らかで肯定的なことばのやりとりが大切なのである。健康の領域では、安全に関する項目がある。「危険な場所、危険な遊び方、災害時などの行動の仕方が分かり」という一文がある。このような重要な事柄について、「聞いてわかる」力や意識が求められる。

（2）領域「人間関係」との関係
　「自分の思ったことを相手に伝え、相手のおもっていることに気付く」（ねらい6）がある。友達と関わることで育つのが「ことば」なのである。道徳性は、「葛藤やつまずきをも体験し、それらを乗り越えることにより次第に芽生えてくる」（内容の取り扱い（4））とされている。子どもはどのようにして乗り越えるのだろうか。まさに、自分の思いを言葉にすることで相手に伝え乗り越えていく。領域「人間関係」と「言葉」は密接に関連している。

（3）領域「環境」との関係
　自然との関わりでは、豊かな感情や好奇心、思考力、表現力の基礎が培われる。豊かな自然との出会いの場では、素直なその子らしいつぶやきが聞かれることが多い。心揺り動かされる体験の重要性を感じる。内容の取り扱いのなかに「文化や伝統に親しむことで社会とのつながりの意識や国際理解の意識の芽生えを養うこと」が新設された。伝統行事やわらべうたなどに親しむことは、ことばへの感覚を養う機会にもなる。

（4）領域「表現」との関係
　内容（3）に「様々な出来事の中で、感動したことを伝え合う楽しさを味わう」とある。感動は伝え合いのなかで広がっていく。ここに集団教育の意味がある。内容の取り扱いのなかに「風の音や雨の音、身近にある草や花の形や色など自然の中にある音、形、色などに気付くようにすること」ということが新しく加わった。かすかな音に耳をすまし、小さな変化に気付くためには、保育者の言葉が美しく穏やかである必要がある。

幼児期の教育は総合的な教育であり、遊びを通して行われる。領域「言葉」は、ほかの4つの領域と相互に関係しあっている。

5　幼小接続について

　小学校学習指導要領（平成29年改訂）を以下にあげ、幼児期の教育とのつながりを確認する。

> 小学校学習指導要領　国語　（平成29年改訂）
> 〔第1学年及び第2学年〕
> 　1　目標
> 　（1）日常生活に必要な国語の知識や技能を身に付けるとともに、我が国の言語文化に親しんだり理解したりすることができるようにする。
> 　（2）順序だてて考える力や感じたり想像したりする力を養い、日常生活における人との関わりの中で伝え合う力を高め、自分の思いや考えをもつことができるようにする。
> 　（3）言葉がもつよさを感じるとともに、楽しんで読書をし、国語を大切にして、思いや考えを伝え合おうとする態度を養う。

　小学校学習指導要領国語の目標には、「我が国の言語文化に親しみ理解する」「伝え合う力」「思いや考えをもつこと」「言葉がもつよさを感じる」「楽しんで読書をする」などがあげられている。国語の目標と「幼児期の終わりまでに育ってほしい姿」とのつながりについて確認することで、幼小の接続について考えてみよう。

> （8）数量・図形、標識や文字などへの関心・感覚
> 　　遊びや生活の中で、数量や図形、標識や文字などに親しむ体験を重ねたり、標識や文字の役割に気付いたりし、自らの必要感に基づきこれらを活用し、興味や関心、感覚をもつようになる。
> （9）言葉による伝え合い
> 　　先生や友達と心を通わせる中で、絵本や物語などに親しみながら、豊かな言葉や表現を身に付け、経験したことや考えたことなどを言葉で伝えたり、相手の話を注意して聞いたりし、言葉による伝え合いを楽しむようになる。
> 　　　　　　　　　　　　　　　　　　　　　　（幼児期の終わりまでに育ってほしい姿）

○　（8）は、「文字」に親しみ、「書く」ことの基盤が育っている姿である。幼児期に重視したいことは、文字に親しむなかで文字の役割に気付き、自らの必要感に基づいて文字を使用することである。文字への興味が芽生えるようにしていくことで、「進んで書こうとする」という意欲へつながり、我が国の言語文化に親しむ基盤となる。

○ 「絵本や物語に親しむ」ことは、「読む」ことの基盤である。親しむとは、読み聞かせだけでなく、字が読めるようになった子どもが自分で本を読むことも含んでいる。しかし、文字を追うことが必ずしも物語に親しむことになるとは限らない。物語の世界の豊かさや不思議さを味わうためには、保育者が読み聞かせをしていく必要がある。幼児期に豊かな言葉や表現を身に付けることで、小学生になり「言葉がもつよさを感じる」「楽しんで読書をする」ことができるようになるのだと考える。

○ 幼児期の教育のなかで、経験したことや考えたことなどを言葉で伝えたり、相手の話を注意して聞いたりする体験を重ねていくことにより、伝え合う力が育っていく。思いが通じたと実感する体験が、伝えようという意欲を引き起こす。このようにして幼児期に育んだ力が、小学校学習指導要領国語・第1学年及び第2学年の目標（2）の基盤となる。

　幼稚園教育要領、保育所保育指針、幼保連携型認定こども園教育・保育要領と、小学校学習指導要領は、発達の連続性を基盤とし、連動した内容となっている。今後は各園、各学校の教育課程を接続させ実践を重ねていくことが課題となる。

第 2 章

乳幼児期の発達と領域 「言葉」

―― この章で学ぶこと ――

子どもが話す初めてのことばは、まわりのおとなにとって忘れられないものである。
誕生直後はことばがわからず、話すこともできなかった赤ちゃんが、5〜6歳にもなると
おとな顔負けの会話ができるほどになる。そのプロセスにはいまだ多くの謎が残されているが、
子どもはことばを話し出すよりもはるか以前から、からだを使って身近な人やものと
活発に関わるなかで、表現する主体としての自己を形成していく。
本章では、そうした諸機能の発達のうえに成り立つ、豊かなことばが生まれる
道筋について考えてみよう。

§1 乳幼児期の発達とことば

1 からだで感じる世界（誕生〜1歳未満のころ）

　生まれたばかりの赤ちゃんは、自分が出したおならの音にも驚いて泣き出してしまうことがある。自分と自分以外のものとの区別がはっきりしないといわれるゆえんであり、寝てばかりで何もできない存在と受け止められがちである。しかし赤ちゃんは、からだ全体で自らの内や外の世界を感じ取り、それを感情によって表現できる、有能で主体的な存在なのである。だから、目の前でおもちゃを動かしてあやすと興味をもって注目したり、赤ちゃんことばで語りかけるとじっと聞き入ったりする（下記コラム参照）。まだ視線がしっかりと合わず、一人ではからだを支えることもできない新生児ですら、基本的には見る・聞くといった五感ははたらいているのである。赤ちゃんが抱っこを好むのは、肌のぬくもり、やさしい語りかけと笑顔、ぎゅっと抱きしめられる感触が安心感をもたらすだけでなく、からだを起こして見る景色や移動による変化が複数の感覚を刺激し、赤ちゃんの興味をかきたてるからである。そうした心地よい体験を積み重ねるなかで、赤ちゃんは身のまわりの世界をもっと知りたい、関わりたいという気持ちを高めていくのである。

　まだ首の据わらない時期でも、縦抱きにすると興味津々といった様子でまわりの人を見比べるというように、身体を支える姿勢の発達は人やものとの関わりを活発にする[1]。

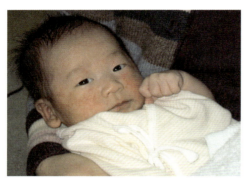
カメラのフラッシュに注目する（1か月児）

育児語と幼児語

　赤ちゃんに話しかけるときの独特の語り方を、育児語（マザリーズ）とよぶ。育児語には、抑揚のある高い声で、ゆっくりとしたテンポで間をあけて話すという特徴がある。幼児語とは、同じ音をつづけて単純化し（例：「ブーブ（自動車）」「マンマ（食事）」）、まだ発声器官が十分でない幼児でも発音しやすいようにしたことばである。このように、私たちが赤ちゃんに対して知らず知らずのうちに使っていることばには、赤ちゃんの心をひきつける数々の特徴がある。声の低い男性でも、こうしたことばで語りかけると赤ちゃんの反応がよいのである。

表2-1　乳児期の発声の変化

0〜8週	生理的な音（げっぷ、泣きなど）
8〜20週	クーイング（「アー」「クー」など、喉を使って出す母音を中心とした音）や、声をともなった笑い
20〜30週	喃語（「ブー」「パー」など、子音と母音がつながった音）による発声遊び
25〜50週	反復喃語（「マンマン」「ダダダ」など、同じ音のくり返し）による発声遊び
9〜18か月	ジャーゴン（文のようなメロディーをともなった音。意味や伝達意図はまだ不明確）

（立川多恵子編『保育と言葉』pp.18-81 学術図書出版、1993 を一部改変）

そして首が安定するにつれ、人やものの動きをさかんに目で追うようになる（次ページ写真）。また感情表現がしだいに豊かになってきて、うれしいことがあると笑顔で手足をバタバタさせたり、泣き声にも声色がついて、何を要求しているのかが養育者に感じ取れるようになる。それだけではなく、人が笑いかけると喜んでにっこりとほほえみを返し、「アー」「クー」と発声するようになる（表2-1）。そのときにタイミングよく語りかけると、まるで赤ちゃんとおしゃべりをしているかのような声のやりとりがつづくことがある（写真右中）。このように、少しずつ自分の意思をからだで表せるようになるころ、自分の手足をおもちゃのように扱って、かざして見たりなめたりする行動もさかんになる（写真右下）。目と手の動きをうまく関連づけて、手を動かせる自分という感覚と、目の前にあらわれた手を見ている自分という感覚を同時に味わって楽しむなど、自分の心身に積極的に関わるようになる。自分の手でおもちゃを握れるようになると、おもちゃはかじっても痛くないのに、自分の手をかじると痛いといった経験を積み重ねながら、自分と自分以外の外界との違いがしだいに明らかになっていく。

　生後1年目の後半になると寝返りが打てるようになり、お座りやハイハイが始まる。こうした姿勢の変化と移動によって視野が広がり、手足を使った活動がより活発になる。次ページの写真のように、ほしいものが目に入ると、うつ伏せのまま興奮してグライダーのよ

音の鳴るおもちゃの動きを追視する（4か月児）

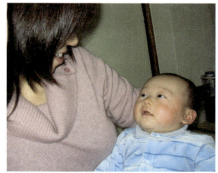
声のやりとり（2か月児）

手足を使って遊ぶ（6か月児）

第2章　▶　乳幼児期の発達と領域「言葉」　　47

おもちゃへの探索活動（7か月児）

うな姿勢をとり、自分で手を伸ばしてつかむ。と同時に、母親に見せるかのようなふるまいをし、手にしたおもちゃを眺めたり振ったりして、最後は口で確認しながらまた母親を見る。心が動くから、全身を使って興味あるおもちゃに近づこうとするのである。それに加えて、気持ちを分かち合うかのように、ものを扱いながら身近な人にも視線を送って関わりを求めるようになる。このころになると、人への反応もよりはっきりとしてきて、お気に入りのおもちゃを取られると「オーオー」と怒ったような声を出したりもする。また、機嫌のよいときは「アブアブ」「ダアダア」と喃語とよばれる発声で声遊びを楽しみ、相手をするといっそうおしゃべりになる。とくに養育者に対する反応は敏感で、声が聞こえると顔を向け、自分のほうからほほえみかけたり、よびかけるような声を出したりする。こうして養育者との心理的な結びつきが強くなってくると（愛着、p.52）[2]、見知らぬ人に対しては恐れを抱くという、いわゆる人見知りが始まる（p.52）。その強さやタイミングは人それぞれだが、これは親しみ深い人のイメージが蓄えられるようになって、見知らぬ人との違いがわかるようになったことのあらわれである。また、自分のことを見ている「他者」と他者に見られている「自分」への気づきという、意識のうえでの自他の分化がめばえてきたことを示しているのである。

2 自分で広げる世界（1歳～2歳のころ）

　2本の足で歩いて自分で思うところへ行けるようになると、行動の主体としての意欲が一段と増してくる。両手が自由になって手指を使う機会が増え、おとなをまねて、スプーンなどの道具を使おうとするようになる。ものの出し入れが楽しくなって、ときには引き出しの中味を出してしまうなど、おとなにとっては困った行動となってあらわれることもある。しかし、子どもにとっては探索遊びの一環であ

お母さんにご飯をのせてもらったスプーンを自分でパク！（1歳半）

色鉛筆を移し変えようとする

車になりきって、走らせる

り、身近なおとながすることに興味をもち、自分も同じことをしてみたいという気持ちのあらわれなのである。このように、人がしていることをさかんにまねるのは、イメージの世界がふくらんできたためでもある。たとえば車になりきって走らせて遊ぶだけでなく、スプーンなのにシャベルカーに見立てて地面を掘っている振りをすることもある。目の前の現実とは異なる「つもり」世界をイメージしたり、再現して楽しむようになるのである。

　人とのやりとりもより意識的になり、身振りを通して自分の思いを伝え、また相手の思いを感じ取るようになってくる。なかでも「指さし」は、自分と相手が何かを共有できることに気づいた証である。興味のあるものを見つけると、「ほら、あれを見て！」と言わんばかりに興味ある対象を指でさし、おとなの顔を見て知らせたりする。このころには生活のなかでよく使うことばの理解も進み、「お散歩行こうね」と言うだけで自分から玄関へ行ってクツを履こうとするなど、ことばに応じた行動がとれるようになってくる。そうなると、初めてのことばはもうすぐそこである。「マンマ」の一言で「ご飯が食べたい」といった文章に相当するほどの意味を伝える一語文があらわれ、2歳ころにかけては「ブーブ、きた」のように複数のことばがつながってくる（多語文）。そのうち子どものほうから「これは？」とさかんに質問してことばを聞きたがるようになり、爆発的に語彙が増え、3歳ころには身近なおとなとのやりとりには困らないほどになる。

部屋の外に出た母親を「行っちゃった」と指さす

　ことばの出現は、子どもの発達や生活のあらゆる面に大きな影響を与えていく。たとえば、自分には名前があるということに気づくと、「あーちゃんが！」と自分の思いを通したいという気持ちをまっすぐにぶつけてくる。自己主張の始まりである。ジュースを「自分で」コップに注ぎたいと主張したものの、こぼしてしまって混乱し、泣いて助けを求めてくることもある。「いや」「だめ」といった拒否のことばが

第2章 ▶ 乳幼児期の発達と領域「言葉」　　49

連発されることもあるため、第一次反抗期とよばれることもある。自分でやってみたい欲求と、人に甘えていたい欲求の狭間で気持ちが揺れ動く時期なのである。子どもの「したいこと」とおとなの「求めること」が日々ぶつかり合うやりとりのなかで、大好きな人からほめられたときのうれしい気持ちは自分に対する誇りに、また、叱られたときの心の痛みは自分への恥や罪悪感の感情へとつながっていく（自己意識的情動）。こうした複雑な感情経験とともに、してもよいこと・悪いことの基準を取り込みながら、しだいに他者とのつながりを保ちつつうまく行動をコントロールできる自分という意識を発達させていくのである[3]。

3 広がる活動世界（3歳～6歳のころ）

　3歳を過ぎると、小さくても一人前である。ことばはもちろんのこと、食事や排泄など生活面の自立が進み、基本的な運動能力が育ってくる。ブランコや三輪車をこぐといった遊具を使う全身遊びを楽しんだり、手先も一段と器用になって、お絵描きやハサミを使った製作に熱中する姿が見られるようになる。おとなの手を借りずに自力でやり遂げられることが増え、はしを使ってご飯を食べようとするなど、何でも自分でやってみようとする意欲と自信がみなぎっている。そうした自分の姿をさかんに「見て」と言っては、おとなに認めてもらおうとする。

　3歳ころはまだ自分の「つもり」が先行していて、上手にできなくても、うまく相手に伝わらなくてもさほど気にしない。たとえばかくれんぼで、文字どおり「頭かくして尻かくさず」になってもお構いなしである。それが4歳、5歳と進むにつれ、「こうしたい」と願う自分なりの見通しを強くもつようになる。

事例 2-1　つくりたいのにつくれない

● 5歳児クラス　11月

　A男は剣をつくりたいのに、新聞紙をうまく巻けなくて泣き出しそうになる。それに気づいた保育者がA男のとなりに座り、いっしょに新聞紙を巻くのを手伝う。A男は保育者に手を貸してもらいながら、真剣に新聞紙を巻いていく。A男が棒をセロハンテープで何度も留めているので、保育者が手を添えながら「ビニールテープもあるよ」と伝える。しかし、A男には自分のイメージがあるらしく、「それだと……」と保育者の申し出を断って作業をつづける。
新聞紙がうまく巻けて保育者が場を離れても、A男は引きつづき懸命に剣をつくっている。

保育者に手伝ってもらって剣をつくる

（事例／写真：お茶大）

つくりたい剣のイメージをはっきりともつがゆえに、試行錯誤をしたり、上手にやろうとして何度もやり直したり、思いどおりにできない自分に苛立ったりするのである。また、まわりの目が気になって、自分を発揮できない場面が見られるようになるのもこの時期である。ことばの発達とともに、目には見えない自他の思いに気づいていくのである（心の理論の獲得）。そうした意識の成長は、認知面の発達にも支えられている（下記コラム参照）。自分なりのイメージをもち、なおかつ他者から「こうあってほしい」と求められるものも意識して、両者の折り合いをつけながら、めざすところを成し遂げようとする態度が育ってくる。だから、なかまとの間で意見の食い違いがあってもすぐに怒ったり、手を出したりするのをこらえ、「あのね、つまりね」と、ことばを駆使して何とか伝えようとする。また、目の前にない出来事についても友達と対話できることが増えてきて、園ではお弁当を食べながらおしゃべりを楽しんだり、壮大なテーマのごっこ遊びを何日にも渡って展開することもある。つまり、考えを伝える手段として、ことばを操れるようになってくるのである。子どもたちの活動世界は、「いま、ここ」や関係性を越えて、さらにイメージ豊かに広がっていくのである。

メタ認知とモニタリング

　5歳ころになると、自分や相手が何を知りどう考えているのかを一歩引いた目でとらえるメタ認知や、めざすところに向かって適切に行動できているかを把握するモニタリングといった知的なはたらきが発達してくる。2学期になって、久しぶりにお弁当の準備をするときの園の様子を見ながら考えてみよう。

　3歳児クラスでは、保育者が子どもたちの目の前で手順を「机を拭いたグループから」「手を洗って」「うがいをする」と実演して見せても、いざ目の前でほかのグループの子どもが席を立つたびに、自分もつられて席を立ち、あとにつづいてしまう子どもが絶えない。これに対して5歳児クラスでは、お弁当までの手順を保育者といっしょに思い起こしただけで、あとは「手を洗って、次はうがいをして、それからカバンを置いて」といった具合に、各自で最後まで準備を進められる。

　つまり、複数のすべきことを記憶するだけでなく、自分のやったこととやっていないこと、相手の考えや行動と自分の考えや行動を区別し、系統的に把握できるようになる。そうした認知を実生活に運用し、目的に沿って行動できるようになるのである。

3歳児クラス

5歳児クラス

（事例／写真：お茶大、9月）

§2 乳幼児期のことばの発達とおとなの存在

1 心の拠り所となり、内的世界を受け止める

　家庭であれ園であれ、安定した気持ちで日々の生活を過ごすことは、乳幼児の心身の発達にとって不可欠である。身のまわりの世界に対する基本的信頼感は、生活し慣れた居心地のよい環境があり、それが大きく変わらないことによって育つ。そのうえで、安心できる人間関係はとても大切である。毎日同じ場所で目覚め、むずかるといつもの抱き方とタイミングで不快を取り除いてくれるだけでなく、目覚めていてご機嫌なときには笑顔で応じてくれる人が身近にいる。そうした経験を通じてこそ、子どもはかかわってくれる人の顔を見つめてほほえんだり、喜びの声をあげるようになるのである。

　生後半年を過ぎると、いつもかかわってくれる人の姿が見えなくなると泣き出したり、どこへ行くにも、あとを追うようになる。このように、親しみを込めて応じてくれる特定の他者に対して情緒的な結びつきをもつことを、愛着（アタッチメント）とよぶ。安定した愛着関係が果たす役割を、人見知りの事例から考えてみよう。

事例 2-2　1歳ころの人見知り　　　　　　　　　　　　● M実（12か月）

見知らぬ人の前であとずさり

　3か月ぶりに、M実の家を訪ねる。母親に抱かれたM実に「こんにちは」と笑顔であいさつするが、M実は表情を硬くしてじっとこちらを見つめるばかりである。母親と和やかに談笑していると、M実はこちらの顔を見つめては、ちらっと母親の顔をうかがうという行動をくり返す。母親がM実から離れて戸を閉めたとたんに泣き出してしまうが、母親が戻ってきてM実を抱き上げると泣きやむ。しばらくして母親が再びM実から離れたときに、おもちゃを差し出してみると、M実は不安そうな表情であとずさりする。そして母親が戻ってくると、M実は急いではい寄る。しかし1時間もしないうちに慣れてきて、ついには笑顔でいっしょにやりとり遊びを楽しむまでになる（事例2-3参照）。

（事例／写真：筆者）

　M実はなじみのない相手に対して、初めのうちは不安を抱く。興味深いのは、そのときのM実の行動である。たえず母親のそばに居つづけようとするとともに、ときおり確認するか

のように母親の顔色を見ている（社会的参照）。つまり、母親はM実の不安を和らげる安全基地となっているばかりでなく、母親の楽しそうな表情はM実が見知らぬ人に近づくか否かを決める重要な手がかりとなっている。また、母親がむりにM実を見知らぬ人と関わらせようとせず、自分と相手のリラックスした関係をM実にじっくり感じ取らせる時間をとっているのも、大切なはたらきかけである。安定した愛着関係は、見知らぬ世界への第一歩を強力にあと押しするものなのである。

「金魚がいた！」（12か月児）

　温かい愛着関係のなかでおとなが子どもの思いを汲み取って応じることは、ことばの発達にとっても大きな意味をもつ。たとえば右の写真を見てみよう。M実は絵本のページをめくり、お目当ての金魚を見つけては指をさ

「金魚がいたね」

している。この時点での指さしは、興味ある金魚に向かう気持ちや、それを「見つけた！」という喜びを一人で味わっていることのあらわれである。そこで、M実が金魚をさすたびに、母親が「あったぁ！」とM実の気持ちをことばにする。すると、M実は指をさすと同時に「た！」と言い、振り返って母親を見るようになったのである。子どもの内的世界を絶妙のタイミングで、気持ちを込めたことばとリズムで受け止める。そのことで、「金魚がいた」という気持ちが2人の間で共有され、M実の指さしは「いたね」というコミュニケーションへと変化したことがわかる。こうしたおとなの関わりは、子どもが自分自身の思いに気づき、それを相手と分かち合うことへと世界を開いていくのである。

2 やりとりを支え、広げる

　おとなが子どもにはたらきかけるだけでなく、子どもも応じたり、子ども自らがはたらきかけて相手の反応を期待するようになってくる。すると、おとなは対人的なやりとり遊びをくり出して、子どもといっしょに楽しもうとする。こうした遊びがもつ意味について、以下の事例をもとに考えてみよう。

事例 2-3 「いない いない ばぁ」　　　M実（12か月）

　絵本の影から「いない いない ばぁ」と言って、M実に向かって顔を出してみせる。最初はきょとんとしていたM実だが、くり返すうちに期待をして本に注目し、「ばぁ」と言って相手が出てくると笑顔で喜ぶようになる。そこでM実の意表を突いて、「ばぁ」と顔

絵本の向こうから「いない いない ばぁ」

を出す位置を本の上方にしたり、右側にしたりと変えてみる。するとM実は夢中になって絵本に手をかけ、相手を見つけようとする。そして「ばぁ」と顔を出すたびに、M実もいっしょに「ばぁ」と言って大喜びをするようになる。しばらくたって、おやつを食べたあとのこと、M実は突然目の前のタオルを自分の顔にかけ、まるで「ばぁ」とでもいうかのように、自分でタオルを顔から引き落として笑いかけてきたのである。

（事例／写真：筆者）

　「いない いない ばぁ」は、生後半年ころから世界中で楽しまれている遊びである。この遊びには、「いない いない」で顔を隠して「ばぁ」と言って顔をあらわすという共通の様式（フォーマット）がある[4]。つまり、こうしたやりとりのパターンをおとなが提供し、維持するからこそ、子どもは「ばぁ」と相手があらわれることを期待するのであり、やりとりが成り立つのである。事例のように、最初はおとな主導で「いない いない ばぁ」とはたらきかけるが、間もなく子どももタイミングを合わせて同時に参加できるようになる。さらには、おとなが「いない いない」と言って子どもが「ばぁ」と応じたり、ついには子どものほうから「いない いない」とはたらきかけるというように、徐々に子どもも主体的に参加するようになる。こうした遊びを通じたやりとりのなかで、はたらきかけの順番をタイミングよく交代したり、テーマを共有しながらさまざまなバリエーションへと発展させていくというように、会話の基礎となるさまざまな要素を学んでいくのである[5]。

　また、子どもたちのことばやイメージが豊かになると、おとなの一言が子どもの活動をさらに展開させるきっかけとなることがある。それがまた、新たなことばや表現を獲得する楽

事例 2-4　一般道が高速道路に

5歳児クラス　9月

高速道路をつくろう

　3人の男児が、積み木で道路をつくり、紙箱でつくった自作の車をそれぞれ走らせている。そこへ保育者が来て、「高速道路みたいに、重なっているところもあるよ。上と下になっているところもあるよ」と声をかける。するとK太は俄然はりきって、「これでこうすればいいじゃんか！」とイスをもってくる。J夫も「これでオーケー」と言って、イスからイスへと板をかける。「よーし」、「ビューン」、「おもしろい」という声が飛びかい、遊びが再び活気づく。ついにはK太が「メガチョールーム、完成！」と、クラス中に響きわたる声で得意そうにさけぶ。

（事例／写真：お茶大）

しさにつながっていくのである。

　事例では、保育者の「高速道路」という一言が、停滞していた男児たちの遊びを大きく展開させる役割を果たしている。このように、自分一人では到達できないが、人から援助してもらって達することのできる水準のことを、ヴィゴツキー（Vygotsky, L.S.）は「発達の最近接領域」とよぶ[6]（図2-2）。日々の会話を考えてみても、おとなの助けを得て話が通じることが多かったのに、しだいに独力で伝えられることが増えていく。子どもの能力や興味関心に合わせておとなが適切な足場（ヒント）を与えるからこそ、うまく会話できるようになるのである。

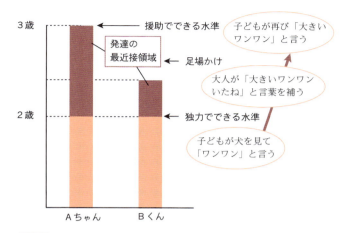

図2-2　発達の最近接領域
（坂原明編『保育のための教育心理学』pp.53-82 ブレーン出版、2000 を一部改変）

ただし、おとながよかれと思って足場を築いても、かならずしも子どもが乗るとは限らないし、また、おとなの願いどおりになることばかりがよいとも限らない。事例2-1（p.50）で示したように、自分のやりたいことがはっきりしていれば、保育者からの「ビニールテープもあるよ」という足場を利用しないこともある。大切なのは、子どもが「これこそ」と思うような世界を追及しようとする姿であり、おとなの一言がその一助となることなのである。

物語る力

　4～5歳ころになると、今この場にない出来事を物語ることができるようになる。こうした語りの多くは、聞き手であるおとなの存在に支えられている。以下の記録は、筆者（I）が4歳男児（M斗）に対して行った母親に関するインタビューの一部である。
　I「お母さんってどんな人かな、教えくれる？」M斗「K実」I「K実さんていうの？　お名前かな？」M斗「そ、鈴田K実」I「鈴田K実さんていうの、へぇー。もっとお母さんのこと教えてよ」M斗「お母さんと、おじいちゃんと、おばあちゃんもいる」I「うん、おじいちゃんとおばあちゃんもいる」M斗「ぼくもいるでしょ。家族も5個なの」I「あ、そうか。5人なの、ぼくもいるの」
　おとなは子どもに語りを促すために相づちを打ち、同じことばをくり返すことで気持ちを受け止める。わからないところは質問し、意味を明確にする。それだけでなく、話題をもとに戻したり、語られた内容を新たに意味づけたりもする。物語はいわば相手と共同で展開し、そうした関係のなかで体験が再構築されるのである。

§3 ことばの発達をとらえる視点

1 さまざまな表現としてのことば

子どもたちが発することばは、心やからだの動きそのものである。園に一歩足を踏み入れると、子どもたちの弾むことばがあふれている。高いところに登って、思わず「ヤッホー」とさけぶ（写真右上）。セロハンテープを両手いっぱいになるほどに伸ばして切って、「なが ぁい」と言って友達と笑い合う（写真右下）。リラックスして楽しい気分のときには、ことばが話せない乳児ですらさかんに声が出るのである。逆に気持ちが沈んでいるときは、声もからだの動きも止まってしまう。

感情が込められたことばは、相手に訴える力がある。以下の事例のように、受け手も思わず心を動かされ、同じようにことばを返し、それが友達の間で広がっていくことがよくある。

事例 2-5 「つめたぁい」

● 4歳児クラス　5月

暑い外遊びの最中に、D也が自分のタオルを水で濡らして額にあて、「つめたぁい」と言いながら笑顔で歩きまわる。それを見た子どもたちがD也のまわりに集まってきて、額のタオルをさわっては同じように「つめたぁい」と言っている。何人かの子どもは、D也のまねをして自分でもタオルを濡らし、額にあてて「つめたぁい」と言いながらうれしそうに歩きまわる。

（事例／写真：お茶大）

　ことばを操れるようになってくると、子どもたちはこのように同じ抑揚やリズムのことばを発してつながり合う。それは、相手の感じている世界に対する共感のめばえでもある。
　また、同じ出来事でも、立場が異なればことばも違ってくる。以下の事例を見てみよう。

事例 2-6　「お片づけ」対「お弁当」

●5歳児クラス　9月

　昼食をとるために、午前中の遊びを切り上げ、片づけを始める。砂場で穴を掘ったり水路をつくったりし、大がかりに遊んでいたP介が、「午後も遊びをつづけたいから、砂場を片づけずにこのままにしておいてよいか」と保育者にたずね、了承を得る。砂場の横を通りがかったクラスメートのF男たちが、片づいていない砂場を見て、「もうお片づけだよ」とP介たちに注意をする。するとP介といっしょに遊んでいたD太は、「違うよ、お弁当だよ」と強い調子で言い返す。

「お片づけだよ」

（事例／写真：お茶大）

　F男の「お片づけ」ということばは、砂場をそのままにしておきたいP介たちには受け入れがたく、「お弁当」ということばに言い換えられる。つまり、同じ状況でもどうとらえるかによって、ことばの表現は大きく変わってくる。ことばに対する信頼やこだわりが出てきたからこそ、意思の疎通がむずかしくなる場面が出てくるのである。

2　コミュニケーションとしてのことば

　ことばのやりとりは、心のキャッチボールである。園では、お弁当を食べながら、机に向かって製作をしながら、子どもたちはいたるところでおしゃべりを楽しんでいる。どんな内

容のことばを話すかよりも、ことばを交わすこと自体が意味をもつのである。だからよく耳を傾けてみると、あまり話の内容がかみ合っていないことも往々にしてある。

> **事例 2-7　ちぐはぐでも、楽しい会話**　●3歳児クラス　1月
>
> 　2人の男児が、ブロックで鉄砲をつくって遊んでいる。
> Ｙ介：Ｙ介の全部、使っちゃだめ。（目の前のブロックをＵ哉に指し示す）
> Ｕ哉：ギーギー、これやって。（自分の鉄砲をつくっている）
> Ｙ介：全部あるんだぜ。（Ｕ哉に話しかける）
> Ｕ哉：ドーン、ドーン。（鉄砲を撃つ振りに夢中である）
> Ｙ介：おい、最高の鉄砲だろ。（Ｕ哉に鉄砲を見せる）
> Ｕ哉：あっ、オレの。
> 　　　（自分の前にあったブロックに手を伸ばす）
> Ｙ介：おい、すごいだろ。（Ｕ哉に再び鉄砲を見せる）
> Ｕ哉：すごい。（Ｙ介の鉄砲を見る）
> Ｙ介：こんな鉄砲、すごいんだぜ。
> 　　　（再びＵ哉に鉄砲を自慢する）
> Ｕ哉：わーっ！（突然さけんで、倒れるまねをする）
> Ｙ介：（Ｕ哉を見て笑う）
> Ｕ哉：プシュー、プシュー。（鉄砲を撃つまねをする）
>
>
> ことばを交わしながら鉄砲をつくって遊ぶ
>
> （事例／写真：お茶大）

　事例2-7で話がかみ合っているのはごく一部であり、Ｙ介が話しかけた多くのことばはＵ哉に無視されている。それでもさほど不都合はなく、ことばのやりとりがつづいていく。お互いに独り言を発しているようであっても、友達と同じ時と場をともにする喜びを味わっているのである。年齢とともにことばのメッセージ性は強くなり、相手に伝わるようなことばを選んだり、きちんと相手に伝わったかどうかを確認しようとしたり、相手のことばをうまく受け止めて返すことができるようになる[7]。

呪文を唱えるように、声を合わせてうたう

　友達といっしょに楽しみたいという気持ちが強くなり、ことばも巧みになってくると、わざとふざけておかしなことばを使ったり、おとなが使うような言いまわしをするようになる。たとえば「ぴゅうぴゅう、うんち」といったおかしなことばやリズムで人の笑いを誘ったり[8]、5歳児になると誕生日を迎えた友達に「男らしくなれよ！」とおとなびたことばをかけて、まわりの人に笑われたりする。ことばを介して人

とつながりたいという気持ちがあふれ、ともに笑うことで連帯感をもつ瞬間である。また、「じゅげむじゅげむ……」とむずかしいことばをゲームのように唱えて競い合って楽しんだり、お気に入りの主題歌をことば巧みにいっしょにうたうことで「私たちの世界」をいっそう強く感じることもあるだろう。ことばで遊ぶことを通して、相手とさまざまな関係をつくっていくのである。

3 耳から親しむことば、目で楽しむことば

　子どもは大好きな人からの語りかけを耳で聞いて、ことばに親しんでいく。絵本を読み聞かせると、まだことばがわからない時分から、じっと耳を澄ませて絵本に見入る姿がよく見られる。語られることばの抑揚やリズムに心を動かされ、いつしか自分も声を出したい、話したいという気持ちを高めていくのである。ことばの意味に気づき、片言を話すようになると、聞いたことばから自分なりにイメージをふくらませて理解したり、知っているわずかなことばをたどたどしく使って思いを伝えようとする。だから、「スパゲッティ」が「スカベッティ」になってしまうといった言い誤りは、日常茶飯事である（下記コラム参照）。そのような子どもの姿は、ことばの取り違えからも見てとれる。たとえば、ままごとセットで遊んでいた3歳の女児は、おもちゃの魚を割ったとたんになかから骨が出てきたのを見て「たねだぁ！」とさけんで喜んだ。「なるほど、種か」とまわりのおとなは笑ったが、彼女はいたってまじめである。ことばの獲得とは、見聞きしたことばを単に覚えてそのまま使うことではない。独創的な子どものことばから、ことばを使いながら考えを進め、新たな意味を生み出していくプロセスが見えてくる。

　目で楽しむことばへの興味も、徐々に増してくる。たとえば、子どもは自分の好きな車やお店のマークには誰よりも早く反応するようになるし、大好きな絵本をくり返し読んでもらう経験を通じて、しだいに語られることばと文字の結びつきに気づいていく。また、おとなが文字に親しんでいる姿にひきつけられ、おとなが本を読んだり手紙を書いたりしていると、子ども

幼児音

　幼児期特有の誤った言い方を、幼児音という。たとえば、発音しにくい音が置き換わる（例：「とらっく」→「とあっく」）、音節が脱落する（例：「ストーブ」→「トーブ」）など、さまざまなケースがある。これは、話すための舌の動きがまだ十分でなかったり、話すことばが正しいかどうかに注意を払っていないために生じると考えられている。多くは入学前ころまでに自然にうまく話せるようになることが多いため、あまり強く指摘したり、言い直しをさせる必要はない。むしろ楽しい雰囲気のなかで、「そうね、トラックね」と子どもの気持ちを受け止めながらさりげなくことばを補ってあげることで、もっとことばを聞きたい、話したいという意欲を育てていくことが大切である。

はかならずといってよいほど「何をしているの？」と言わんばかりにのぞきにくる。そして、自分もまねて本を読む振りをしたり、紙に記号らしきものを書き連ねてみたりする。こうした「文字に親しみたい」子どもの思いを汲み取って、おとなが代わりに表現してあげることは大切である。たとえば、子どもが描いた新幹線の絵に「しんかんせん」と書いたり、子どもの名前や日づけを入れてあげる。あるいはお医者さんごっこをしているコーナーの入り口に「うけつけ」と書いて貼っ

猫のふりをして遊ぶ子どもたちの
「レストランねこ」

てあげると、まわりの子どもがその遊びに気づき、患者さんとしてやってくるようになったりする。そうした生活経験を通して、文字がもつはたらきに気づき、自分の思いを文字で表現しようとするようになるのである。

　また、友達との間でも、文字の読み書きを介したコミュニケーションは活発になってくる。次の事例を見てみよう。

事例 2-8　アフリカ対インドのサッカー試合

4歳児クラス　9月

　サッカーをしている子どもたちの横に小さな黒板があり、アフリカが1点、インドが4点と書かれている。通りがかったE子が、黒板の文字に目を止めて見ていると、何人かの子どもがそのまわりに集まってくる。ちょうどそのときゴールが決まり、試合中の子どもたちから「点数を書いて！」と頼まれて、E子がうれしそうに文字を書き換える。また別の子どもが来て「どっちが勝ってるの？」と聞いたので、誰かが「こっち（インド）」と答えると、「アフリカ、よわい」「じゃ、"よわい"って書かなくっちゃ」などと、黒板の文字をめぐっておしゃべりに花が咲く。子どもたちがいなくなったあとの黒板には、4のうえに「5、6」とつづきの数字が書き残されている。

（事例／写真：お茶大）

ここで興味深いのは、サッカーをしている子どもだけでなく、たまたま通りかかった子どもたちまでもが、黒板の文字を介してサッカーを楽しんでいるという点である。幼児期も後半になると、ことばを使いながらむずかしいことでも考えてみたい、文字や数字を読んだり書いたりしてみたいという意欲が一段と高まってくる。そうした子どもの思いを大切にして、遊びや生活のなかで、ことばや文字と自然に親しめる環境をつくることが、保育者には求められるのである。

この章で学んだこと

- ●人は誕生時から心やからだを働かせ、身近な人やものと関わるなかで活動世界を広げ、ことばで表現する主体としての自分を形づくっていく、有能な存在である。

- ●乳児期後半には愛着関係が形成され、活動が人とものの双方を含む複雑なものになる。イメージの世界も豊かになり、模倣や身振りを通して他者とのやりとりが活発になる。

- ●ことばが出現して2・3歳になると、「わたし（自分）」という意識が芽生え、自己主張が盛んになり、周囲とぶつかることも多くなる。ゆえに、ことばでの自己表現ややりとりを広げていけるような、保育者の援助が必要となる。

- ●4・5歳頃には、自分なりの見通しをもつがゆえに、他を意識して自己発揮できなくなることも出てくるが、ことばを使って考え、他と関わることで、精神世界が広がっていく。読み書きへの興味も出てきて、ことばで味わう世界も多様になる。

- ●乳幼児期の心とからだの発達は、豊かな言葉を生み出す土壌である。子どもの思いを大切にし、遊びや生活のなかでことばを使いたい、楽しみたいと思えるようなやりとりや、環境づくりが求められる。

第2章 ▶ 乳幼児期の発達と領域「言葉」　61

第 3 章

多様な感情体験とことば

―― この章で学ぶこと ――

園に出かけると、さまざまな子どもたちの姿に出会う。
なかまと連なって笑いながら何度もすべり台をすべる子ども。道具の貸し借りでけんかになって怒っている子ども。保育者と手をつないで気持ちを落ち着けている子ども。
中当てドッジボールのそばでうろうろしながら見ている子ども。
年少の友達のためにニョロニョロヘビの縄跳びに変える子ども。
一人で熱心に絵を描いている子ども。子どもたちはさまざまな感情を体験し、揺れ動いたり、安定したりをくり返しながら、園生活を送っている。この章では、多様な感情を体験している子どもたちに着目して、そこでの子どもの気持ちやことばについて、事例を通して考えていきたい。

§1 多様な感情体験と快・不快の感情

1 多様な感情体験の場の保障

　幼児期は、自我がめばえ、ほかのなかまとのやりとりのなかで他者の存在を意識するようになり、自己主張だけでなく自己抑制もできるようになる時期である。環境を通して学んでいく子どもにとって、身近な人々や動植物、ものなどの環境が豊かであることは重要である。なぜなら、子どもは周囲のさまざまな環境へ主体的にはたらきかけることによって、多様な感情を体験することができるのであり、その関わりのなかで試行錯誤しながら自分の力で行うことの充実感を味わうことができるからである。そのため、生活や遊びのなかで、心が揺さぶられたり、喜怒哀楽の気持ちを意識したりする場面を、保育者が積極的に用意していくことが求められる。

小枝を集め、「ことりさんの巣なの。もう少しすると来ると思うよ」

　また、このような多様な感情を体験する場面は、なかまの気持ちや自分のなかのよくわからない気持ちに気づき、理解するようになる貴重な機会ともいえるだろう。保育者は、子どもの気持ちに対して敏感に応答し、寄り添い、共感することが重要であり、日ごろから感性を豊かにして、子どもにとっての感情表現のモデルであることを意識する必要がある。

2 快と不快を伝えることば

　子どもの感情は絶えず変化し、多様な感情を体験している。楽しさやうれしさ、得意、期待、緊張など、気持ちが高揚し心地よい快感情を体験している場合もあれば、怒りやくやしさ、悲しみ、つらさ、不安など、気持ちが高ぶったり沈んだりする不快感情を体験している場合もある。

　快感情のとき、子どもは「見て」と保育者をよび止めることがある（福崎、2002）[1]。おとなよりも高く積み木が積めたとき、大きなシャボン玉ができたときなど、相手に自分のできばえや発見を見てもらって認められることで、子どもはあらためて喜びを実感し、自分の存在を確認できるのだろう。ことばの未熟な子どもに

とって、相手の注意を喚起し、自分の伝えたいものに注目させることのできる「見て」というよびかけは、自分のうれしい気持ちや誇らしい気持ちを伝えるときに有効である。そして、子どもがうれしそうに報告してきた内容をしっかりと聞いて受け止め、共に喜んだり驚いたりする保育者の存在は、子どもに達成感を与えて自己肯定感を高め、さらなる挑戦や工夫を試みる動機づけを高める大きな励みとなるだろう。

　一方、不快感情の場合、いざこざなどの状況で泣いたり、怒ったり、文句を言ったり、保育者に不満を訴えたりすることもあるが、そのままがまんしたり、その場から離れて一人で気持ちをおさめようとしたりする姿も見られる。不快な感情を経験したとき、子どもがいやな気持ちを自分で伝えられるように、保育者は相手と話し合う機会を積極的に設け、相手に自分の気持ちを伝えることの大切さや、より適切な気持ちの表し方をくり返し伝えていく必要がある。さらに、子どもが不快な感情をどのように調整していくかを見届け、その後の様子に目配りすることも保育者の大切な役目である。

事例 3-1 「うれしくない、疲れた……」

● 5歳児クラス　10月

　園庭でサファリごっこが行われ、5歳児の製作した大きな段ボールの動物が置かれている。招待された3、4歳児は、チケットを係の5歳児に渡し、動物に餌をやっている。サファリごっこが終わり、C太はグループのなかまといっしょに、人気のあったゾウバス（車輪のついた台車の乗り物で、サファリ内を周遊していた）を片づけている。

A夫：今日はたくさんお客さんが来てよかったな。C太。
C太：（うつむき加減で黙々と片づける）
A夫：C太、どうしたの？
C太：うるさい。
A夫：C太……。

　2人は別々に看板やチケットなどを片づける。片づけが終わり、C太は落ち込んだ表情でクツ箱に向かう。A夫は後ろを歩いている。

保育者：C太くん、バスにたくさんお客さんが来てくれてよかったね。
C太：（立ち止まってうつむいている）
保育者：バスを何回も押して大変だったけど、行列ができてうれしかったでしょ？
C太：（小声で）うれしくない、疲れた……。
保育者：そうかなぁ。お客さんに「出発しま～す」って言ってるときのC太くんの顔、にこにこしていてうれしそうだったよ。
C太：だって、オレも前の紐引っ張りたいけど後ろから押した。みんな自分勝手にする。
保育者：そうだったね。C太くんが後ろから一生懸命押したから、やっと動いていたね。A夫くん、ちょっと来て。
保育者：C太くん。A夫くんに今の気持ち聞いてもらったら？
C太：いや、いい。
A夫：C太、どうかした？（少しの間、2人とも沈黙する）
保育者：C太くんね、バスを前で引っ張りたかったけど、後ろで押す人がいなかったから、ずっと後ろで押して疲れたんだって。
A夫：そっか。明日はオレも押すよ、C太。
C太：（少し考えて、うなずく）

> 保育者：みんなにもＣ太くんのがんばったこととか、困ったことを言って、考えてもらおうかな。
> Ｃ太：（うなずいて、Ａ夫と並んでクツ箱に行く）
> 　このあと、クラスで今日のサファリごっこで楽しかったことや困ったことなどを出し合った。Ｃ太はゾウバスを押してばかりで楽しくなかったこと、グループのなかまもいっしょに押してくれなくて疲れたことをみんなに話した。そして、順番に押すこと、当番でない人でも忙しそうだったら手伝うことをみんなで決めた。保育者がＣ太は３、４歳児のために最後までゾウバスを押したことを伝えると、Ｃ太の表情が少し和らいだ。
>
> （事例／写真：大分大学教育学部附属幼稚園[2]（以下、大分大附幼））

　この事例で、５歳児のＣ太は、サファリごっこのゾウバスに小さい組のお客さんを乗せ、後ろから押しつづけて、サファリのなかを案内していた。終わりになるにつれて、とても繁盛していたうれしさよりも、お客さんのために責任をもって押しつづけることの大変さ、後ろへ行く人がいないので、がまんして後ろで押しつづけたつらさや不満が高まり、声をかけたなかよしのＡ夫に「うるさい」と言ったり、保育者に「うれしくない、疲れた……」と答えたりしたのだろう。Ｃ太は自分の役割に責任を感じて行動したが、からだの疲れとなかまへの不満を感じ、その不快な感情を何とか自分で調整しようとしていたと考えられる。

　保育者は、仲良しのＡ夫に気持ちを聞いてもらうことを提案するが、Ｃ太は始め断っている。しかし、Ａ夫に保育者がＣ太の気持ちを代弁し、Ａ夫が「明日はオレも押すよ」と話し、保育者もクラスでＣ太のがんばりや困ったことについて考えてもらうよう伝えると、Ｃ太の不満な気持ちが和らいだ様子がうかがわれる。その後の全体場面の話し合いで、Ｃ太はゾウバスを押してばかりで楽しくなかったことや疲れたことを話し、どうしたらよいかをなかまと考えて話し合っている。Ｃ太が自ら気持ちを調整することもできたかもしれないが、保育者がＣ太の大変さやつらさに共感し、仲良しのＡ夫やクラスのなかまと考える機会を設けたこと、小さい組の３歳児や４歳児のためにＣ太が最後まで責任をもってやり遂げたことを認めたことによって、Ｃ太はより速やかに不快な気持ちを整えることができたとのではないだろうか。なお、Ｃ太の大変でもやり遂げた姿は、「幼児期の終わりまでに育ってほしい姿」の「自立心」につながるものであり、粘り強く取り組んだ充実感をもてるような機会にすることが大切である。

3 心を揺さぶられる体験と考えることば

　日常生活のなかは、ときに心を揺さぶられるような体験、心にしみ込むような体験に出会う機会がある。このような実感としてわかる機会が、子どもに与える影響は大きい。

　生き物の誕生と死といった「生命の大切さ」に気づく体験もその一つである。たとえば、飼育しているニワトリにヒヨコが誕生したとき、園を訪れると出会う５歳児が次々に「ふわふわって、やわらかいんだよ」「黄色いのが２つ、黒いのが３つ生まれた！」「お母さんの背

中に乗っているよ」と興奮気味に伝えてきた。い
つも世話をしてきたニワトリだからこそ、喜びも
大きい。心待ちにしていた生命の誕生を喜び、不
思議さや愛おしさを実際に感じ、なかまや保育者
と共有したことは、子どもの心をふるわせ、心に
残る体験となったことだろう。生き物の死は、保
育者にとってもむずかしさをともなう問題である
が、生命の不思議さや怖さ、生命を失うつらさ、
悲しさなどを子どもとともに感じ、真摯に考えて
いくことが重要である。

ふだんの遊びのなかにも、心を揺さぶられるよ
うな体験をすることがある。一つのことに集中し
て取り組み、やっと達成したときの興奮や充実
感、なかまを怒らせてしまい、心からいけなかっ
たと反省したときの悔恨や後ろめたさなどがあげ

られる。自分となかまに直接かかわる問題は、自分の行動を振り返り、葛藤する機会となる。
保育者による励ましや賞賛、いざこざへの援助によって、子どもはより実感できるのである。

また、子どもは心を揺さぶられた体験のなかで考えたことや感じたことを、自分なりのこ
とばで表現することで理解や納得をしていく。ヴィゴツキーは独り言と思考の発達との関連
を示している（Vygotsky, L.S., 1934. 1962）[3]。ことばは始め、伝達の道具として獲得され、し
だいに自分の行動や情動を調整したり、課題を解決したりすることを助ける思考の道具とし
ての機能が生まれてくる。伝達の道具、伝えることばは「外言」、思考の道具、考えること
ばは「内言」とよばれ、独り言は外言が内化されて内言へと移行していく過程で見られる。
対話する相手のことばを内化することでもう一人の自分が生まれることから、保育者が一人
ひとりの子どもとていねいに会話することがいかに重要かうかがわれる（今井、1996）[4]。

事例 3-2 「すごいだろ？」　　　　　　　　　　　　　　　　　　　　　4歳児クラス　10月

土山でA哉が泥だんごをたくさんつくり、並べている。途中、D夫たちがA哉の泥だん
ごを受け取ったり、白砂をかけたりしていたがほかの遊びへ移動し、A哉が一人でつくっ
ている。
A哉：（泥だんごをつくり、1つずつ長く並べている。ときどき「1、2、3、4、……」
　　　と指さしながら、泥だんごの数をかぞえる。1つずつ泥だんごをつくっては並べ、
　　　全部で22個の泥だんごの列ができる。保育室へ戻り、カップを2つもってきて、

　　　　１つずつきれいな泥だんごを入れる。両手
　　　　にもって保育者のところへ行き、「先生！」
　　　　と見せる）
保育者：おー、きれいだね、これは！　まんまる
　　　　　おだんご！　Ａ哉くんがつくったの？
Ａ哉：うん。
　　　（うれしそうに答え、歩き出してＥ実に出会う）
　　　おだんご！（うれしそうに見せる）
Ｅ実：わー、すごーい！
Ａ哉：（土山へ戻ってきて、５歳男児に）見て！
５歳男児：すげー！
Ａ哉：（カップから泥だんごを取り出し）第２位！
　　　（別の２つの泥だんごをカップに入れて歩き出
　　　す。保育者を探してキョロキョロするが見つ
　　　からず、土山へ戻る）
Ｊ介：（土山に来て泥だんごの列を見つける）
　　　これつくったの？　Ａ哉。
Ａ哉：全部つくった！
Ｊ介：すごいなぁ！
Ａ哉：すごいだろ？
Ｊ介：つくり名人だなぁ！
Ａ哉：これをな、くずさないでよ！
　　　（うれしそうに保育室へ走っていく。保育室の
　　　箱からカップを探し、数個のカップをもって、
　　　土山へ走って戻る。カップに１つずつ泥だん
　　　ごを入れて、泥だんごの列と平行に並べていく）
　　　オレ、だんご屋さんだからな、だんご屋さん！
　　　（１つずつカップに入れる）
　　　（長い列を見ているＨ美に）すごいだろ？
　　　壊したら、ダメだから！
　　　（カップがなくなると保育室へ。数個のカップ
　　　をもって土山へ戻り、１つずつ泥だんごを入
　　　れて並べる。再びカップがなくなる）
　　　まだいるのかよ！
　　　（保育室へ行き、カップをもって土山へ戻り、
　　　泥だんごを入れてなくなると、また保育室へ。
　　　とうとう保育室にプリンのカップがなくなり、
　　　四角い豆腐容器をもって戻る。四角い容器に
　　　は泥だんごを２つずつ入れて並べ、満足そう
　　　に見つめる。保育者をよびに行き、土山へ戻
　　　ってくる）
保育者：わぁー、こんなに並んでる！　こんなに

第 3 章 ▶ 多様な感情体験とことば　　69

つくったの？　2つかと思っていたら！
A哉：（誇らしげな顔をして、うれしそう）
保育者：1、2、3、4、……。
　　　　（A哉を後ろから抱いて、いっしょにか
　　　　ぞえる）
女児たち：（A哉の泥だんごのまわりに集まり、
　　　　　いっしょにかぞえる）
保育者：19、20、21、22個!!　A哉くん、が
　　　　んばったね！　1つずつ入れ物に入れて
　　　　いるところがすごいね！　カップもA哉くんが取りに行ったの？
A哉：（とてもうれしそうに）うん！
　その後、近くに来た副園長にも見てもらい、A哉は、はにかみながら喜んでいる。保育者が段ボールの箱を用意し、いっしょに泥だんごのカップを並べて入れると、うれしそうにもち帰る。

（事例／写真：大分大附幼）

　4歳児のA哉が、長い時間泥だんごをつくって1列に並べていた場面である。くり返し「1、2、3、4、……」と1つずつ数をかぞえることで、泥だんごの数を確認しながら、ワクワクする期待と興奮の高まりを感じている様子がうかがわれる。また、前半、保育者や5歳児、なかまから、泥だんごの形のきれいさや数の多さをほめられたり、驚かれたりしたことは、A哉の満足感を高め、なかまに「すごいだろ？」と自慢するほどの自信を生み、泥だんごを1つずつカップに入れる行動への動機づけとなっている。

　後半、泥だんごをカップに入れて並べたことで、泥だんごをたくさんつくった喜びを再び体験している。A哉は1対1対応で数をかぞえ、その多さは感じているが、かぞえた最後の数字22が全体の数を表し（基数の原理）、カップを22個運べばよいことには気づいていない。しかし、数個ずつ何度も保育室から土山までカップを運び、その大変さを「まだいるのかよ」と独り言で励ましながら往復することで、泥だんごの多さを実感したと考えられる。保育者といっしょに泥だんごの数をかぞえたあと、「がんばったね！」と認められたA哉の表情は、満足感と達成感であふれていた。くり返し泥だんごの数をかぞえては一列に長く並べた体験は、保育者ががんばりを認めていっしょに喜んだことや、大事な泥だんごカップを段ボール箱におさめてクラスへもち帰ったことによって、よりいっそうA哉の心に残り、達成感や自信を強めたことだろう。

事例 3-3 「ほんとは泣く人なんか、大っ嫌いだもん！」

●5歳児クラス　4月

　S代は、T香やU子やY実と遊んでいたが、Y実と遊具の取り合いでいざこざになる。S

代は「もうＹ実ちゃんと絶対遊ばないから！」と怒り、Ｙ実が不満そうにしたところ、保育者がＹ実をよびにくる。保育者はＳ代とＹ実を集めて、Ｓ代はＹ実が遊具を独り占めしていやだったこと、Ｙ実はＳ代に「もう遊ばない」と言われていやだったことを伝え合い、話し合って解決する。その後、Ｙ実は保育者と花を植えに行く。Ｎ花が来てＳ代たちになかま入りする。

Ｕ子：（お母さんの役をめぐって、Ｎ花といざこざになり、泣きそうになって離れる）
Ｔ香：（Ｕ子を追いかけて）何で２人ともお母さんになりたいの？（Ｎ花に近づき）何でお母さんになりたいの？
Ｎ花：あーあ、またこんなけんかになっちゃったー。
Ｔ香：Ｎ花ちゃん、そんなこと言わないで！（Ｕ子を追いかける）
Ｎ花：（Ｔ香たちを追いかけていく）
Ｓ代：（一人残されて、観察者に話しながらブツブツ言っている）
　　　Ｓ代、ずーっとＵ子ちゃんに意地悪されたもん。ほんとは泣く人なんか、大っ嫌いだもん！
観察者：そうなの？
Ｓ代：Ｕ子ちゃん、いっつもさー、お母さんがいいって言ってるのに。何で！　遊びたくないよ。それにさー、Ｕ子ちゃんがいなくなると、人が少なくなるでしょ。Ｔ香ちゃんだってさー、すぐいなくなるもん。ほんとは泣く人なんか、大っ嫌いだもん。Ｕ子ちゃん、いっつもいっつもいっつも泣き虫だし。Ｔ香ちゃんはどこ行ったかわからないし。何でＳ代だけ一人なの？
Ｙ実：（花を植え終えて、戻ってくる）
Ｓ代：Ｙ実ちゃーん！　Ｙ実ちゃん、あのさー、Ｔ香ちゃんたちがさー、いなくなった！
Ｙ実：（近くに咲いていた黄色い花を摘んで）はい、仲直りのしるし。
Ｓ代：Ｙ実ちゃん、早く上がってきてよ。
Ｙ実：（うれしそうに）もう、何だよー。
Ｓ代：一人はやーだー！
Ｙ実：（遊具を登ってＳ代に花を渡す）
　　　Ｙ実とＳ代は、Ｙ実の摘んできた花を飾って笑い合う。

（事例／写真：大分大附幼）

　５歳児のＳ代は、まずＹ実といざこざになり、次にＵ子とＮ花のいざこざに巻き込まれ、結局一人取り残されてしまう。Ｓ代ははじめＵ子への不満などをブツブツ言いながら観察者に話しかけていたが、しだいに「ほんとは泣く人なんか、大っ嫌いだもん！」「何でＳ代だけ一人なの？」と独り言のように話し、外言が内言へと移っていく様子が見られる。また、Ｕ子などのなかまへの不満や一人でいることのさみしさを言語化することで、不満な気持ちを発散させて調整していたと考えられる。ことばは自分の行動や気持ちを統制するのに深く

第３章　▶　多様な感情体験とことば　　71

関係しているのである（岡本、1982）[5]。

　最初にけんかしたＹ実が花を植えて戻ってくると、一人になってさみしかったＳ代が待ちわびていたように呼び寄せている。「仲直りのしるし」の黄色い花を差し出すＹ実と、「早く上がってきてよ」とせかすＳ代。いざこざによって不安定になった２人の関係は、「いっしょに遊びたい」思いが重なって一気に改善され、その喜びが２人で笑い合って遊ぶ姿に見てとれる。とくにＳ代は、一連の心の揺らぎがあったからこそ、なかまといっしょに遊ぶ喜びを実感したのではないだろうか。

4 保育者やなかまとつなぐことば

　ことばには、自分の思いや考えを表現して伝えるはたらきがある。子どもにとって、ことばは物事を伝えるだけではなく、ことばに託された思いを伝えるものであり、その思いを保育者やなかまと共有する喜びを体験することが大切である。子どもは自分の気持ちを自分なりのことばで表現し、親しい相手に受け止めてもらうことで話したい気持ちが促される。そして、話したい気持ちが満たされる喜びと相手への信頼感から、相手の話を聞く姿勢が育っていく。保育者が聞き手の場合、子どもの未熟なことばやそのほかの表現から、伝えられる思いをていねいに聞き取って理解し、共感する力が必要だろう（無藤、1990）[6]。なかまとの関わりでは、自分だけが話したいのではなく、相手にも話したい気持ちがあるため、相手の話を聞くことが必要となる。なかまと気持ちよく思いや考えを伝え合う方法を考えるなかで、コミュニケーション・スキルを身につけていく。

　また、絵本や物語の読み聞かせ場面では、子どもはさまざまな未知の世界を想像したり、主人公に自分を重ねて楽しんだり、悲しんだり、感動したりする。気持ちをいっしょに聞いてい

るなかまと共有することで、感想などを伝え合うことができる。全体場面でのお話や話し合いやゲームでも、いっしょに問題を考えることによって、なかまの意見を聞きながら修正したり、共有したりする体験をしているのである。

これらを通して、子どもはことばに対する感覚を養い、状況に合ったことばを使うようになり、保育者やなかまとことばで伝え合ってやりとりする楽しさを感じるようになる。

事例 3-4 「カタツムリも、かたいお家がついてるもん！」

4歳児クラス　1月

　帰り前の集まりで、保育者がなぞなぞを出している。「目玉がくるくる、小さな飛行機」の答えが「トンボ」とわかり、大喜びする。
K夫：あー、もっとむずかしいのがいい！
保育者：そう？　それでは……、背中にかたーいコウラの、のんびりや、なーんだ？
T太・N也：わかった！　カメ！
保育者：ほかにないですか？
E美・P哉：カタツムリ！
保育者：どうしてカタツムリって思ったの？
E美：だって、カタツムリも、かたいお家がついてるもん！
保育者：あ、本当だ。かたいカラのお家がついてるね。
Y男：カメは、こうやってかくれるのに使う！
　　　（両手をからだに引き寄せる）
男児：お布団がないから、なかに入っているんだよ。
男児：なかはあったかいもんな。
女児：怖いかもしれないからじゃない？
N也：さわったら、ピクンッてして、入るんだよ。
保育者：そうだね。みんな、いろんなところに気がつきました。E美ちゃんたちもすごいなーって思います。よいところに目をつけたね。カタツムリものんびりやだし、かたいお家をかついでいるよね。
男児：でも、カタツムリのお家は踏んだらつぶれるよ。
保育者：そうだね。コウラとカラはちょっと違うね。
T太：カタツムリは、お家がなかったら、ナメクジみたいになるよ。
保育者：あ、確かに似てる。みんないっぱい、よいところに気がつきました。最後の答えはカメさんでした。
　その後、保育者と足じゃんけんをして、勝ったらさようならをして保育室の外へいく。

（事例／写真：大分大附幼）

　この事例は4歳児クラスでの帰りの場面で、なぞなぞ遊びをしている。みんなでなぞなぞを考える機会をもつことによって、単に答えを出すことだけではなく、自分の考えを伝え合

第3章　多様な感情体験とことば　　73

うこと、なかまの意見を聞いてさらに考えをめぐらせることが促されている。「カメ」という答えはすぐに出ているが、「かたいお家」がついており、なかにかくれる理由を考えるなど、カメやカタツムリについて知っていることや考えたことを話すことで、そのあとの考えが引き出され、なかまとともに自分たちの考えを展開している。子どもたちは、保育者やなかまに自分の考えを聞いてもらえるうれしさや、なかまといっしょに考えるおもしろさなどを体験しながら、ほかの人の意見を真剣に聞く大切さに気づき、しだいに集中して聞く態度を身につけていく（国立教育政策研究所教育課程研究センター、2005）[7]。

　また、保育者は「どうしてカタツムリって思ったの？」とたずねたあと、子どもたちのやりとりを受け止めながら見守っている。E美たちがカタツムリと考えた理由を聞いて、カメだけでなく、カタツムリものんびりやでかたいお家があることに気づいたことを「よいところに目をつけたね」とほめている。答えを出すことだけではなく、「思考力の芽生え」につながる類似点への気づきなどが、なかまとのやりとりから生まれるプロセスを大切にしている様子がうかがわれる。このクラスでは、ふだんから同じところや違うところを見つけて、みんなで確認したり、気づいたことを話したりする活動が行われており、その積み重ねが事例3-4のような子どもたちのやりとりにつながったのだろう。

パソコンで遊ぼう

おみくじ遊び「ドキドキする」

§2 自分の思いや気持ちを主張し、気持ちを整える

1 自分の思いに気づき表す

　幼児期のことばの教育でもっとも大切なのは、「自分の気持ちや考えを、ことばで述べられるようになる」ことである（今井、2000）[8]。まだことばの未熟な子どもにとって、自分の気持ちや思いをことばで表現することは簡単なことではないし、自分の思いや気持ち自体を意識できていないこともある。その場合、保育者が子どもの思いや気持ちを読み取ったり、引き出したりして、子どもに確認しながら、ことばの使い方や表現の仕方を示し、相手に伝えられるように援助することが必要である。

事例 3-5 「結婚式行かない……」　3歳児クラス 10月

　雨の日、保育室では乗り物ごっこやお家ごっこなどが行われている。F代とG花は、スカートをはき、頭には大きな透ける布と金色の王冠をかぶっている。途中で、S男が車掌さんをしている乗り物ごっこに乗せてもらう。保育者もそばで見ている。
S男：入ってください、出発しまーす！
　　　1、2、3、……（座っているなかまをかぞえ）もう1人乗れる！
H実・R子：（走ってきて、積み木の座席に座る）
保育者：H実ちゃんも、R子ちゃんもやってきた。いっぱい乗れるね。
F代：（G花と手をつないで保育者に近づき）結婚しにきたの。
保育者：あ、結婚しにきたの？　おめでとう。結婚式ね、乗せてもらう？
F代・G花：（うなずいて、手をつないだままS男の車に近づく）
保育者：乗せてって、言ってごらん。
F代・G花：（2人で声をそろえて）乗ーせーて！
S男：いいよ。みんな乗っていいよ。
保育者：（車に近づいて）みんな乗れる？　すごいねー！　S男くん。
S男：このなかでは〜（張り切ってアナウンスする）
F代：（S男の車のなかでG花のとなりに座り、絵本を見ている）
G花：（少しずつ困ったような悲しそうな表情になる）

> F代：ルールールールー♪（楽しそうにうたいながら、絵本を見ている）
> G花：（泣きそうな顔で黙って座っている）
> F代：（絵本を見終わると、うれしそうにG花のほっぺにチューをする）
> G花：（とうとう泣き出してしまう）
> F代：ごめんね、いやだったの？　ごめんね。（保育者をよびにいく）
> 保育者：なに？　どうしたの？
> G花：（泣きながら）結婚式行かない……。
> 保育者：結婚式行きたくないのね。（F代に）G花ちゃんは結婚式行きたくないんだって。
> F代：（少し考えて）じゃ、Y也くんと行こう。
> 保育者：Y也くんに結婚式行こうかって言わないとね。G花ちゃんに結婚式、もう行かなくていいよって、心配しなくていいよってお話しして。
> F代：（G花に）心配しなくてもいいよ。
> G花：うん。
> 保育者：あー、よかったね。行きたくないときは、今みたいに行きたくないよってお話しすればいいのよ。G花ちゃんの好きなところで遊んでいいよ。
> G花：（うれしそうに立ち上がって、保育者と手をつないでお散歩へ行く）
> F代：（Y也のところへ行き、となりに座って）結婚式行かなくっちゃ！
> Y也：じゃあさ、どこ行く？（2人で話し合っている）
>
> （事例／写真：大分大附幼）

　3歳児のF代とG花は、始め2人でお姫さまの格好をして、手をつないで歩いていた。F代は「結婚しにきたの」とうれしそうに保育者に話し、G花の手を引いてS男の車に乗り込み、上機嫌で絵本を見ながら歌をうたっている。一方、G花はお姫さまの格好で歩いているときは楽しそうだったが、F代に「結婚」と言われ、父親と結婚したいG花は困ってしまい、どうしたらよいかわからなかったようである。だんだん悲しそうな表情になり、ついにはF代のチューに驚いて泣き出してしまった。結婚するうれしさとG花への好意からチューをしたF代はびっくりして「ごめんね、いやだったの？」とすぐに謝るが、困って保育者をよびに行っている。

　保育者は、G花の困っている気持ちを受け止め、「結婚式に行きたくないのね」と確認したあと、F代にG花の気持ちを伝え、「心配しなくていいよ」とG花に話すよう促している。G花に対しては、行きたくないときは「行きたくないよってお話しすればいいのよ」と自分の気持ちを相手に伝える方法を教えている。どうしたらよいかわからず泣き出したG花は、保育者によって、結婚式へ行きたくない気持ちに気づき、それを表現して相手に伝えることの大切さを学んだといえるだろう。また、F代のほうも、G花がかならずしも自分と同じ気持ちではないことを身をもって体験したようで、その後もG花に「もう結婚式行こうって言わないからね」と何度か声をかけている様子が観察された。まだ自分の気持ちをはっきりと意識できず、うまく表現できない子どもにとって、保育者のていねいな援助がとても大事であることをよく表している。

2 自分の思いや気持ちを適切に表現する

　自分の気持ちに気づき、それを表現できるようになると、子ども同士の要求や主張のぶつかり合いが生じるようになる。このようないざこざをくり返す経験は、自分の行動を振り返ったり、自分の要求や主張を通すためにはどうしたらよいかを考えたりするよい機会となる。その結果、相手が受け入れやすい伝え方を学んだり、自分の気持ちを抑えて相手と自分の意見を伝え合いながら調整することを学んだりする。子どもがより適切な方法で自分の思いや気持ちを伝えることができるように、また、相手の思いや気持ちにも目を向けられるように願いながら、保育者は日々、一人ひとりに合った援助の仕方を考えるのである。

> **事例 3-6**　「4人しかいなくなっちゃった……」　　　4歳児クラス　2月

　保育室のすぐそばにある砂場では、数人の男児が水を入れて島や工場などをつくって遊んでいる。保育者はときどき砂場に来て、子どもたちから「これ、山と川！」などの報告を聞き、「すごく深いわね」「(島に立てた筒が)灯台みたいね」と声をかける。
B太：(道を掘ったあと水のなかを歩き、バシャバシャと水はねをさせている)
G男：あー！(水がかかって、B太から離れる)
B太：(気づかない様子で歩きまわり、再び水をはねさせる)
G男：B太がこうやって歩くから、(水が)かかった。(J哉に不満そうに話す)
J哉：(話を聞いたあと)オレたちは、バイクで遊ぶぞ！(2人で保育室へ入る)
B太：あ、レンガだー！(レンガをバシャンと落として水がはねるのを見て笑う)
N夫：おーい、みんな。おもしろいよー！(うれしそうにまわりにアナウンスする)
　　　おもしろいな！(裸足になって水のなかを歩き、B太に話しかける)
B太：おもしろいよな！
N夫：B太、見てー。(唇をめくった変な顔を見せて笑わせる)
B太：お前って、結構、おもしろい人なんだな。(うれしそうにバシャバシャさせて歩く)
N夫：さよなら、あんころ餅、またきな粉♪(泥をすくいながら、楽しそうにうたう)
B太：さよなら、あんころ餅、また来てね♪(水のなかを歩きながら、いっしょにうたう)
　　　(容器を上から勢いよく落として、N夫の顔と洋服にバシャッと水がかかる)
N夫：あっ！(怒ってうたうのをやめる)
S介：(そばで様子を見ていたが、N夫に)お着替えしよっか。
N夫：もう、やめたー！(砂場から出る)
B太：(大きいバケツに水を入れ、砂場に放り投げるようにして水を入れて喜ぶ)
保育者：先生もお手伝いするから片づけましょ。

S介：お片づけしなきゃ。（砂場へ戻る）
　　N夫：あーあ。（砂場へ戻り、片づけをしながら
　　　　　不満そうな声をあげる）
　　保育者：あーあって結果になっちゃったの？
　　N夫：だって、（B太がものを落とすとき）下か
　　　　　らやらないんだもん。
　　S介：（楽しかったのが）だめになっちゃった。
　　保育者：（一人で遊んでいるB太に）B太くん、
　　　　　　どうしてかな？
　　B太：（答えずに水をバシャバシャして遊びつづけている）
　　N夫・S介：（容器や道具を片づけている）
　　B太：4人（B太、N夫、S介、保育者）しか、いなくなっちゃった。
　　保育者：どうしていなくなったのかな？
　　B太：（黙ってバシャバシャ歩いていたが、砂場から出て足を洗いに行こうとする）
　　保育者：B太くん、片づけしましょ。はい。
　　　　　　（よび戻し、片づけるものを手渡す）
　　B太：（道具を受け取って片づけはじめる）

（事例／写真：お茶大）

　4歳児のB太は、なかまとペースを合わせて、場を共有して遊ぶことがなかなかむずかしく、少し落ち着いて遊んでいても、最後にはその場を壊してしまうことが観察されていた。そのため保育者は、B太の好きな砂場での遊びはじめにいっしょにかかわり、一つの活動を最後までやり通す経験のなかで、なかまとともに楽しむかかわりができるように配慮していた。

　事例3-6で、B太はクラスのなかまといっしょに砂場で遊んでいる。とくにN夫と楽しく遊べたようで、2人で水はねを「おもしろいよな」と言い合い、N夫のふざけに対してB太は「お前って、結構、おもしろい人なんだな」と喜んでいる。しかし、水遊びに夢中になってなかまに水をかけてしまったため、いっしょに遊んでいたなかまが次々にいなくなってしまう。B太の「4人しかいなくなっちゃった」に対して、保育者は「どうしていなくなったのかな？」とその理由について考えることを促すことばかけをしている。B太は黙っていたが、なかまと過ごした楽しい雰囲気が消え、なかまがいなくなった原因を考える機会になっている。

　なかまとともに過ごす楽しさやおもしろさを積み重ねることによって、その状態を保つためには、なかまの気持ちも考えながら遊ぶ必要があることに気づくようになる。保育者によれば、およそ1か月後の3月に、G男のつくったブロックの車が壊され、誰も見ていないのでわからないが、「B太が壊した」といっしょに遊んでいたN夫やS介たちから文句を言われたことがあった。そのとき、B太は以前のようにめちゃくちゃにしたり、その場から逃げたりせずに、すまなそうな顔をして話を聞き、そのあと「こうしようよ」と自分から遊びの提案をして受け入れられたそうである。それまでは、謝ることもままならなかったB太が、保育者からの援助を受けながらも、なかまの気持ちに目を向け、反省して解決策を考えられるようになり、なかまにも受け入れられたことは、B太にとって大事な経験だっただろう。

事例 3-7 「何で、F夫はだめなの？」

● 5歳児クラス 12月

　　A介はF夫と園庭に出たが、外が寒いのでF夫と別れ、5歳児クラスの保育室に戻ってくる。
A介：寒いー、寒いー。寒いから、道具がないからできなかった。
　　　（積み木や車で遊ぶE哉とK香に）なかまに入れて。
E哉：でも、もう3人だから、ほかに来たらいっぱいですって、言ってくれる？
A介：（うなずく）
E哉：じゃあいいよ。3人でいっぱいですって、言ってね。（引き出しを指さす）
A介：これ？（車などが入った引き出しを取り出して運ぶ）おもてぇ〜なぁ、これ。
E哉：かる〜い。
A介・E哉・K香：3人で遊びはじめる。
F夫：なかまに入れて。
E哉：3人オーバー。
A介：3人オーバー。
F夫：（悲しそうな表情でE哉、A介の近くに行って座る）
　　　何で？　なかまに入れて？（何度も言う）
A介：だめ。
G太：なかまに入れて。
A介：いいよ。
F夫：何で、F夫はだめなの？
A介：G太くんは、オレのなかまだからいいよ。
F夫：何で、何でF夫はだめなの？
K香：G太くんは入れてあげる、F夫くんは入れてあげないのは、何か変じゃない？
A介：（K香のところへ行き）F夫くんが入りたいっていうけど、ぼくとG太くんとE哉くんと……。
　　　（E哉たちのほうを見る）
F夫・E哉：（2人で座って、いっしょに遊んでいる）
F夫：（A介に）もう入ってる！
A介：（みんなのところに戻る）
F夫：何でG太くんだけ入っていいって言うの？（A介に悲しそうにたずねる）
A介：（気まずそうに答えない）
F夫：（なかまに入って遊び出す）
A介：（セロハンテープをおでこに貼って）これ、テープ、貼っちゃった。（ふざける）
F夫：（笑う）

（事例／写真：大分大附幼）

　5歳児クラス12月の事例である。E哉とK香のなかまに入ったA介は、E哉に「3人でいっぱいです」と言うように頼まれ、F夫がなかま入りしようとしたとき「3人オーバー」と断っている。ところが、A介は仲良しのG太がなかま入りしようとすると「いいよ」と答えたため、納得のいかないF夫は「何で、F夫はだめなの？」「何でG太くんだけ入って

第3章　▶　多様な感情体験とことば　　79

いいって言うの？」とくり返したずねている。F夫は、そこで怒鳴ったり手を出したりするのではなく、悲しそうな表情で理由をことばでたずねている。また、その様子を見ていたK香は、第三者的な視点から、G太を入れてF夫を入れないのは「何か変じゃない？」と指摘して、A介に問いかけている。

　A介は、E哉との人数制限の約束を守ろうとしてF夫を断ったが、仲良しのG太は特別と考えたのだろう。しかし、F夫やK香に指摘されて、A介自身もおかしいことに気づき、結局2人にうまく答えることができなかった。E哉がF夫と遊びはじめたため、うやむやになっていっしょに遊び出したが、気まずさを感じているA介は、わざとテープをおでこに貼ってふざけ、F夫を笑わせることによって、謝罪の気持ちを示していたと考えられる。

　F夫の悲しい気持ちや納得できない気持ちをしっかりと適切なことばでA介に伝えようとする姿、K香の第三者的な視点を提供してA介の判断をおかしいと指摘する姿には、もうすぐ小学生になる5歳児らしい頼もしさが感じられる。A介も冷静に自分の行動を振り返り、反省してF夫の気持ちを和ますような対応をしているのである。

3 気持ちを立て直す

　いざこざや泣きなどの不快な感情を経験したあと、そのまま否定的な気持ちを引きずるのではなく、折り合いをつけて前へ進めるようなしなやかさ（レジリエンス）をもつことは重要である（無藤、2002）[9]。一人で立て直すこともあれば、なかまや保育者に励まされて立ち直っていくこともあるだろう。いやな気持ちを調整して立て直したり、やりたくなくても必要だからやったり、怒っていた相手を許したり、気持ちを切り換えてよりふさわしいルールを提案したりすることは、「道徳性・規範意識の芽生え」につながる姿であり、社会生活を送る上で必要となる。保育者はさまざまな対処方法があることを伝えたり、気持ちを調整する援助をしたり、自ら折り合いをつけて対処しようとする子どもの姿を認めたりすることを通じて、子どものしなやかさは育まれるのである。

事例 3-8 「お話しして。大丈夫。がんばって」　4歳児クラス　3月

　B実、G香、H代、R哉、J美は外でポケモンごっこをしている。B実がJ美の耳元でこそこそ話すと、G香に「B実ちゃんはポケモンごっこ、なしね。だって、こそこそ話したから」ととがめられる。B実は黙って、その場から離れて泣き出す。G香とH代は、B実がポケモンのわからない技についてたずねていたことを、J美から聞いて謝りにくるが、お集まりの時間になって保育室へ戻る。B実は涙が止まらず、あとから観察者といっしょに下駄箱へ戻る。そこにD子がいる。
B実：（泣きながら、観察者といっしょに下駄箱へ来る）

D子：ねー、どうしたの？　B実ちゃん。
観察者：（B実に）お話しできる？
D子：お話しして。いいから。
B実：（泣いてヒクヒクしていたが）あのね……。
D子：うん。
B実：（あとがつづかずに、ヒクヒクしている）
D子：落ち着いて。大丈夫。
　　　（話すのを待っている）
B実：（ヒクヒクして、なかなか話せない）
D子：がんばって。
　　　（なかなか話せないB実に）何か、意地悪されたの？
B実：（うなずく）
D子：そうなの。誰から？　R哉くん？
B実：（首を振る）
E花：（D子をよびに来て、様子を見て）
　　　R哉くん？
D子：違う、B実ちゃんに聞いてるの。B実ちゃん、どうしたの？　お話しして。
　　　D子、わからないの。ね？
B実：（とぎれながら）あのね、G香ちゃんにね、「だめ」って言われたから、いやだったの。
D子：いやだったのね？
E花：何て？
D子：G香ちゃんからね、「だめ」って言ったから、いやだったのね？
B実：うん。
D子：で、涙が出てきたの？　そうなの？
　　　（B実の頭をなでながら）よしよし。いつもやさしくしてるでしょ？　D子は。
観察者：G香ちゃんたちも「ごめんね」って言ってくれたね。だけど、まだちょっと悲しい気持ちが残っているみたい。
B実：（うなずく）
観察者：よかったね。D子ちゃんに聞いてもらえて。
B実：（泣きやんで、クツを履きかえはじめる）
D子：（B実のとなりに座って頭をなでて）いつもやさしいでしょ？　D子は。
B実：（D子を見て、うなずく）
B実・D子・E花：（D子が手を差し出してB実と手をつなぎ、3人で保育室へ走っていく）

（事例／写真：大分大附幼）

　4歳児のB実が、ポケモンごっこからはずされてつらい思いをして、なかなか泣きやむことができずにいたところ、D子が「どうしたの？」と声をかけた場面である。観察者も関わってはいるが、B実の悲しい気持ちを立て直す大きなきっかけとなったのは、D子のやさしい励ましだった。悲しくなった理由をなかなか言えないB実に対し、D子は「お話しして」「落ち着いて。大丈夫」「がんばって」と励ましたり、「何か、意地悪されたの？」とたずねたりして、B実の気持ちを一生懸命理解しようとしている。そして、「"だめ"って言われた

から、いやだったの」とB実が話すと、D子は「いやだったのね？」とB実の気持ちを受け止め、「よしよし」とやさしくB実の頭をなでて慰めている。その結果、B実は気持ちを立て直し、D子と手をつないで元気よく保育室へ走っていったのである。自分で気持ちを調整することがむずかしくても、なかまの手を借りて気持ちを立て直せたことは重要である。

　また、この事例では、D子の保育者のような対応が印象的である。おそらくD子は、似た状況で保育者がどのように声をかけ援助していたかをくり返し見聞きしていたため、保育者をモデルとして、B実が泣きやんで自分から話し出すまで励まして待ったり、B実の悲しい気持ちを受け止めて共感したりしたのだろう。D子の「いつもやさしいでしょ、D子は」という発話は、やさしい自分をアピールしているようにも聞こえるが、「だから、悲しいことがあったらいつでも自分に話してほしい」というメッセージが込められていたと考えられる。D子がB実を思いやり、共感して励ましたことによって、ふだん気持ちを表現することの苦手なB実も話すことができ、最終的には晴れて立ち直ることができたのである。

事例 3-9　2人で「痛いよ〜！」

5歳児クラス　12月

　外で遊んでいたG也が「E介にけられた」と言って、保育室にいた保育者へ話しに行く。保育者はG也の話を聞き、G也といっしょに、外にいるE介のところへ行く。E介とG也と保育者は水場にしゃがみ、E介の話を聞きながら、話し合っている。
保育者：G也くんは、けられたのがいやだったんでしょ？
G也：（うなずく）
E介：（G也をわざとけったわけではないことを伝える）
保育者：あとは2人で相談して解決しなさい。あなたたち、なかよしなんだから。
　　　　（2人に任せてその場を離れる）
E介・G也：（並んで座るが、顔を合わさずに無言のままでいる）
G也：（前に落ちていた小さな石を拾い、園庭に向かって思い切り投げる。そのとき、G也の腕がとなりのE介の後頭部にぶつかってしまう）
E介：（驚いたようにG也を見てにらみ、G也の後頭部をポカッと叩く）
G也：（E介をジッと見るが、顔をそらす）
E介：（顔をそらすが、少し表情が緩む）
E介・G也：（互いに顔をそらしていたが、チラッと互いを見たときに2人の目が合うと、2人とも徐々にうれしそうな表情になって目をそらす。再び顔を見合って、ニコーッと笑い合う）
4歳女児：（水道に近づき、手を洗いはじめる）
E介：（女児の後ろに立ち、カンチョーしてふざけて笑う）

4歳女児：（不機嫌そうな顔で、E介を見る）
　E介：（おどけたような変な顔をして、G也と笑う）
　E介・G也：（2人でお互いの頭を軽く叩き）「痛いよ」「痛いよ」「うるさい」「うるさい」
　　　　　（最後に2人で声を合わせて）痛いよ～！　ハハッ。（笑い合う）
　E介：（ボールで遊びはじめる）
　G也：（E介の様子を眺めている）
　その後、2人で肩を組んで保育者のところへ行き、E介が「せんせー、仲直りできました。G也がオレをパンチして、オレがG也をパンチして、ワッハッハッハッて」と報告すると、2人で園庭へ走っていく。

（事例／写真：大分大附幼）

　5歳児のE介とG也はふだんは大の仲良しだが、この日はG也がE介に足をけられたことを保育者に言いにきたため、保育者はG也とともにE介のところへ行く。保育者が入って、G也はけられていやだったこと、E介はわざとけったわけではないことを伝え合うと、保育者は「あとは2人で相談して解決しなさい」となかよしの2人に任せてその場を離れている。

　E介とG也は「仲直りしなくては」という気持ちから2人並んで座るが、互いに背を向けており、気まずい雰囲気で黙っている。仲直りのきっかけがつかめないまま、G也が小さな石を拾って思い切り投げたとき、たまたま腕がE介にぶつかってしまう。2人は見つめ合い、E介がポカリと叩き返すと互いに顔をそらしているが、どちらもおかしくなってきて、結果的に笑い合っている。仲直りの直接的なきっかけは偶然であったが、E介が4歳女児にふざけてカンチョーを

してG也と笑い合ったり、互いに叩きながら「痛いよ」「うるさい」とリズミカルにまねして言い合い、最後は声をそろえて「痛いよ～！」と笑い合ったりすることで、2人の不快な気持ちが調整されて立て直され、緊迫した状態が和らいだのだろう。

　保育者はE介とG也の関係の強さを信頼して、仲直りするまでは援助せずに2人に任せている。おそらく2人は、保育者に任されたからには仲直りしなくてはと考えたのだろう。なかなか進展しない気まずい雰囲気のなか、偶然G也の腕がE介の頭にぶつかったことから叩き合いが始まるが、結果的に笑い合って仲直りしている。普通は叩き合いで、さらに険悪になってもおかしくないが、E介とG也の強い関係性と「仲直りしたい」思いによって、ふざけと見なして笑っているのである。肩を組んで保育者へ報告にきたときのE介とG也は誇らしげだったが、それは2人とも気持ちをしっかりと調整して立て直し、自分たちで仲直りができたという自信の表れだろう。

第3章　▶　多様な感情体験とことば　　83

§3 なかまと意見を調整しながら話し合う

子ども同士が遊ぶとき、なかま入りやものの所有、ルール違反などをめぐっていざこざが起こる。自分と相手との要求や主張のぶつかり合いをくり返し経験するなかで、自分の要求や主張を通すための方法を学んだり、ルールの大切さを理解したり、相手の気持ちに共感したり、自分の気持ちを抑制して、相手と自分の意見を伝え合いながら調整することを学んだりする。

保育者は、安全面への配慮をしながら、まずは見守って子どもがどのように対処するかを観察している。援助や指導をする場合は、何かしらの願いや意図をもってかかわる。いざこざの経験が少ない時期は、どのように対処すればよいのかを保育者がモデルとして示すこともある。相手の気持ちに気づくようなことばかけをし、互いの気持ちや考えをことばで伝え合い、ときには気持ちを代弁したり、ことばを補足してわかりやすい表現に言い換えたりす

る。そして、どうしたらよいかを考えさせたり、アイディアを提案したりすることでことばで気持ちや考えを伝え合うことの大切さを伝えていくのである。

このように、保育者に支えられながら、なかまとのいざこざや話し合いの場を何度も積み重ねることによって、当事者だけでなく、第三者の子どもも参加して、自分たちで意見を調整しようと試みるようになる。5歳児になっても、自分たちで問題を解決することはなかなかむずかしいが、自分たちだけでは困難な場合は保育者をよぶなど、その場の状況により適した解決方法を選択するスキル（技能）も身につけていくのである。

1 保育者がモデルになって話し合う

　事例3-10は、4歳児クラスの6月で、4月から進級児に加えて新入園児が増えている。進級児Ｈ男は、新入園児Ｄ哉の行動が気に入らず、浅い池（水たまり）にＤ哉を突き落としたらしい。保育者は、Ｈ男とクツのぬれたＤ哉がもめている場面に関わっている。

事例 3-10　「お友達はいやなんだよ」　　　4歳児クラス　6月

　裏山で、Ｈ男と、浅い池（水たまり）に落とされてクツがぬれたＤ哉がもめている。その様子に気づいた保育者が来て、2人の話を聞いている。
保育者：水たまりのなかに入れられたの？
Ｄ哉：（うなずく）
保育者：どうしてするのって、聞いてみようか。
Ｄ哉：どうしてするの！（少し強気で聞く）
Ｈ男：＊＊＊（小声で話す）
保育者：そう言ったら、押してもいいの？
Ｈ男：（首を横に振る）
保育者：でもしたんでしょ？　Ｈ男くん。お友達をグンって、押したんでしょ？
Ｈ男：（うなずく）
保育者：池に落とされて、どんな気持ちだった？
Ｄ哉：いやだった。（首を横に振る）
保育者：いやなんだよ、Ｈ男くん。何かわけがあったかもしれないんだけどね、わけがあっても、お友だちを急にポーンと、あんなとこ（池）に落としてもいいのかな？
Ｈ男：（首を横に振る）
保育者：そんなとき、どうしたらいい？　Ｈ男くん。何て言えばよかった？
Ｈ男：あのね、＊＊＊やらないでって。（小さな声で答える）
保育者：そう！　ちゃんとわかってるじゃない！　ちゃんとわかってるんだったら、そうしないとお友達はいやなんだよ。じゃ、どうしたらいい？　Ｄ哉ちゃん、困ってるよ。
Ｈ男：ごめんね。
Ｄ哉：いいよ。
保育者：お口で言えばいいってわかったら、そうするのよ。
　　　　（注）＊＊＊は聞き取れない箇所で、以降の事例も同様である。　（事例／写真：大分大附幼）

　この事例では、保育者がいざこざで話し合ったり、意見を調整したりするモデルを示して

いる。事実を確認しながら、H男が押した理由をD哉にたずねさせたり、池に落とされたときのD哉の気持ちを話させたり、H男の気持ちを理解しつつもどんな方法をとればよかったかを考えさせたりしている。また、何か気に入らないことがあると、手が出る傾向のあるH男に、「お口で言う」こと、「そうしないとお友達はいや」なことを伝え、相手の気持ちに気づき、ことばで伝えることの大切さを強調している。なかまとの意見を調整するときに必要なスキルを、保育者による適切な援助の積み重ねによって身につけていくのである。

2 なかまの気持ちに気づいて調整する

次の事例では3歳児のT代とY美がS花をめぐっていざこざになり、保育者が関わっている。穏やかな性格で人気者のS花と、少し強引に遊ぼうとするT代を、やはりS花と遊びたいY美がやめさせようとしてもめていた。

事例 3-11 「みんな1人で遊んだらいいんじゃない？」

3歳児クラス　2月

3歳児保育室で、T代とY美はS花のあとを追いかけ、いっしょに遊ぼうとして、もめている。保育者は「S花ちゃんは好きなことして遊んで」などと声をかけながら、そばで様子を見ている。近くのテーブルでは、J子とD実が積み木を片づけている。
T代：ねえねえ。（S花についていく）
Y美：（T代をS花から離そうとする）
S花：何もできなーい。
T代：もう、入んないでよ。（Y美をかわし、S花に）
　　　ねえ、下で遊ぼうよ。
S花：だめ、もう。（逃げる）
Y美：（S花を追いかけようとするT代をつかまえる）
T代：放して！　やめて！
　　　（Y美を振りきって、S花を追いかける）
保育者：S花ちゃんは何で遊びたいの？
S花：これ。（カラー積み木を指さし、しゃがんでカラー積み木で遊びはじめる）
T代：（S花のとなりに座って、いっしょに遊びはじめる）
Y美：いつもT代ちゃん、くっついているのに、意地悪なんだよ。
T代：あ、2人で（S花ちゃんと）手つなごうよ、じゃあ。

86

Y美：やだー！　1人でS花ちゃんと私とで（つなぐ）。
S花：もう、やだー。（泣き出す）
T代：もう、泣いちゃうじゃん！
　　　（怒ってY美を指さす）
Y美：T代ちゃんのせいだよ！　S花ちゃんと、1人
　　　でくっつきたい。
T代：ねぇねぇ、3人で遊ぼうよ、それじゃあ。
S花：（困って泣いている）
保育者：（S花とT代を抱きかかえて）じゃあ、ずー
　　　　っと、こうやって、くっついてて。もう、
　　　　離れなくていいわ。先生、紐でくっつけて
　　　　あげようか、こうやって。
T代：アイテー。（少しおどけて言う）
Y美・J子・D実：（笑う）
S花：（泣きながら）私ね、＊＊＊。
保育者：（カラー積み木で）遊びたいの？　じゃ、出して遊びましょう。S花ちゃんね、好
　　　　きなことできないとね、悲しくなっちゃったわ。
　　　　（S花に）S花ちゃん、じゃあ、1人で遊ぼうね。
S花：うなずいて床に座り、カラー積み木を出して遊びはじめる。
Y美：じゃあ、私、J子ちゃんとかと遊ぶ。
保育者：あら、みんな1人で遊んだらいいんじゃない？
D実：（保育者のそばへ行って）ヤーダ、ヤーダ、ヤダヤダヤダ！
保育者：お外も、いい気持ちだし、ねー。
T代：（S花の座っているそばのテーブルに乗り）テーブルに乗ってよう。
D実：（T代を見て）テーブルに乗ってるー！
保育者：T代ちゃん、S花ちゃんのところ、行かないのよ。1人で遊びたいんだって。
T代：（決まり悪そうにテーブルから降りる）
　保育者は、D実とJ子の積み木の片づけを手伝う。T代とY美はS花のそばに近づきた
がったり、ピアノをどちらが弾くかでもめたりする。みんながS花と遊びたがるため、保
育者はS花以外の女児を外へ連れていく。1人になったS花は静かに積み木で遊んでいる。

（事例：目白幼稚園　写真：学大小金井）

　最初、保育者は、S花に「好きなことして遊んで」と声をかけながら、T代とY美のS花
をめぐるいざこざの様子を見ていたが、S花がT代とY美の「いっしょに遊びたい」思い
に束縛されて身動きできず泣き出したため、関わっている。保育者は、T代たちにはくっつ
きすぎるとつまらないことや、S花が思うように遊べなくて悲しんでいることを伝え、S花
には「1人で遊ぼうね」と声をかけ、ほかの女児を外へ連れ出して、S花が自由に遊べる
ような時間と空間を保障している。さらに、Y美たちに「みんな1人で遊んだらいいんじゃな
い？」と声をかけ、特定のなかまにとらわれず自分で遊べるようになってほしいという願い
も伝えているのである。

第3章　▶　多様な感情体験とことば

なかまといっしょに遊ぶことが楽しくなった時期ではあるが、まず自分が楽しく遊べることを大切にし、自分の好きなことができず不安定になっているS花に配慮している。このあと、別の女児に「いーれーて」と言われたとき、S花は「1人で遊びたい」と自分で答えている。保育者に支えられたことで、1人で遊んでもよいこと、いやなときにはいやと主張してよいことがわかり、気持ちも安定したのであろう。「みんないっしょに遊びましょう」ではなく、「みんな1人で遊んだらいいんじゃない？」という声かけによって、S花の気持ちが尊重され、T代とY美は相手のS花の気持ちに気づくきっかけとなったのではないだろうか。

3　なかまと話し合って調整する

　5歳児のF実、M子、B香はビニール袋をめぐっていざこざとなり、水かけでもいざこざが生じている。F実がM子に「その袋貸して！」とむりやり取ろうとしたため、袋の引っ張り合いになり、S太とB香が仲裁しようとしている。しかし、F実は袋を取って逃げ、M子に追われて叩かれたり、B香に水をかけられたりする。水かけでは、F実が水の苦手なM子を追いかけ、頭から水をかけている。

　F実は、袋を取り合ったM子が、水をかけられると逃げる様子を見て優越感を抱いたり、M子によるペットボトルの叩き落としに腹を立てたりして、少し意地悪な感情を抱いていたと考えられる。同時に、M子やB香といっしょに遊びたい思いもあったのだろう。

事例 3-12　「先に取ってたんだよ！」　　5歳児クラス　9月

　F実、M子、B香は池で水遊び。始めB香がもっていたビニール袋をF実、次にM子がもつ。その袋にペットボトルで水を入れて遊んでいる。S太もそばにいる。
　F実：M子ちゃん、その袋貸して！（袋をつかむ）
　M子：何で、だめ。
　F実：何で、貸して、1回だけ貸して。（激しく袋を引っ張る）
　B香：やぶれるって、もう！　手を離しなさい、2人とも！（袋を取り上げて）そんなにけんかするんだったら、私がもって帰るよ。
　S太：先やってた人はいいけど、後から来た人は待ってないとダメ！
　B香：私とM子ちゃんは先にこれをもってましたー！
　S太：じゃあ、M子ちゃん。（離れる）
　F実：ちがう！　F実が先にもってたもん！（M子から袋を取って立ち上がり、逃げる）

M子：もう、なーんで！（怒ってF実を追いかける）
B香：（楽しそうにF実に水をかけて）返せー！
　　　アハハハハ。
F実：（M子のほうにキックして水をとばす）
M子：（F実につかみかかる）
F実：いたーい！
B香・M子：F実ちゃん、返して！（F実に水をかける）
F実：（2人に水をかけ返す）
M子：（水が顔にかかるのをいやがって逃げ、F実の
　　　ほうへキックして水をかける）
F実：（水をかけ返すと、M子が顔を手でおおう）
B香：行っけー。（ペットボトルの水をF実にかける
　　　と、F実は逃げる）
M子：（F実にキックして水をかけて逃げる）
F実：（M子を追いかけ、ペットボトルで頭から水を
　　　かける）

M子：何でそんなことやるの！　いやー！
　　　（手で顔をおおって逃げる）
F実：（M子を追いかけて、再び水をかける）
M子：なーんでするの！
　　　（ペットボトルを叩き落とす）
F実：（ペットボトルを拾ってM子を追いかける）
B香：（F実を追いかけて水をかける）

F実：やーだー！　いやーん！（B香を払いのける）
M子：何で人にいやがってることするの！
F実：（再びM子の頭にペットボトルの水をかける）
M子：何でするの！　うぇーん。（F実のペットボトルを叩き落とし、泣き出す）
B香：（F実の胸に水をかける）
F実：（再びM子の頭上から水をかける）
M子：（泣きながら）やーめーてー！
B香：返して！（F実の頭に水をかけたあと、F実から袋を取り戻そうとする）
F実：じゃあ、あとでやるから。（袋を引っ張る）
B香：先に取ってたんだよ！（袋を引っ張り合う）
F実：あ、わかった、わかった。はい。（急に袋をM子に差し出す）先生から、あと2つ
　　　袋もらうから。（くやしそうに離れる）
B香：またF実ちゃんに、意地悪されると、困るから、＊＊＊。（M子に話す）
F実：（離れた場所で、穴の開いたペットボトルに水を入れ、M子たちをにらむ）

（事例／写真：大分大附幼）

　F実が水かけしたことでM子が泣き出し、袋もB香に「先に取ってたんだよ！」と言われてM子に袋を渡すが、気持ちは調整できずにいる。このあとF実は、優越感、意地悪な

第3章　▶　多様な感情体験とことば　　89

気持ち、いっしょに遊びたい気持ちなどの複雑な感情から、笑ってM子にシャワーの水をかけたと考えられるが、B香に「何で笑ってかけるの？ おかしいよ！」と非難されたことで、やりすぎたことに気づいたようだ。F実は気まずそうにM子とB香に近づくが拒否され、M子との言い合いでは泣かせてしまった後ろめたさもあり不満な気持ちを抑えてM子の袋に水を注いでいる。

事例 3-13 「何で笑ってかけるの？ おかしいよ！」

●5歳児クラス　9月

M子：（B香のそばで袋に水を入れる）
B香：（M子の袋に水を注ぐ）
F実：（突然近づいて笑いながら、ペットボトルのシャワーの水をM子にかける）
M子：キャー、やーめて＊＊＊。（逃げる）
B香：（F実の胸に水をかける）
F実：（笑顔が消えて、B香の水かけをいやがって体を反らす）
B香：じゃ、何でかけるの。何で笑ってかけるの？ おかしいよ！（怒る）
F実：（黙ってB香を見る）
B香：せっかくケンカが終わったのに。（M子の袋に水を注ぐ）
F実：（不満そうに座っていたが、2人に近づいて袋をさわる）
B香：もういい！（肩でF実を押しのける）
F実：はい、入れる。（不満そうにM子のもつ袋に水を入れる）
M子：先生にもらうって言ったじゃん！
F実：M子ちゃんともう二度と遊ばない。
　　（保育者を見つけ）せんせー！ ちょっと来て！ 先生来て！ フフッ。
　　（ペットボトルに水を入れながら）頭貸して。
保育者：じゃあ、F実ちゃんの頭貸して。
F実：ダーメー、ハハハッ。
　　（ペットボトルをもって保育者に走り寄る）
保育者：おっと。（F実のペットボトルを取り上げ、F実にシャワーの水をかける）
F実：うわー！（喜ぶ）
M子：（F実を見ていたが、しゃがんでいるB香の頭に、袋の水をかける）
B香：キャー、やめてー。（喜んでいる）
F実：（M子とB香のところへ来て）かけていい？

B香：かけていい。
　F実：（B香の頭に水をかける）
　B香：やめてー！（ふざけて大声でさけぶ）
　M子・F実：アハハハ。（笑い合う）
　B香：かけるぞーう。
　　　（立ち上がって、2人に水をかける振りをする）
　B香・F実：いくよ、いくよー。（ペットボトルの口をお互いに向け合う）
　F実：（にこにこ笑ってM子へ水をかける振りをしたあと、B香にかける）
　B香：キャハハッ。（笑いながら、M子の袋に水を入れる）
　F実：はい、入れる。（B香といっしょに袋に水を入れる）

（事例／写真：大分大附幼）

　F実なりにいざこざを何とかしようとするが、うまくいかず、「M子ちゃんともう二度と遊ばない」と言って切り換えようとしている。実際、F実は保育者をよび寄せ、水かけを楽しむことで、自分の不快な感情を立て直している。保育者が魅力的で安心できる存在であったことも重要だろう。気分転換できたF実は、再度B香とM子に近づいて「かけていい？」と許可を求め、M子に対しては水をかける振りだけにとどめるなど、相手を思いやる行動をとっている。F実がいざこざの葛藤を解消し、思いやりのある行動をとったことによって、B香とM子もF実が関わることを認め、関係が修復されたのである。

　また、この事例のB香は、M子寄りではあるが、仲介役も担っている。なかでも、泣きそうなM子に笑いながら水をかけるF実に「何で笑ってかけるの？　おかしいよ！」と非難したB香の発言は、F実にとってかなり心に響くものだったようであり、その後F実はM子に水をかけていない。

　以上の事例から、なかまや保育者とのやりとりのなかで、子どもたちが自分の考えや気持ちを効果的に主張したり、相手の意見を聞いて自分の気持ちを抑えたり、立て直したりしながら、自分たちなりに意見や関係を調整しようとする様子がうかがわれる。5歳児になると、話し合いのなかで適切に善悪を判断して問題点を指摘したり、なかまを思いやって発言したりするなどの「道徳性の芽生え」につながる行動も観察され、なかまとの意見を調整するやりとりがより高度になっているといえるだろう。

§4 自分をいろいろな方法で表す

1 絵やお話で表す

　子どもは、保育者やなかまといっしょに絵本やお話に親しむなかで、心地よいことばや未知のことばに触れ、新たな世界への興味が広がっていく。全体場面での読み聞かせでは、想像上の世界を、ほかのなかまと共有して一体感を味わうことができ、その興奮が遊びにつながる場合もある。さらに、子ども自身がお話をつくって新たな世界をつくり出すことも可能である。

> **事例 3-14　絵本づくり**　　4歳児クラス　5月
>
>
>
> 　お絵描きコーナーでは、Ｕ太とＲ夫たちが、自分の好きなアオムシやカブトムシ、電車などの絵をマジックで数枚描き、保育者がまとめて色テープで留めて、絵本をつくっている。
> Ｒ夫：（アオムシやテントウムシの絵を数枚描いて）先生、全部お話つくったー。
> 保育者：じゃ、Ｒ夫くんのお話を聞こうかな？
> Ｒ夫：（うれしそうに）アオムシ。
> 保育者：アオムシがやってきたら……。
> 　　　　（聞きながら、お話を書く）
> Ｒ夫：これ、テントウムシ。
> 保育者：テントウムシもやってきたの、そう。
> 　　　　（お話を書く）
>
>
>
> Ｒ夫：（うれしそうに保育者の文字を見たり、まわりのなかまを見たりする）
> 保育者：これは？（1枚1枚たずねてお話を書き、順に重ねていく）
> Ｒ夫：うーん。（途中で少し悩む）
> 保育者：いっしょに行くって、言ってたんだよね？
> Ｒ夫：お散歩しよ。
> 保育者：お散歩しよって。いいねー。そして？
> Ｒ夫：またまた＊＊＊。
> 保育者：またまた来ました。（お話を書く）
>
>

R夫：最後で、ムシで。（虫の絵が2枚ある）
保育者：これ、表紙にしようか？　虫のお話で
　　　　いいのかな、R夫くん？
R夫：うん。
保育者：（表紙に題名と名前を書いたあと）じゃ
　　　　あ、今日みんなにお話しようか？
R夫：（うれしそうに）うん！
保育者：これは、最後は何て言う？
R夫：さっきは？（直前の絵を指さす）
保育者：またまた来ましたって。
R夫：お散歩に行く。
保育者：お散歩に行きました。お家に帰ったのかな？
　　　　じゃ、これをくっつけるよ。（R夫の絵をまとめ
　　　　てステープラーで綴じ）テープを貼ろうかな。
R夫：緑！
保育者：緑がいい？（色テープを貼る）R夫くんの虫の
　　　　お話できあがり！　R夫くん、いいよ！　帰り
　　　　にお話してあげようかな。あそこに置いておい
　　　　て。（絵本棚を指す）

〈絵本棚の前〉
U太：U太の読んでくれない？　これ読んで。
R夫：いいよ。もう1回オレの読んでください。
　　　（U太の絵本を見て）楽しいねー。
U太：これ、アオムシ。（説明する）
R夫：アオムシがいっぱいだねー。
U太：アオムシー、ヘラクレスリッキーブルー。
　　　（自分の絵本をめくって説明する）
　　　（次にR夫の絵本を開いて）最後どうなるの？
R夫：最後なー、おもしれーぞ。こいつ（カブトムシ）がクワガタと戦うんだよ。オレ、
　　　2個つくった。U太くんの、2個あるんだ。
R夫・U太：（楽しそうに自分の絵本を棚に並べたり、なかまの絵本を見たりしている）
U太：何でまねして（背表紙のテープを）黄緑にしたんだよー。（笑う）
R夫：だって、オレも2個なんだよー。（笑う）

（事例／写真：大分大附幼）

　この事例は、3歳児から進級した4歳児R夫とU太が、大好きな虫の絵を何枚も描いたあと、保育者の援助を借りながらお話をつくり、できあがった絵本を見せ合って喜んでいる場面である。R夫が絵を説明し、保育者が聞き取って、つなぐことばを補い、お話づくりが進んでいる。R夫が途中で悩んだり、前とのつながりを忘れたりすると、保育者はそれまでの話の流れを確認して支えている。ほかの子どもたちも興味をもって集まり、R夫のお話を聞いたあと、自分もつくりたいという子どもが次々と出てきていた。

4歳児5月ということもあり、シンプルな展開のお話であるが、大好きな虫の絵からお話が生まれ、さらに自分でつくったお話が絵本になったという喜びが大きい。また、保育者が一人ひとりていねいに聞き取りながら絵本づくりを手伝っていることも、子どもたちにとっては心惹かれる出来事であり、自分の絵本はそれだけの価値があるものと感じることができる。絵本棚の前でのR夫とU太のやりとりには、自分の絵本ができたうれしさ、ほかの人に見てもらいたい思い、絵本を説明する誇らしさ、相手の絵本への興味などがよく表れている。また、お帰りの前に保育者がその絵本を紹介し、クラス全体で共有したことによって、絵本づくりへの関心もより高まったのである。

2　文字などの記号で表す

　幼稚園教育要領等では、「(10) 日常生活の中で簡単な標識や文字などに関心をもつ」（環境）、「(10) 日常生活の中で、文字などで伝える楽しさを味わう」（言葉）と記されており、日常生活のなかで文字などの記号が果たす役割への関心がむりなく育つように、文字などの記号が相手に何かを伝えるための道具だと気づけるように、環境を構成し援助することが求められている。そのため、園内にはふだんから文字に親しめるように、発達に沿った文字環境が用意されている。たとえば、ロッカーや引き出しの名前は、3歳児のころはマークと文字で示され、おもにマークを見て自分の場所を理解している。4歳児になるとマークだけでなく自分の名前の文字もわかるようになり、5歳児では文字だけで示された

り、子どもが書いた名前の紙が貼られたりする。

　子どもが何かを伝えたいという思いを抱くことによって、自分で文字を書きたい、文字を使いたいという意欲が生まれてくる。「きてください」、「ここからおはいりください」という案内板や注意書き、水族館・お店などの看板は、絵だけでなく文字を残すことによって、その場にいなくても第三者に情報を伝えることができるという文字の特徴を利用したものである。また、お手紙ごっこの手紙や、お店屋さんごっこのメニュー、音楽会のプログラム、カルタづくり、招待状やお礼の手紙なども

文字を書くきっかけになる。幼児期の子どもの手紙は見知らぬ人ではなく、親しみのある相手へ送られることが多い（横山ら、1998）[10]。大好きな相手だからこそ、手紙を出したいと思って一生懸命文字を書き、手紙を受け取ればどんな内容が書いてあるのかを期待して文字を読もうとするのである。

「あしゆ！ くろい ぜひきてください つめたいよ！」

3 ことばで遊ぶ

園生活のなかで、子どもたちはさまざまなおしゃべりをしている。泥団子づくりや工作をしているとき、お弁当や行事で並んで座っているときなど、気持ちに余裕があり、人といっしょに遊びや活動を行うようなときに観察される。しりとりやなぞなぞ、反対ことば、逆さま読み、アから始まることば探し（音韻抽出）、グーで勝ったら「グ・リ・コ」で3歩進む（音節分解）といった「ことば遊び」が見られるのは、日常的なやりとりがスムーズに話せるようになり、ことばの楽しさやおもしろさも感じられるようになる4歳児ころからである（今井、1996；2000）[4, 8]。幼稚園教育要領等では「(7) 生活の中で言葉の楽しさや美しさに気づく。」（言葉）と示されている。

周囲のおとな、なかよしや憧れのなかま、年上のきょうだいが使うことばのほか、テレビのことばにも興味をもち、まねをして同じことばを使ってみようとする姿が見られる。少し背伸びをしておとなびたやりとりを楽しむ子もいるが、乱暴なことばをわざと使ったり、うんちやおしっこ、バカ、死んじゃったなどのタブーなことばを使った替え歌を喜んでうたったりする子もいる（掘越・無藤、2000）[11]。望ましいことばばかりを習得するわけではないが、子どもなりにことばの楽しさやおもしろさを感じとり、なかまと共に楽しもうとしている思いは、しっかりと受け止めたい。

第3章 ▶ 多様な感情体験とことば　　95

事例 3-15 「今日の親父(おやじ)ギャグは……」

5歳児クラス 11月

　M也とA代とK介が総合遊具に登って遊んでいる。
A代：今度は3人で映画をつくろう。映画つくりまーす。ねえ、映画つくろう、M也くん。
M也：（遊具の下まで降りていたが、また登ってくる）
A代：ねえねえ、みんなで映画の収録しよう。じゃあ、M也のおもしろ教室にしよう。
M也：（A代に近づく）
A代：タッタタタッタ♪　タッタタタッタ♪（サンバ風にうたう）
M也：じゃあ、ギャグを、ギャグ。
A代：オー、ギャグ、オー、ギャグ♪
M也：えー、今日の親父ギャグはー、トイレにいっといれ！（笑う）
A代：（笑ったあと）タッタタタッタ♪
　　私からの親父ギャグはねえ、布団がふっとんだ、この本読んでブックらこいた、このうちうちんち、なーんちゃってね！

K介：おもしろいこと言ってやろうか？
　　まりつき＊＊＊。
A代：まりつき、き、きりんのまりつき。
　　タッタタタッタ♪
A代：銅像が、ゾウの銅像。（笑う）
M也：銅像が、豆腐だった！
A代：盗賊が、豆腐になった！
　　タッタタタッタ♪
K介：盗賊は、海の盗賊は海賊。
A代：タッタタタッタ♪
　　つばきがツバメだった。

M也：（遊具を降りながら笑い、別の場所から登ってくる）
A代：バッタがバッターだー！　バッタが踏ん張ったー！（腰を振っておどる）
　　今やってるのは、M也先生のおもしろギャグ教室でーす！　タッタタタッタ♪
　　木が木登りになった。M也先生、次は何？
M也：えーっと、じゃあね、はっぱが8枚になった。はっぱがいっぱいになった。
A代：タッタタタッタ♪　次、私いくね。ご飯が、ご飯がー、ごまになった。
M也：じゃあね、次、オレやる。はっぱが、は、鼻の頭だった。
A代：じゃあ、次は私ね。はっぱがバッタ。……ねえ、ものまねやろう、ものまね！
M也：ものまねしよう！
A代：OK。
M也：オレから、オレから。じゃあ、これ誰でしょう？　食べられる名前だけど、食べれ

　　　　　ない人。(顔を横に向け、手で膝を叩
　　　　　いて笑ってみせる)
　　A代：コロッケ。
　　M也：(首を振って、膝を叩いたり、両手を
　　　　　上下に叩いたりして大笑いしてみせる)
　　A代：おもしろい？　何？　誰？(わから
　　　　　ない様子)
　　M也：芸能人の名前だよ。食べられる名前。
　　　　　秋においしい、食べられる名前。魚
　　　　　の名前。
　　　　　(両手を上下に叩きながら話す)
　　A代：(元気よく)サバ！
　　M也：(笑って)そんな人間いる？　サバっていう人間いる？
　　　　　サンマでしたー、明石家さんま。(笑う)
　　A代：うふー。(笑う)
　　　A代やM也はものまねクイズを出し合って遊んだあと、おもしろコーナーを終わりに
　　して、K介といっしょにドングリ拾いやドングリ割りをする。
　　　　　　　　　　　　　　　　　　　　　　　　　　　　　　　(事例／写真：大分大附幼)

　これは、5歳児11月の事例である。この時期、仲のよかったA代とM也が「おもしろギャグ教室」の映画(番組)の収録をしており、ことば遊びがたくさん行われている。5歳児後半で2人ともふだんからおしゃべりが上手ということもあって、この事例でのことば遊びやものまねクイズは、語彙が豊富でやりとりもなめらかである。とくにA代はノリのよい音楽をうたい、M也を「M也先生」とよんで雰囲気を盛り上げている。2人の話す「親父ギャグ」には、すでに知っていたネタもあったようだが(トイレにいっといれ、布団がふっとんだ、この本読んでブックらこいた、バッタが踏ん張った等)、銅像の像とゾウ、ツバメとつばき、はっぱと8枚、ご飯とごまのように、共通の音韻を1つ2つ含むことば探しが即興で行われている。また、ものまねクイズでは、M也がジェスチャーのほかに、答えの「さんま」にふさわしいヒント(食べられる名前だけど食べられない人、芸能人、秋においしい、魚の名前)をあげており、驚かされる。ふだんの生活から取り入れられたさまざまな知識が、楽しくリラックスした雰囲気の遊びのなかで発揮されているのである。

　このように、子どもたちはさまざまな感情や思いを、ことばや文字や絵などを用いて、いろいろな形で表現している。ことばは伝わりやすく便利なため、一度ことばを使えるようになると、ことばで表現された内容に目を向けがちである。しかし、ことばが未熟であっても、上手に話すことができても、うまく表現できないことや表現したくないことはあるだろう。子どものさまざまな表現や行動からも、その感情や思いを敏感に読み取ろうとする姿勢を心がけるようにしたい。

―――― この章で学んだこと ――――

- 子どもが多様な感情を体験できるような環境づくりに取組み、心が揺さぶられる体験を通して、子どもの心を敏感に捉えて応答することが大切である。

- いざこざなどを通して、子どもは自分の気持ちや思いを表現することだけでなく、相手の気持ちや思いに気付くこと、適切な方法で相手に伝えること、相手の話をよく聞くこと、自分の気持ちを調整することの大切さなどを学んでいる。

- 保育者は、必要に応じて、子どもが自分の気持ちや考えを表現できるように援助し、子どもの思いを受け止めながら、自ら対処しようとする姿を認めたり、なかまと話し合うことを支えたりすることが求められる。

- 経験したことや考えたことなどを言葉で伝え合う機会を用意して、仲間と共有する楽しさやともに解決していくおもしろさを味わえるようにすること、一方で一人ひとりの子どもの言葉にならない思いや気持ちについて理解しようと心がけることが必要である。

「ダンゴムシがいっぱいいる！」

「見て！　カブトムシ」

「はい、ポーズ！」

第 4 章

信頼関係から生み出されることば

―― この章で学ぶこと ――

園は、それまで各家庭で過ごしてきた子どもたちが
同年代の子どもたちといっしょに生活する、初めての集団生活の場である。
入園したその日から、子どもたちはその表情やたたずまい、からだの動きなど、
ことばにならない表現でその心のうちを表している。そのようなことばにならない表現を
受け止めることから始めて、ことばでの表現を導いていくためには、保育者はどのように
子どもたちと関わっていったらよいのだろうか。また、ことばがふと出てくるような
体験・経験とはどのようなものなのだろうか。この章では、園での子どもたちの事例から、
ことばが生み出されていく道筋とそこでの保育者の役割について学んでいく。

§1 ことばにならない表現を受け止める

1 居場所、居方を見つける

　園に入る前の子どもの体験、生活によって、入園当初の子どもたちの様子は十人十色である。入園の次の日からおもしろそうな遊具に引かれ、親ともスムーズに別れてどんどん遊び出す子どももいれば、新しい環境に慣れず、親が帰ろうとすると泣いて離れられない子どももいる。保育者に対しても、早い段階で心を寄せて頼りにしてくれる子どももいれば、長い間心を開いてくれない子どももいる。友達に対しても、それまでの体験からすでにプラスのイメージをもっていて、友達の様子を興味深く観察していて、おもしろそうだと思うと自分もいっしょにやってみようとする子どももいれば、同年代の子どもとほとんど関わった経験がなく、まわりにほかの子どもがいるだけで脅威に感じ、友達が近づこうものなら火のついたように泣き喚く子どももいる。また、入園当初は、新しい環境に誘われるままに動

いていて安定しているかのように見えた子どもが、ひと月経ったあたりから、様子が見えてきて、急に不安になることもある。

　子どもたちは、ことばにすることはできなくても、その表情、たたずまい、からだの様子などで、そのときの心のありさまを外に表出している。ありのままの子どもたちの姿を受け止め、保育者がそれを受け入れていくようにすると、子どもたちはしだいに安心して、周囲の世界に興味をもつようになり、自分から周囲にはたらきかけていくようになっていく。ありのままの自分を受け止めてもらえる経験こそが、子どもたちのことばを育てていくうえでも、子どもたちの世界を広げていくうえでも出発点になっていく。

　子どもたちは、どのように心のうちを表現していくのか、いくつかの事例をあげながら見ていくことにする。

事例 4-1　からだの拠り所　　　　　　　　　　　　　　● 3歳児クラス　4月

　　入園したての3歳児は、慣れない環境のなかで立ち尽くしたり、隅のほうで身を小さくしていたりと、からだを硬直させながら、必死に自分を保とうとしている姿がよく見受け

られる。B夫は、母親に促され保育室のなかに少し入ってきたが、戸口のところで動きが止まる。立ち尽くしているB夫のからだは、指先、足先まで力が入っていた。直立不動のまま身じろぎせず、警戒の目でまわりを見ていた。眼光するどく、不安で心もとないという印象よりも「簡単にはこの環境にはなじまないぞ」という意思を、からだ全体に漲らせているように思えた。

　保育室片隅の机の上には、クレヨン、紙などが準備されており、何人かの子どもたちがそこに座って思い思いに絵を描いている。母親とともにそちらに移動し、そこにあるイスの一つにB夫は座る。保育者はB夫の前に黙って画用紙を置く。母親に傍らにいてもらいながら、B夫はクレヨンをもって画用紙に絵を描き出す。とりあえず居場所と取りつける活動が見つかったことで、肩にはまだ力が入っているものの、紙に向かって手を動かすなかでB夫の気持ちは絵を描くことに向かっていった。

　母親はB夫の様子を見ながら、タイミングを見計らって保育室を去る。B夫は母親が去ると一瞬母親を捜す素振りを見せるが、そのままクレヨンで絵を描きつづけた。少しすると、描くのはやめたが、ほかの子どもたちが遊んでいる様子を、イスに座ったまま、じっと見つづけていた。B夫のからだの力の入り具合は、立って見ていたときとは違って、背中を落としてイスにすっかり力を預けているように見受けられた。

(事例：お茶大)

　慣れない環境のなかでの不安な気持ち、緊張感などを、からだの力の入り具合、立ち姿、表情など、からだのありようで子どもたちは表現している。ことばにすることはできなくても、そのときの心模様をこのようなからだの表現で保育者に示してくれているわけである。

　この事例のように、自分の居場所をどうにか見つけ出し、そこに居つづけることで、子どもたちはしだいにからだの力を緩めていく。外界に対して無防備に立っている姿勢よりも、イスに座る、壁際や、部屋の隅や、少し囲まれた空間など、拠り所をもてる場所に身を置くことができると、しだいに子どもたちの気持ちは安定してくる。居場所を見つけること、つまり自分のからだを保つ拠り所をもつことが、からだの緊張をほぐしていくうえで、ひいては、心の安定をもたらすうえで、とても大事なことである。

事例 4-2　積み木で囲む

● 3歳児クラス　5月

　入園して少しすると、3歳児M哉は、積み木で自分一人が入れるスペースを囲んでそのなかに入り、まわりの様子をじっと見ていた。気がつくと、何日もつづけて、朝来るとすぐに同じように積み木で囲み、自分がそのなかに入って、何をするでもなく座ったままじっと過ごしているのだった。

　そのうち、すぐそばで、ほかの子どもが積み木を高く積みはじめた。M哉はときどき自分の積み木の場所から出て、いっしょに積み木を積んでみたり、少しすると、またもとの囲まれた積み木のなかに戻ったりしていた。

(事例／写真：お茶大)

第4章　▶　信頼関係から生み出されることば　　101

　この事例は、とても象徴的である。不安な思いをM哉は、自分一人が入れるスペースを積み木で囲むこと、そしてそのなかに入り込むこと、そこからまわりの様子を見ることで示している。居場所が見つけられ、そこでの自分なりの居方、あり方ができて、子どもたちは初めて新しい世界に目を向けられるようになる。そうなると、おもしろそうなことが展開していることが見えてきて、M哉も自分の領域から出て、友達が積んでいる積み木の上に自ら積み木を積む行為を始めた。家庭とは違う慣れない園環境のなかで、自分一人が入れる居場所を自分でつくり出し、そのなかに身を置くことでM哉はやっと安心し、自分から新しい世界にアプローチしていくような行動を起こしていったのである。

事例 4-3 「ここに座って、先生を見ていて」

● 3歳児クラス　4月

　F美は、入園してすぐは、友達とともに園庭に出かけ、比較的元気に園生活のスタートを切った。4月の終わりのある日、園庭から泣いて戻ってきて、それ以来、朝とても緊張した面持ちで通ってくるようになっていった。どうにかこうにか親と別れると、今度は必死な形相で、保育者の行く先々についてきた。保育者について行った先では、いろいろなことをして子どもたちが遊んでいたが、それは、まったく目に入っていないようで、ひたすら保育者の動向だけを追っている。

　そういったF美の様子から、保育者はできる限りゆったり動くことを心がけ、「いつも先生は、F美ちゃんといっしょにいるから、心配しなくても大丈夫よ」ということを、手をつないだり、ゆったりF美のそばに座る時間をつくったりして、からだを通して伝えていくようにしていった。自分のしたいことを探して過ごす好きな遊びをする時間帯は、前述したような対応を心がけていると、いつも保育者の傍らにいることで、F美はどうにか落ち着いて過ごすことができるようになっていった。

　しかし、片づけの時間になると保育者ものんびり動いているわけにはいかず、保育室のなかを動きまわることになる。また、いろいろなところでそれぞれに遊んでいた子どもたちが保育室に戻ってきて、どうしても落ち着かない雰囲気になっていく。そうなるとF美は、とたんに不安になって、泣きながら保育者のあとを追ってきた。とにもかくにも、部屋を片づけて定刻に子どもたちを帰さなくてはいけないので、保育者としてもゆっくりF美に対応している余裕はなく、忙しく動きまわっていると、どんどん引きつった表情になり、泣きさけびながら必死に保育者のあとをついてくるのだった。そこで、保育者はふと思い、積み木を片づける台の上に、少し間を空けて2つの積み木を並べて、「Fちゃん、ここに座って、どんなふうに先生がお片づけしているか見ていて」と言って、その間に座るように促してみた。そこに座ったとたん、F美の肩の力がすっと抜け、泣きやみ、そこにちょこんと座って保育者の様子を見ていられるようになった。

（事例：奈教大附幼）

B夫、M哉、F美も、初めて出会った園の環境のなかでの不安な気持ちを「立ち尽くす」「自分一人が入れるスペースを囲む」「必死の形相で保育者についてくる」といったからだの表現で表してきていた。これらの事例において、保育者は、からだの表現から、子どもたちの心持ちを読み取り、ことばで子どもたちに説得するよう語りかけるのではなく、子どもたちが安定しやすい環境を一人ひとりに応じてつくり出していくようにしていった。保育者のそういったはたらきかけを受けて、自分の居場所を子どもたちは見つけ出し、そこに身を置くことで、子どもたちの心はしだいに安定していっている。

　いくらことばをかけても、それぞれの子どもの心が安定しなくては、子どもたちの心のなかには届いていかないのである。それぞれ違う子どもたちのあり方を受け入れ、その違いを認め、尊重して、時間はかかってもその子どもなりの居方、あり方が見つけ出せるように、保育者のほうから、「これをして遊びましょう」とか、「お友達と遊びましょう」とか、ことばで直接的にはたらきかけるのではなく、子どもの心が動きやすいような環境を間接的に構成していく。また、不安になっている子どもに対しては、やさしく抱き上げたり、さっとひざに乗せてあげたり、手をつないであげたり、横並びに座ってあげたり、というように、保育者がからだを使った行為を通して受け止めてあげることが何より大事だと考える。多くを語るよりも、そうした保育者のからだを使った行為に、ほんの少しだけことばを添えていくようにしていくのである。

2　行為を通してつながる心

　不安な心のうちを、からだで表現している子どもたちのありのままを、保育者がまず受け止めていくことを心がけていくと、子どもたちはしだいに保育者に対する信頼の気持ちを強め、自分たちのほうから一言、二言、保育者にことばを投げかけてくれるようになっていく。

　新学期には、「ここに座って、先生を見ていて」の事例4-3のF美のように、担任の保育者を頼りにしてついてまわることで、どうにか不安な気持ちをもちこたえている子どもたちはたくさん見受けられる。次の事例のS香もそういった子どもであった。保育者は、S香とできるだけいつもいっしょにいて、同じ行為をするように心がけていた。

事例 4-4　「先生といっしょにいましょうね」　　3歳児クラス　5月

　入園してきて数日後、S香は母親と別れたあと、保育者に「Sちゃんは、遊ばないの。何にもしないの」と心細そうな表情ながら、かなりはっきりした口調で伝えてきた。「Sちゃんが何もしたくなかったら、何もしなくていいのよ。何もしなくていいけど、先生といっしょにいましょうね」と、保育者はS香に伝えた。それから毎日、S香は、保育者が忙

しく動くままに、園庭に保育室にとついてまわって、一時も保育者の傍らを離れようとしなかった。起伏のある園庭の環境に誘われて、いっしょに園庭の探索をしたり、高台にある土山に手をつないで登ったり、いつも保育者と行動をともにするなかで、Ｓ香の心が少しずつ動き出している様子が伝わってきた。
　１か月が過ぎようとしていたころ、砂場で遊んでいるほかの子どもたちの様子を保育者といっしょに見ていたときに、Ｓ香が自分から「ケーキをつくる」と言い出した。口ではそう言いながらも、「先生といっしょに」と言うだけで、手を少しも動かそうとはしなかった。保育者が「どんなケーキにしようかな」と言いながら、砂を器に入れ、形を整えたりしていると、じっと見ていたＳ香が、自分で砂をつかんで器のなかに入れ出した。保育者が「おいしそうになってきたね」と言うと、Ｓ香は「おいしそう」と言って、さらに砂を入れつづけた。
　保育者がほかの子どもによばれ、その場を離れなくてはいけなくなっても、Ｓ香は一人残ってケーキづくりをつづけた。保育者が砂場に戻ってくると、「できた」と言って、器にいっぱい砂をつめたケーキを見せてくれた。そのケーキをもって、保育者と起伏のある園庭の高台に出かけ、そこで、つくったケーキを食べることにした。保育者が「おいしいね」と言うと、Ｓ香も「おいしい」と返してきた。保育者とＳ香の様子を見て、同じクラスの友達が近づいてきた。保育者が、「みんなにごちそうしてあげてもいいかしら？」とたずねると、「いいよ」というＳ香の快い返事が返ってきた。

(事例：お茶大)

　保育者は、「Ｓちゃんは、遊ばないの。何にもしないの」ということばでの宣言を受け、それに対して、「何もしなくてもいいから、先生といっしょにいましょうね」とことばで返したが、その後は、ことばでＳ香を説得していくのではなく、Ｓ香が心を動かして、何らかのことを自分から始めるまで、Ｓ香といっしょに行動を共にしながら待ってみようと心に決めていた。いっしょに同じことをすることで、その行為を通してＳ香の心とつながっていこうとしたのである。Ｓ香の手を握って、園庭を散策したり、山に登ったりしているうちに、「何にもしないの」とかたくなだったＳ香の心はしだいに柔らかくなっていった。そうしているうちに、Ｓ香の心のなかから「〜したい」という思いが自然に浮かび上がってきたのであろう。その思いは、「ケーキをつくる」というＳ香のことばを導き出していった。口には出してみたものの、Ｓ香はどうしたらいいか、

行動に移すことができないでいた。「Ｓちゃん、砂をすくって（入れ物に）入れてみたら」と、ことばではたらきかけることもできた。しかし、保育者は、何も言わずに器のなかに砂を入れるという行為を通してはたらきかけていった。その行為に「どんなケーキにしようかな」ということばを添えてみた。それはＳ香からの返答を求めてのことばではなかった。保育者は、黙々と砂を器につめる作業をつづけた。するといつの間にか、見ているだけでやろうとしなかったＳ香が、自分から砂を入れはじめた。保育者の行為をなぞって、Ｓ香が動き出し

たのである。保育者とともに、器に砂をつめていくという同じ行為をしていくなかで、「おいしそう」という保育者のことばを受けて、Ｓ香は自分からそのことばをくり返した。そして、自分のほうから「できた」ということばを保育者に投げかけてきたのである。心と心が行為を通してつながると、相手に伝えたいという思いがこのようにことばという形で、自然に口をついて出てくるものなのではないだろうか。

次の事例も、行為を通して心と心のつながりが生み出されるなかで、ことばが導き出されていった例である。

事例 4-5 「先生、いっぱい」　　3歳児クラス　4月

　朝、母親と別れたあと、Ｋ代は激しく泣き出し、「お母さんを探す」と言って、玄関のほうにかけ出して行った。玄関のほうをさして「あっち、あっち」と泣きさけぶＫ代を抱き上げ、ひとまず保育室に戻り、保育室から園庭に出てみた。保育者といっしょでなくては、園庭に出られないＵ也が待っていたこともあり、開放的な園庭の環境を目にすることで、Ｋ代の気持ちが切り替わり、泣きやむのではないかとも期待していた。

　しかし、庭の環境に目もくれずに、Ｋ代は泣きつづける。保育者はＫ代を抱いたまま、園庭の高台に向かう階段の土留めに座ってみた。すると、Ｕ也も、保育者のそばに立ち止まり、そこに落ちていた小さな緑色の実をふと見つけ拾った。保育者が、ポケットからビニール袋を出し、Ｕ也に渡すと、Ｕ也はいくつも実を見つけ、自分の袋のなかに入れた。小さな実を拾うＵ也の姿を身近に見入るうちに、いつのまにかＫ代は泣きやんでいた。Ｋ代にも、ビニール袋を渡し、保育者が実を拾って、その袋のなかに入れてみた。抱かれたまま、Ｋ代が実を指さすので、それを次々拾って、「あったね」と言いながら、Ｋ代の袋のなかに入れていった。Ｕ也は、自分が拾った実を、ときどきＫ代の袋のなかにも入れてくれた。

　Ｋ代の袋のなかに、いくつもの実が溜まってきたところで、保育者は何も言わずにＫ代を下に降ろしてみた。Ｋ代は、「ここにもあった」「あった、あった」と声に出しながら、実を見つけ、せっせせっせと拾いつづけた。いつしか袋のなかには実がいっぱいになり、Ｋ代はそれを「先生、いっぱい」と言って、満面の笑顔で保育者に見せてくれた。

(事例：お茶大)

　泣きつづけるＫ代を抱いて、保育者は園庭に出て、Ｋ代を抱いたまま、園庭の高台へとつづく階段に腰を据えた。保育者は、その場にまずはじっと座っていようと考えた。動きまわるより、1か所に居つづけるほうが、Ｋ代が落ち着くだろうと考えたからだ。保育者の側には、Ｕ也もとどまり、そのＵ也がふと見つけた実が、この事例では大きな役割を果たしてい

第4章 ▶ 信頼関係から生み出されることば　　105

った。ビニール袋に、いくつも実を拾って溜めていくU也の姿は、泣いているK代の目に留まった。保育者が座ったことは、子どもたちの目線に近づくということでもあった。落ちている実が、保育者に抱かれたままのK代からもよく見えるようになったのだ。そこで、保育者はK代にもビニール袋を渡し、保育者のまわりに落ちている実を拾って、K代のビニール袋に入れた。K代はいつのまにか泣きやみ、自分のほうから実を指さしはじめた。ことばを発しなくとも指をさすという行為で「ここにもあるよ」「先生、拾って」という思いを、K代自ら保育者に伝えていたのだと考えられる。

　K代のビニール袋のなかには、保育者やU也が拾って入れた実がいくつも溜まっていった。U也が自分の袋のなかだけではなく、ときどきK代の袋のなかにも拾った実を入れてくれたのは、U也なりに泣いているK代の気持ちを受け止めて、行為を通して、K代を支えようとしてくれたからであろう。K代の袋のなかに実が溜まっていくのと同時に、不安定だったK代の気持ちがしだいに落ち着いてきている様子が伝わってきた。この事例だけではなく、子どもたちが袋やかごなどの入れ物いっぱいにものを集めたり、詰め込んだりする姿は、新学期などによく見られることである。ものをいっぱい詰めた袋やかごを両手にもったり、背中にものをいっぱい詰めたリュックをしょったり、いろいろなものを身にまとって過ごすのである。また、大好きなぬいぐるみをおんぶ紐で背負って、いつも遊んでいる子どもたちもいる。子どもたちは、もので満たす、もので身を固める、好きなものといつもいっしょにいるという行為を通して、自分の不安定な気持ちを必死で支えようとしているのである。

　K代が落ち着いてきている様子をとらえ、保育者は、何も言わずに抱いているK代を膝から降ろした。K代は自分の足で立ち、自分から実を拾い出した。実を集めることに夢中になっていくうちに、「ここにも、あった」「せんせい、いっぱい」といったことばも、自然にK代の口から引き出されていった。

　2つの事例で見てきたように、保育者が相手の心持ちをおもんぱかって、それに沿うような行為を重ねることによって、子どもは保育者に対して、しだいに信頼感を抱くようになっていくのである。子どもの心持ちに寄り添う行為を通して、保育者の心と子どもの心はつながっていく。心の回路ができた相手に対しては、S香の「できた」ということばや、K代の「せんせい、いっぱい」といったことばのように、自分のことをさらにわかってもらおうと、しだいに子どものほうからことばを発していくようになっていくのだと考える。

　保育者がそれぞれの子どもたちと、たしかな心の回路を結ぶことで、おのずとことばは紡ぎ出されていくのである。

§2 くり返しのなかでの呼応

　入園してすぐのころ、保育室の本箱のすぐそばにある机にさりげなく子どもたちが興味をもちそうな本を置いておく。保育者は、できるだけ時間を見つけて、その机に座って、不安な気持ちでいっぱいな子どもたちに対して、本を読む時間をもつようにする。保育者がその場にじっと位置づき、本を読んであげることで、子どもたちの不安な心を少しでも落ち着かせていくことができれば……と願ってのことである。次の事例は、保育者が読んであげた本がとても気に入り、その日以来毎朝、その本を読むことを保育者に求め、保育者もそれに応じていったものである。

事例 4-6　「せんせい、よんで！」　　3歳児クラス　5月

　本棚のそばの机には、毎朝、何冊かの本を置いておいた。その机に座って、保育者が本を読み出すと、あたりにいた子どもたちが、何人も保育者のまわりに集まってきた。保育者は、集まってきた子どもたちに対し、机に置いてあった本だけではなく、子どもたちが自分で選んで本棚からもってくる本を順番に読むようにしていた。そのうちの1冊が、せなけいこ作/絵の『ルルちゃんのくつした』という本だった。B花は、その本がとても気に入ったようで、「もう1回」と、くり返して読むことを要求してきた。保育者は、B花の言うとおりに、もう1度その本を読んだ。

　その日以来、朝来るとまず一番に、B花は本棚から『ルルちゃんのくつした』を探し、本を手にして、保育者のところに来るようになった。ほかの子どもの対応に追われていることもあり、すぐに読んであげられることばかりではなかったが、B花が求めてきたときには、できるだけ早く読んであげるようにしてきた。何度もくり返して読みつづけていくうちに、保育者の読み方もしだいに毎回同じようになっていき、それに対するB花の反応も、毎回同じになっていった。保育者とB花で、本を媒介に、日課のようにパターン化したことばのやりとりを重ねていった。

(作/絵：せなけいこ、福音館書店、1972)

(事例：お茶大)

　毎朝、保育者に自分の好きな本を読んでもらうという、園での自分なりの安定の方法をB花は自分で見つけ出していった。保育者は、B花の求めに従って、1ページ1ページ、絵をじっくり見ながら、ゆっくりと同じ抑揚、声の出し方で毎回読み進めていくように心がけた。

第4章 ▶ 信頼関係から生み出されることば　　107

すると、初めのころは、じっと見ているだけだったＢ花が、「うさこが　みみに　はいたかな」「わんこが　くびに　まいたかな……」のところにくると、毎回くつしたの絵を指さして、「あった」とことばで反応するようになっていった。回を重ねるごとに、保育者が読むのを今か今かと待っていて、それを受けてＢ花が「あった」と応えるという、そのかけ合いを楽しむようになっていった。

　今回の幼稚園教育要領等の改訂で「言葉」の内容の取り扱いには、「（４）幼児が生活の中で、言葉の響きやリズム、新しい言葉や表現などに触れ、これらを使う楽しさを味わえるようにすること。その際、絵本や物語に親しんだり、言葉遊びなどをしたりすることを通して、言葉が豊かになるようすること」が加えられた。１冊の絵本を通して、保育者とＢ花の間で、同じリズムの「読む」「応える」「くり返す」ということばのかけ合い、言葉遊びを重ねることは、ことばを使う楽しさ味わう、ことばを豊かにすることにもつながっていった。

　お気に入りの本を読んでもらうと、Ｂ花は自分で本を本箱にしまって、ままごとコーナーに行ったり、園庭に出て行ったりと、自分からほかのことを見つけて遊びはじめた。５月の中旬ころだっただろうか、園の生活に少しずつ慣れて自分らしく過せるようになってきたＢ花は、朝のお決まりのやりとりをしないでも、自分で遊びはじめることができるようになっていた。

　新しい慣れない環境のなかで、子どもたちは、自分なりの強い意思を、事例のＢ花のように、その行動を通して表してくる。毎朝、保育室にある電車をみんなつなげて、それを動かすことから遊び出す子ども、大好きな人形をおんぶすることから遊び出す子ども、何をするにも「先生、見ていて」とことばで伝えてくる子どもなど、それぞれである。子どもたち一人ひとりの意思を認め、その意思どおりにできるように手助けしながら、「たくさん電車つながったね」「お人形さん、お背中でうれしそうにしているよ」「いいのができたわね〜」など、その子その子に応じて、ことばを添えていく。自分の行為に対して、保育者が認め、ことばを返してくれた、ということをくり返し体験するなかで、子どもたちは園の場では自分の思うとおりに過ごしてよいのだ、自分をありのままに出していってよいのだと思えるようになっていく。くり返し重ねられる子どもの行為に対して、くり返しくり返し行為やことばを通して保育者が応答していくこと、保育者と子どもの間で、一方向ではない、両方向に往復するやりとりを重ねていくことがとても大事なことだと考える。そうしたやりとりを重ねていくことで、自分は受け入れられているのだという安心感、信頼感が、子どもたちのなかで確かなものになっていくのである。子どもたちのなかに確かな安心感、信頼感が生まれてくると、子どもたちのなかから、おのずとことばがたくさん発せられるようになっていくのである。

§3 生活体験を共有する

1 ことばで伝えたくなるような体験

　園での生活に、少しずつ慣れてくるにしたがって、子どもたちの行動範囲も広がっていく。朝来て支度をすませると、元気に園庭に出ていく子どもたちが増えてくる。園庭では、木々が風にそよいだり、花が美しく咲いていたり、蝶や虫が飛んできたりと、自然が子どもたちをやさしく迎え入れてくれる。

　自然に触れたり、いろいろなものを発見したり、心を動かされる体験をたくさん積み重ねるなかで、実体験をくぐりぬけたことば、自分の心をくぐりぬけたことばを、子どもたちは身につけていく。

　園生活のなかで、心を動かし、ことばで伝えたくなるような体験を豊かにもてるようにしていくことが、子どもたちの生きたことばを育んでいくうえで、とても重要なことである。

事例 4-7 「おんなじだー」

3歳児クラス　5月

　C男は、登園するとすぐ、姉のいる5歳児クラスに行き、カセットデッキを借りてきた。保育室にあったトトロの主題歌「さんぽ」のテープをセットし、曲が流れると、リズムをとるようにして園庭に出た。C男のあとについて保育者も歩き出す。すると、近くにいた数人の子どもたちもいっしょについてきた。音楽に合わせて

みんなでうたいながらの行進になった。
「さかみち〜トンネル〜くさっ〜ぱら〜」とうたう場面で、偶然にも、園庭のトンネルをくぐりぬけることになった。地面は傾斜していて、ゆるやかな坂道になっている。くぐりぬけると、草はらが見えた。C男が「おんなじだー」と言うと、ほかの子どもたちも口々に「おんなじ、おんなじ」と顔を見合わせた。

(事例／写真：お茶大)

5月の半ば、3歳の子どもたちは、まだまだ園での自分の居場所が見つけられず、不安な様子が見られたころであった。C男は、5歳児クラスに姉がいるということもあり、一人で5歳児クラスの保育室に行き、カセットデッキを借りてくるのが日課のようになっていた。おそらく、身近な存在である姉とのつながり、聞き慣れた音楽、カセットデッキのずしっとくる重さが、C男の不安な気持ちを支えていたのであろう。保育者が、C男をまねて歩き出すと、何人もの子どもが保育者についてきた。「さんぽ」は子どもたちにとって、耳慣れた音楽であるし、アニメのトトロの映像は子どもたちには身近なものだったのであろう。始めは必死でついてくる感じであったが、ほかの子どもたちも、流れてくる音楽に耳を傾け、音楽に合わせて歌をうたいながら

C男の後ろについて歩きまわることが、しだいに楽しくなってきたところであった。坂道があったり、トンネルがあったりする起伏のある園庭をあちらに行ったり、こちらに行ったり歩きまわっていると、ちょうど歌詞と同じような坂道・トンネルのところにさしかかった。歌詞のとおりのところを自分たちが今歩いているということに気づいたC男は、「おんなじだー」と驚いたように声をあげた。ほかの子どもたちも「おんなじ」「おんなじ」と口々に言い出した。「坂道」「トンネル」「草っぱら」のイメージが、そこにいる子どもたちのなか

で、共通のものになったのである。これまで同じ動きをして、共に歩いてきた一体感も、子どもたちにとってイメージを共有しやすいものにしていたのであろう。「おんなじ」と言い合いながら、子どもたちは、お互いの顔を見合わせて、目を輝かせて、驚きを分かち合った。

　子どもたちは、こうした自分のからだを使った実体験を通して、この事例でいえば「坂道」「トンネル」「草っぱら」「おんなじ」といったことばを身につけていっている。このように実体験を通して、保育者、友達との間でイメージが共有のものになることで、ことばを介した人とやりとりが噛み合ったもの、わかりあえるものになっていくのだと考える。

　このような体験をくぐりぬけたことばを身につける前に、現代の情報化社会においては、マスメディア、ICT機器などを媒介に、さまざまなことば、知識、情報が、子どもといえども、否応無しにその目、耳に入ってくる。その内容をまだ理解しがたいことばも、耳に入ってくるままに、子どもたちは、訳もわからずに口にしたりもする。また、少子化により一人の子どもに対するおとなからのことばによるかかわりが多くなっているということもあって、

園に入ってくる段階で、理屈をこねたり、口でわかったようなことを言っているだけで、頭で考えることが先行して、実際に自分のからだをなかなか動かそうとしない子どもたちも年々増えてきているように思われる。

2 実感をともなった体験の積み重ね

K也は人とかかわることが少なく、行動範囲もとても狭い子どもであった。室内にいるこ

事例 4-8 「おーい、ぼくはここにいるよ」

3歳児クラス 10月・2月

〈10月〉 K也は連日部屋の隅っこにいて、その場から離れず製作をしている。そのことが気になっていたので少しでも外に出てほしいと思い、「おやま（起伏のある園庭の高台）に行ってみよう」と誘い連れ出した。K也はついてきた。山の上にある小高い山に登ってみようと手をとった。K也はあまり気がすすまないようだったが、保育者は「大丈夫、大丈夫」と言いながら、K也の手を引いて登ろうとした。途中で、「やだよ、もうできない」とK也はいやがり、それ以上、登ろうとはしなかった。
　翌日、K也は保育者の顔を見ると、「ぼく、おやまには行かないからね」とはっきりと宣言した。
〈2月〉 保育者が外に出ると「ぼくも行く」と言って、ついてくる。おやまに行くとクラスの友だちが7人いて、なかまが大勢になる。数名は小高い山のてっぺんに登っている。みんなで登ったり降りたりしているうちに、K也も自力で登ろうとし、何回かくり返しているうちに、一人で登れるようになった。そのうちてっぺんに立って、「おーい、ぼくはここにいるよ」と大声で言う。とくに誰かを意識してというのではなさそうであったが、K也のよびかけに対して、保育者が「おーい、K也くん、ここにいるよ」と手を振ると、手を振り返してくれた。友だちも何人かが、声をかけて手を振り合った。このあと何日もつづけて、保育者が園庭に出て行こうとすると、「ぼくも先生と行く」と言って、K也のほうから手をつないできた。

(事例：お茶大)

とが多く、製作をすることが得意なので、一人で何かをつくって過ごすという日がつづいていた。また、知識や語彙が豊富で、おとなのようなことばで淡々と独り言のようにいろいろと話すが、どれも体験と結びついたものではなく、誰に対して語っているのかもわかりにくく、実感のともなわないことばをうわべだけで話しているだけという印象を、保育者は受けていた。そのことが気になり、まず、からだを使う心地よさ、楽しさを自分のからだで感じてほしい

と願っていた。10月のときには、少し強引だったが、理屈ぬきでまずはやってみてほしい、やってみることで感じることがあるのでは、という気持ちで関わってみたが、このときのＫ也はまだ気持ちもからだもそれを受け入れるまでにはなっていなかった。「ぼく、行かない」というはっきりしたことばで、Ｋ也は、保育者のはたらきかけに対しての拒否の気持ちを表してきた。

その後、保育者は、むりをせずに、Ｋ也の気持ちが動いたときに、からだを使ったり、友達と関わったりするチャンスを、できるだけつくるように心がけていった。友達がボールをけっているのをじっと見ていたときには、Ｋ也を誘っていっしょにボール遊びに加わるようにした。ボールの動きを見ても、目で追っているだけで、からだの動きがついていかず、どう動いてよいかわからない様子のＫ也に対して、「ボールはそっちにあるよ」「追いかけて」「先生にちょうだい」「Ｈちゃんに向

かってけって」など、保育者自身もからだを動かしながら、ことばをかけることにより、Ｋ也の動きを引き出していこうとはたらきかけていった。そのうち、友達のまねをしながら、どうにかけり合いをすることもできるようになっていった。

また、手先が器用で製作が得意なＫ也は、紙で刀をよくつくっていたが、できあがるとすぐに引き出しにしまいこんで、それで遊ぶことは少なかった。そこで、Ｋ也がしまいこんでしまう前に、保育者は「これで遊ぼう」と声をかけ、つくったものを使って遊ぶようにはたらきかけていった。

このようにＫ也が気持ちを向けたこと、やっていることに、保育者もいっしょにからだを使ってかかわるように心がけていった。

そのような日々の積み重ねのなかで、Ｋ也は10月には拒んでいた山に、2月には自分から行くようになった。これまでの体験の積み重ねから、みんなと同じように動いてみて楽しかった、という実感をＫ也なりにもてていたのであろう。Ｋ也は、みんなといっしょに行きたい、みんなのようにやってみたいという気持ちにおのずとなり、このときには「もうちょっと」「こっちから登ってみたら」などという、保育者のアドバイスや励ましを受け入れて、自力での山登りに気持ちを向けていった。自力でてっぺんに登れたことは、Ｋ也にとってはとても感動的なことだったに違いない。Ｋ也は、その感動を誰かに伝えたくなったのであろう。「ぼく、一人で山に登れたんだ」、「ほら、見て。ぼくは、山のてっぺんにい

るんだよ」というからだで感じた充実感、うれしさを、「ぼくはここにいるよ」と、思わずことばにして表したのである。まわりの人に自分のことをわかってもらうために、Ｋ也は大きな声でよびかけたのである。自分の心の動きを素直に発した、まさに実感をともなったことばとなった。これまでＫ也がよく口にしたうわべだけのことばとは違ったことばを、Ｋ也は、この体験を通して身につけたのだと考える。

　この事例であげたＫ也のように、心が動いたときにすっとからだが動くようになると、実感をともなった体験を積み重ねていけるようになるのだと考える。ただ体験、経験すればよいというのではなく、経験したことが実感をともなった体験となり得ているのか、子どもにとって自分が関係することとして内面化してとらえられているかどうかが重要なのである。

　事例のように、保育者や友達と関わりながら、ことばで思わず表現したくなるような生活体験を積み重ねていくことが、豊かなことばを育てていくうえでとても大事なことである。園の生活における具体的な活動のなかで、実際にからだを動かして、からだ全体を使って、五感を通して、まわりにあるもの、こと、人を感じ取っていく体験を積み重ねていくことが何より大事であり、それが実感をともなった、からだをくぐりぬけたことばを生み出す土壌となっていくのである。

§4 イメージ、感覚を共有する

1 豊かなことばを生み出す基盤

　園生活のなかで友達とのかかわりがしだいに増えてくると、そばにいる友達といっしょに「キャーキャー」とただジャンプしあったり、一人が走り出すとまわりにいる子どもたちがその子どもについてひたすらぐるぐる走りまわったりする姿が見られるようになる。子どもたちは、同じことをすることで、同じからだの感覚を楽しんでいるのだと考える。たとえば、友達とくっつき合って茂みに隠れて鬼が来るのを待つドキドキする感覚、積み木をできるだけ高く積もうと積み重ねていくときのハラハラする感覚、愉快なお話を聞いて思わずうれしくなる感覚など、子どもたちは園生活のなかでさまざまな感覚を感じ取り、それをまわりにいる友達と共有し合っていく。一人で感じるより、なかまで共に感じると、その感覚はそれぞれのからだのなかでより鮮明なもの、増幅するものになっていくのである。

　子どもだけではなく、互いのことを本当の意味でわかり合っていくうえで、人と人とが強く、深く結びついていくうえで、ことば以前にその場の雰囲気や相手の呼吸、相手の動きなど、からだを通して伝わってくる感覚を意識して、それを感じ取っていくことは、とても大事なことで

ある。からだを通して人とつながれたという体験は、もっと深く人とつながろう、いろいろな人とつながろうという活力を生み出していき、人と人の関わりを広げていく確かな基盤になっていくとともに、豊かなことばを生み出す基盤にもなっていくのだと考える。

2 からだを通した共通のイメージ

　園生活にもある程度慣れてくると、保育者と子どもたちが関わる場合にも、友達同士の関わりを見る場合にも、自分の思いがことばで的確に伝えられているか、言うことをきちんと聞いているかなど、直接的なことばのやりとりに保育者の意識が向かいがちである。しかし、これまで述べてきたように、ことばとして出る前の段階である、行動、身振り、表情、呼吸などでのやりとりは、子どもの場合には、ことば以上に重要なものとして受け止めていく必要がある。

事例 4-9　空気を感じる ——N美のダンスワークショップ　●3・5歳児クラス　9月

　3歳児の帰りの時間、5歳児のN美が3歳児の保育室に入ってきた。何も言わないが、3歳児の手伝いに入ってきたことはすぐにわかった。そのとき担任保育者は、子どもたちと動きのゲームをしていた。保育者の動きを見て子どもたちがまねるもので、保育者が手を叩いたり、足踏みをしたりするたびに、子どもたちは笑いながらその動きをまねていた。N美はその様子をじっと見ていた。「こんどは、N美ちゃんのまねをしてみましょうか」と言って、保育者はN美に席を譲った。N美は黙って席に着き、すっと背筋を伸ばした。にこにこ笑っていた3歳の子どもたちが、少しずつ静かにN美に注目しはじめた。保育室がシーンと静まったとき、N美の両腕が肩の高さで静かに上がった。3歳の子どもたちがまねる。N美が、上がった腕を翼のように上下に動かす。3歳の子どもたちがまねる。一人が「何だか、飛びそう……」とつぶやいた。

（事例：お茶大）

　ことばも音もない空間で、3歳の子どもたちがN美の呼吸を感じる。それに応えるように、N美がゆっくりと動く。からだを通して、静かに、けれど確かに関わり合っている子どもたちの様子は見事であった。「何だか、飛びそう……」というつぶやきからも、その雰囲気をそこにいた子どもたちが皆感じていたことがうかがえる。

　N美は3歳児クラスの子どもたちと保育者とのやりとりや動きを見て、その場の雰囲気を理解した。そのうえで、自分らしい新しい動きを表現することで、N美の存在をまわりに伝えていった。一方、まわりの子どもたちもN美の動きを見てまねるうちに、N美の呼吸を感じ、その存在を受け入れていった。からだを通した静かな対話がそこに生まれていった。

　人と人が関わることを考えるとき、その手段としてまずは「ことば」を重視しがちである。しかしことば以前に、その場の雰囲気や相手の呼吸など、からだを通して伝わってくる感覚

を意識していくことは、人と人が関わり合っていくうえでの基盤になるものである。そういう基盤が育っていてこそ、表面的なことばの交わし合いとは違う、お互いに相手をわかろうとし、受容しあって、心と心が通じ合うことばを介したやりとりが成立していくのだと考える。

事例 4-10 しゃぼんだま

●3歳児クラス　1月

降園前の集まり、G介のリクエストにより『なかよし』という絵本を読む。友達同士である犬と猫がしゃぼん玉遊びをするなかで、けんかをし、最後は2匹で1つの大きなしゃぼん玉を膨らますことで仲直りをするという話である。

しゃぼん玉が大きくなる場面で、子どもたちのなかから静かに感嘆の声があがった。2匹が仲直りする場面で、S子は「よかったね」と笑顔で言った。

絵本を読み終えたあと、保育者は子どもたちに「みんなで大きなしゃぼん玉を膨らませてみよう」と投げかけた。J太が「じゃあ、先生がしゃぼん玉になって」と言う。J太の要望にほかの子どもたちも、「なって、なって」と口々に言う。子どもたちの要望に応えるべく、円く座っているその中央に出て、からだを丸める。J太が「もっと小さくなって」と言う。

口元にストローを見立て子どもたちが指で輪をつくっている。「準備はいいかな、みんなで、ふぅー」と声をかけながら、保育者は丸めたからだを「ふぅ――」と言いながら少しずつ起こし伸び上がる。膨らんでいくように腕を広げながら「もっと膨らませて」と言い、爪先立ちになる。子どもたちはゆっくりと息を吐きつづける。保育者は爪先立ちになりながら少しずつその場で回る。息を吹き込みつづける子どもたちに「息を止めて」と言う。子どもたちが息を止めたところで「パン」と1回手を打ち、伸ばしていたからだをその場に縮める。

子どもたちは「もう一度やりたい」と言う。3回目にT実が「今度は私がしゃぼん玉やりたい」と言い出したのをきっかけに、子どもたちと保育者の役割を交代する。保育者が一人で膨らます役になり、子どもたちがからだを丸め、少しずつ大きくなっていく。膨らみきったからだが一度に縮まる動きには脱力する感覚があるのか、その感覚を子どもたちが楽しんでいるのがその表情から伝わった。

数週にわたって「しゃぼん玉になる」ことはくり返された。大きくなったまま、少し風に乗るイメージが出たり、さまざまなバリエーションも楽しんだ。

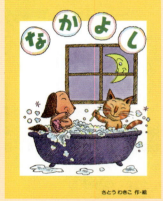
（作/絵：さとうわきこ、PHP研究所、2003）

（事例：お茶大）

この事例は、子どもたちが園で安心して過ごせるようになってきたころのものである。

話を読み進めていくと、仲たがいをやめた2匹のシーンではうれしくなったようで、「よかったね」とことばにする子どもも出てくるほど、子どもたちは絵本の世界に引き込まれていった。その様子が、子どもの表情やことば、からだの動きから保育者には感じ取れた。

絵本を見る子どもたちの様子から、しゃぼん玉の「膨らむ」感じと「割れる」様子、そして「そーっと」「そーっと」息を吹き込む感覚の3つが、子どもたちのなかに象徴的に残っていると感じ、その感覚を子どもとともに動くことで、からだを通した感覚に結びつけていけるのではないかと考えた。そこで、みんなでいっしょに動いてみることを子ども

たちに投げかけた。J太の「じゃあ、先生がしゃぼん玉になって」ということばを受けて、保育者は子どもたちの前でからだを縮ませ、少しずつからだを起こし、膨らむ様子を表した。しだいに、子ども同士の呼吸、保育者と子どもの呼吸が合っていった。保育者のからだが膨らみきったところで間をもたせると、子どもたちが「息を吹き込む」動きはさらにつづいた。そして最後に「息を止める」という行為を共にすることで、呼吸、気持ちが一つになった。保育者はその瞬間を感じながら「パン」と手をたたき、小さくなった。大きくなって「割れる」という一連の動きは、共に動くなかで、からだを通した共通のイメージになっていった。

　以上、2つの事例に見てきたように、保育者とともに、友だちとともに、からだの感覚を磨いていくことが、また、その感覚を共感し合っていくことが、子どもたちのイメージの世界を豊かにしていく。生活のなかでイメージの世界を耕したり、クラス全体で保育者に絵本や物語を読んでもらったり、友達や保育者と体験を共有していくことを積み重ねていくことが、人とつながることば、人とのやりとりを重ねていけることばにつながっていくのだと考える。

第4章 ▶ 信頼関係から生み出されることば　117

――・――・――・―― この章で学んだこと ――・――・――・――

●表情、たたずまい、からだの動きなど、子どもたちが表していることばにならない表現をを受け止めることがまず重要である。

●一人ひとりのありのままの姿に応じた環境を通して受け止め、保育者の行為を通して受け止めが、こどばを育てていく出発点となる。

●子どもの心もちに寄り添う行為を通して、それぞれの子どもたちと保育者が確かな心の回路を結ぶことで、こどばがつむぎ出されていく。

●保育者と子どもとの間で、一方向ではない両方向に往復するやりとりを重ねていく共同作業のなかで、ことばは耕されていく。

●園生活のなかで、感覚・イメージを耕し、友達や保育者と共有していく体験を重ねていくことで、ことばは豊かになっていく。

第 5 章

自分の考えや思いを伝えることば

―――― この章で学ぶこと ――――

幼児期は、自分とは違うほかの人の意見や考えがあることに気づきはじめる時期である。
子どもたちは、集団遊びやいざこざなど、自分とほかの子どもの考えを調整したり、
ぶつけ合ったりする経験を通して、どのように自分の考えや思いを伝えたらよいのかを日々学んでいく。
この章では、「自分や相手の考えや思いの違い」に気づくという、劇的な心理的発達を今まさに
遂げている子どもたちに対し、保育者が「相手の思いを考慮しながら自分の思いを伝える」
という一歩先のことばの発達を促すために、どのようなはたらきかけを
行っていけばよいのかについて考えていく。

§1 相手に伝わることばを用いる

1 相手のことばをよく聞き、相手にわかるように伝える

　子どもは園の生活のなかで、ほかの子どもや保育者とのコミュニケーションを通して、自分の考えを伝えることばを学んでいく。とくにいざこざ場面では、解決にいたる過程で、相手にきちんと自分の考えや思いを伝えること、ほかの子どもの考えや思いをよく聞くことが必要となる。しかし就学前においては、子ども同士だけでは解決へと導くコミュニケーションを構築することは、しばしばむずかしくなる。このような場面において、保育者にはどのようなことばの指導が求められるのだろうか。ここでは、いざこざ場面の事例をもとに、保育者による「相手にわかるように伝えること」「相手のことばを聞くこと」の指導を見ていく。

2 感情を冷却し、「本当に伝えたいこと」を伝える

事例 5-1 「本当に言いたかったことは何なの？」　● 5歳児クラス　2月

保育者：S夫くん、S夫くん、ちょっとどうしたのか教えてちょうだい。
S夫：うん、教えてあげる。あのね、最初ね、何にもしてなかったのに、それなのにねー、あのね、となりの組がねー、来てねー、それでねー、ぶってきたの。
子どもたち：違う、違う。
保育者：あ、違うんだって。こっちのT哉くんのお話聞こう。
T哉：朝ね、あのね、オレが外にいたらB介に聞いてー、どうしたのって言ったら、E太ぶっ殺してやるって。何でって言ったら、人形のところをカギ閉めたから。
保育者：あー、もしかしてさ、それって、ずっと前のこと？
T哉：ううん、昨日。
保育者：じゃあ、本当に言いたかったことは何なの？　一番E太くんに言いたかったこと。何をして、何に気をつけてほしいの？
子どもたち：カギ閉めたの。2回目だったからいやだったの。
保育者：じゃあ、それを絶対にやらないでほしいってこと？
　　　（中略）
保育者：S夫くん、S夫くんたちー！　ねぇ、みんなー！　みんないっしょに相談しよう。
子どもたち：何を？

保育者：Bちゃんたちが本当に言いたかったことは、あの、子どものうちのカギをね、閉めたのがいやだったこと。今度どうしてほしいってことを言えばよかったのね。
子どもたち：もうやんないでって。
保育者：それよ、それを言えばいいのよ。それなんだって、みんなが一番言いたかったことは。ね？
B介：今度やったら、ただじゃおかねえぞ。
保育者：じゃあね、Bちゃん、だったら、それを言いたいんだったらー、ぶっ殺してこいとかやっつけてこいという言い方だとわかるかなー？
B介：今度やったらなー、ちょー後悔させてやる。
保育者：じゃあ、今度はもうそれを絶対しないでってことが言いたいの？
B介：後悔させてやるよ。
保育者：（E太のほうを向いて）E太くん、みんなは、それを言いたかったんだって。

（事例：お茶大）

　この事例は、5歳児クラスの5、6歳児において、保育者が子ども同士のいざこざへの介入を通して、自分の考えを表すことばの指導を行っている場面である。いざこざの発端は、E太が前日、となりのクラスの子どもが園内の人形小屋で遊んでいたときに、カギをかけて閉じ込めるといういたずらをしてしまったことである。しかも2回目のいたずらであったため、となりのクラスの子どもたちは怒り、力の強いB介にE太をやっつけてほしいと頼んだ。そして、E太がぶたれて、泣いてしまった。

　そこに登場した保育者は、まず、「ちょっとどうしたのか教えてちょうだい」という問いかけをし、問題の背景について、その状況にいなかった保育者にもわかるような発話による説明を求めている。さらに「こっちのT哉くんのお話聞こう」「みんなもいっしょに相談しよう」という発話により、相手の話もきちんと聞くこと、そして活動に関わる者がみんなで発話を共有することの大切さを伝えようとしている。

　しかし、いざこざの原因を話しているうちに、子どもたちは、そのときの苛立ちを思い出したのか、感情がどんどんヒートアップしていく。しまいには、「ぶっ殺してやる」「ただじゃおかねえぞ」など、過激なことばが飛び出してしまう。子どもたちは、もはや自分の思いをぶつけることだけで精一杯になってしまい、ほかの子どもの話を聞くことができ

ない状態にあった。

　そこで保育者は「ぶっ殺してやる！」というB介に対し、「本当に言いたかったことは何なの？　一番E太くんに言いたかったこと。何をして、何に気をつけてほしいの？」と問いかけている。このような発話は、閉塞したコミュニケーションの立て直しを図るという機

能をもつ。さらに、「今度どうしてほしいってことを言えばよかったのね」「じゃあね、Bちゃん、だったら、それを言いたいんだったらー、ぶっ殺してこいとかやっつけてこいという言い方だとわかるかなー？」という発話により、保育者は自分の思いを感情的にぶつけるのではなく、相手に伝わることばを用いることを指導している。このようなはたらきかけは同時に、子どものヒートアップした感情を一旦冷却させ、問題解決へと意識を向かわせる効果をもっているのである。しかし、引くに引けなくなったB介は、「後悔させてやる」とくり返すばかりである。結局、保育者が「じゃあ、今度はもうそれを絶対しないでってことが言いたいの？」「E太くん、みんなは、それを言いたかったんだって」と代弁することにより、このいざこざは解決を迎えた。

　このように、感情的になったあまり、子どもたちのみではコミュニケーションが構築できなくなっている状態においては、まず子ども自身が何が起こったのかという事実を整理し、さらに自分自身の思いを見つめたうえで、相手に伝わることばを選ぶよう、保育者が促す必要がある。このようなはたらきかけを通じて、子どもたちは問題解決へと再び意識を向かわせ、コミュニケーションの構築を図ることができるのである。

§2 みんなの考えをまとめる

　集団生活を送るなかで、子どもはしだいに「みんな」というなかま意識をもつようになる。「みんな」で遊ぶことによって、スケールの大きな遊びを展開することができるし、なかまと体験を共有するという子どもにとってかけがえのない体験をすることができる。「みんな」で取り組む活動は、誰か一人の思いや考えだけで成り立つものではなく、関わっている友達みんなの思いや考えを実現するものでなければならない。各々の意見が違えば、みんなの考えをまとめる必要がある。ここでは、このような「みんなの考えをまとめる」ためのことばの発達を、保育者がどのような関わりによって支えていくことができるのかについて見ていく。

1　みんなの考えを聞いて、自分の考えを見つめ直す

> **事例 5-2**　「みんなの考えも聞いたほうがいいと思うよ」　● 5歳児クラス　3月
>
>
>
> 　保育室でN男が中心となって、大きな積み木やイスを並べて、その上に畳を置き、「基地」をつくって遊んでいる。A子が泣きながら保育者のところへやってくる。
> A子：N男くんたちとね、いっしょに遊びたいのにね、ほかの子ばっかり入れて、私だけダメって言うの。
> 保育者：あー、うまくいかないねえ。
> A子：(N男のところに行って) ねぇ、どうして、何で入れてくれないの？
> N男：うるせえなー。
> A子：ねぇ、入れてくれる？　N男くん。
> N男：も〜、ちょっと何回も言わすなよ！
> A子：入れて！
> N男：もー、この家がもう満タンになるっての！　1、2、3、4、……、8。8人もいるよ！　1、2、3、4、……、8、9。9人になっちゃうからさー、9人がこんなちっちゃい家に入るかっての！　ここ、基地だけどー！
> 保育者：みんな、いっしょに遊んだほうがいいのにね。

N男：それだしさー、昔、基地やったけどさー、A子ちゃんのやり方ってさ、おもちゃ投げてくんだよー！　だから、オレ嫌いなの、A子のこと。
A子：（激しく泣き出す）
保育者：ほら、N男くん、そういうふうに言われるのが、ちょっと悲しいって。どうしてほしいの？　Aちゃんにどうしてもらいたいのかな？
N男：（ぶつぶつと言っている）
保育者：ほかの子にも聞いてみようか。ねぇねぇ、ちょっと、みんな、A子ちゃんが、ちょっとこんなに悲しいって言っているんだけどさ。
N男：でも、オレが決めることだよ。
保育者：でも、N男くん、みんなの考えも聞いたほうがいいと思うよ。N男くん。
H子：9人になっても、10人になってもいいと思うよ。私は。
保育者：そうよね。ねぇ、J花ちゃん、H子ちゃん、みんなもちょっといっしょに何かいい方法ないかな？
J花：（基地をつくっている大ブロックをもってきて）こうやって、もう1個つくったら、また人が入っても、がんばってほかのを集めてつくったら、みんなかまに入れてって言ってくるかもしれない。
保育者：うんうん。
D代：あの、N男くん、あのさ、D代とC香ちゃんも入っていい？
N男：あ～、ちょっとね……、2人だし……。
保育者：じゃあ、こっちに1つ置こっか？
N男：え～。
保育者：狭いからダメなの？　うん、じゃあ、つくっちゃう、つくっちゃおう。うん、これもあるし。（ブロックをもってきて、基地を広げる）
N男：（A子に向かって、笑いながら）じゃあー、お化けでもいい？
A子：（笑いながら）ヤダ。ヤダ。
N男：（笑いながら）オレから出てくるウンコでもいい？
A子：（笑いながら）ヤーダ。ヤーダ。
N男：じゃあー、何にしようかなー。
A子：じゃあ、赤ちゃんはいい？
N男：いいよ。
G美：ねぇ、N男くん。N男くん。入っていい？
N男：入ってい～い～よ！

（事例／写真：お茶大）

　A子が泣きながら保育者のところに来た。N男の主催する「基地ごっこ」に、自分だけ入れてもらえない。ほかの子どもは簡単に「いいよ」と入れるのに、A子にだけは「うるせえなー！」「オレ、嫌いなの、A子のこと！」ということばを返してくる。そこで保育者が、基地ごっこに参加しているほかの子どもに、A子の参入について「いっしょに考えようよ」とよび

かけてみた。するとＮ男は「オレが決めることだよ」とますます頑なな態度になってしまう。

Ｎ男はクラスで頼りになるリーダーである反面、独裁的な面もあり、そのような性格を常日ごろからクラスのほかの子どもたちはもてあましていた。Ｎ男のそのような性格がまさに今、行動にあらわれていると判断した保育者は「でも、Ｎ男くん、みんなの考えも聞いたほうがいいと思うよ」ということばかけを行ってみる。するとこれに端を発して、ほかの子どもから「9人になっても、10人になってもいいと思うよ」という考えや、ブロックをもう1つ置いて基地を広げたらいいのではないか、という解決法が飛び出す。そういった考えを聞くうちに、Ｎ男も、ほかの子どもから参入の許可を求められたときに、Ａ子を気にして「ちょっとね……」とためらいを見せるようになった。しかし、それでもまだしぶっているＮ男を見て、保育者は「Ｎ男が意地になってしまって、"いいよ"ということばをなかなか発することができないでいる」と判断し、基地にブロックを追加して基地を強制的に広げてしまった。するとＮ男はホッとしたように「じゃあー、お化けでもいい？」と、Ａ子に基地への参入をユーモアによって
誘うことにより、Ａ子との関係を立て直し、「基地ごっこ」を続行させた。

2 みんなの考えをまとめるための「心の場所」をつくり出す

事例5-2では、保育者はその場の状況のみではなく、ことばの背後にある子どもの心情や、子どもの性格、クラスにおける子どもたちのコミュニケーションの歴史などを踏まえたうえで、ことばかけを行っている。保育者がＮ男の独裁的な性格を踏まえて「みんなの考えも聞いたほうがいいと思うよ」ということばかけを行ったことがきっかけとなり、Ｎ男は初めて、自分は集団のなかの一員であること、集団活動とは関わる子どもみんなの考えによって成り立っていることに気づいたのである。しかし、意地になってしまう性格から、なか  なかＡ子に対する次のことばが出てこない。それに気づいた保育者が、ブロックを置いて物理的な「場所」をつくり出してみた。すると、それをきっかけにＮ男はもともともっているリーダーシップとユーモアを発揮して、みんなの意見をまとめることができた。すなわち、Ａ子を受け入れるだけの心の余裕（心の場所）が生まれたのである。

第5章 ▶ 自分の考えや思いを伝えることば　125

§3 相手の思いを理解する

　なかま同士で円滑なコミュニケーションを行っていくためには、相手のことばをよく聞き、そこにどのような気持ちや考えがあらわれているのかをよく理解する必要がある。さらには、相手が自分の気持ちを理解してくれたことに気づき、「思い」の通じ合いが達成されたとき、これまで以上のなかまとの強い絆ができていく。そのような経験は同時に、「自分と相手とは違う思いや考えをもっているのだ」という発見と、「自分は思いをなかまに受け止めてもらえるのだ」という安心感につながっていく。これらの発見や安心感は、自分とは何者なのか、自分は他者との関係性のなかでどのような存在であるのか、というアイデンティティの確立において重要な意味をもつ。

1 なかまの思いやりに気づく

事例 5-3　「いっしょに考えてくれているんだね」　　5歳児クラス　2月

　C哉は、恐竜のトリケラトプスを画用紙でつくりたいのだが、つくり方がわからない。となりで友達のD介とE夫がそれを見ている。そこに保育者が来る。
保育者：C哉くんのつくれるとこからつくってみよっか？
C哉：同じようなものじゃないとダメなんだよ。
D介：やっぱ、本、もってきたほうが早いって。
C哉：でも、それは普通のトリケラトプスじゃないか〜。
保育者：ほら、D介くんも心配して探してくれてるよ。
C哉：アバレンジャーの本でなきゃつくれない。
D介：普通の恐竜の本探せばいいじゃん。アバレンジャーの本なんてないよ。テレビをよーく見て書きな。
保育者：よーく見て？　いっしょに考えてくれてるんだねー。
E夫：ぼくのうちにねー、本あるよ。
保育者：Eちゃんもいっしょに考えてくれているんだね。

C哉：（トリケラトプスをつくるのをあきらめたように、ほかをきょろきょろしだす）
　D介：おまえ、またかよ〜。最後まであきらめんなよ。男じゃないぞ。
　E夫：そうだ！　そうだ！　男じゃないぞ！
　保育者：あきらめるなって言われちゃった。
　D介：うちんちに来な。オレね〜、本もってるよ。

（事例／写真：お茶大）

　事例5-3は、C哉の恐竜のトリケラトプス製作をめぐって、友達のD介とE夫とのコミュニケーションが開始したところに、保育者が参加した場面である。こだわりの強いC哉は、どうしても自分の頭のなかのイメージどおりのトリケラトプスをつくってみたい。しかし、どうやってつくったらよいのかわからず、途方にくれている。そのようなC哉に対し、いつもいっしょに遊んでいるD介やE夫が、いろいろなアイディアを出す。さらに、いつもすぐにあきらめてしまうC哉に対して、「最後まであきらめんなよ。男じゃないぞ」と励まし、自分の家にある本を見せてあげる約束をしている。

　この場面では、保育者はあえて会話の進行に加わらなかった。保育者はただ「ほら、D介くんも心配して探してくれるよ」「いっしょに考えてくれているんだね」ということばかけによって、D介やE夫の「思いやり」を明示化する役割に徹している。それは、コミュニケーションがC哉、D介、E夫だけで十分に成り立っているので、そこに補助は必要ないと保育者が判断したためである。そして、相手の「心」のなかの「思い」を発見し理解することが、C哉にとってはまだ発達の途上にあり、C哉、D介、E夫の3人の関係の充実が発達の次の「一歩」を促すと考えたことから、あえて思いを明示化するはたらきかけのみを行ったのである。

2　相手の思いの理解を出発点として、みんなで問題を解決していく

事例 5-4　「いっしょに相談にのって」

5歳児クラス　2月

　T花が園庭への出口を出たところで忍者ごっこの格好をして泣いている。
保育者：行っちゃいけないんだよね、えーん（いっしょに泣くまね）、そうだよねー。T花ちゃん、今日はお外行けないねって言われてたんだよね。じゃあさ、U実ちゃんたちとさ、向こうにいる忍者のお部屋で。
R太：T花、どーしたの？
保育者：ほら、R太くんも心配して来てくれた。忍者ごっこをしたいんだけどね、T花ちゃんがちょっと風邪気味だからね、今日はお外行けないよって言われてるの。でもね、忍者で遊びたいのよ。R太くん、何かいい考えないかしら？
R太：マスクするしかないよー。
保育者：マスク。マスクも一つだね。

R太：あとはー、あのさ、エプロンコート着てくるとか、そういうのしかわかんない。
保育者：なんか着てくるってことね？
R太：あとはさ、寒くないようにして……。
保育者：じゃあ、お外に行かないっていうのはどうしたらいいのかしら？
R太：うーん。うちでストーブに温まってきてから、幼稚園に行くときは、親にくっついてくるしかないよ。
保育者：そっかー。じゃあ、どうしよう。R太くんも考えてくれたね。
R太：あとはさ、十分あったまってから、あのさ、しばらく外で遊んで十分あったまってから、このさー衣装着てくとかさあ。
保育者：温まってから出るのかな。ねぇ、お部屋のなかでできる忍者のことってない？
R太：忍者屋敷でやる、忍者屋敷つくるしかないよ。
保育者：忍者屋敷つくるんだって？
　　　　（中略）
保育者：いっしょに忍者ごっこしたいっていうT花ちゃんが、いっしょに遊びたいんだけど今日はお外で遊べないから、お部屋のところでちょっと悲しそうな顔してるの。みんな、ちょっといっしょに相談にのって。T花ちゃんがね、ほんとはみんなといっしょに遊びたいんだけど、今日はお外に行けないんだって。それで今、お部屋でね、涙流してね、どうしようって。何かなあい？
子どもたち：ない。
保育者：何か思いつくかもしれない。
F也：いいこと思いついちゃったー！
保育者：思いついちゃった？　あ、じゃあ、それを言ってみて！
F也：あのね、今日遊ぶでしょ、だから、なかに行って、なかに行って遊ぶんだけど、廊下は使わないで、コート室のところでやればいいんだよ。忍者の基地をつくって、忍者ごっこにすればいいんだよ。みんなー、T花と遊べるようになったぞー。なんでかっていうとな、部屋でやるんだけど、コート室で走って、廊下では走らないように、な？　よし。
みんなF也のあとをついていき、T花もいっしょに保育室で忍者ごっこを始める。

（事例／写真：お茶大）

　事例5-4は、風邪を引いて、外で忍者ごっこ遊びができないT花の「思い」、そしてそれを気づかうR太の「思い」が中心となっているエピソードである。忍者ごっこの格好をして泣いているT花と保育者のところに、R太が「T花、どうしたの？」とT花を心配してやってくる。ここでまず保育者は、すぐに「ほら、R太くんも心配して来てくれた」とR太の思いやりの気持ちを取り上げる。
　保育者のねらいは、R太自身の思いやりへの

賞賛だけではなく、自分の思いだけで精一杯になっているＴ花にＲ太の思いやりを気づかせ、双方向の「思い」の通じ合いがなされることであった。さらには、そこから新しい打開策が生まれてこないかという期待も込められている。そしてそれは、保育者の「何かいい考えないかしら？」という問いかけにあらわれている。

　さて、Ｒ太は、自分なりに考え、「何か着て外に行く」というアイディアを出すが、Ｔ花が風邪を引いて外に行けないという前提から考えると、この案は解決策になりそうもない。保育者としては、保育室で遊ぶ方法を念頭に置いていたが、あくまでも最終的には子ども同士で解決策を生み出してほしいという思いがある。そこで、「お部屋のなかでできる忍者のことってない？」というヒントを与える。さらには、忍者ごっこをしている子ども全員に対し、「いっしょに相談にのって」とはたらきかけることにより、最終的に「なかの走れる部屋を使って忍者ごっこをする」という解決策を導き出すことができた。ここにも、ずっと忍者ごっこをいっしょにやってきたなかま同士なのに、Ｔ花のいっしょに遊びたいという「思い」を置き去りにしてしまっているのではないか、という保育者の考えがあらわれている。このように、相手の思いを理解すること、そしてそれをことばにより明示化することを出発点として、つきあたっている問題に対していっしょに新しいアイディアを生み出していけることを、保育者のはたらきかけにより、子どもたちは気づくことができた。子どもたちはこのような体験を通して、真のコミュニケーションの意味を体得していくのである。

第５章　▶　自分の考えや思いを伝えることば　　129

§4 みんなと伝え合う

　子どもは小学校入学に伴い、本格的に集団生活をスタートさせる。環境の変化に伴って、子どもが経験する変化は、おとなが想像する以上に大きい。集団生活でのさまざまなルールに適応していかなければならないからである。決まった形式で発話したり、先生やほかの子どもの話を聞いて理解することは、そのルールの一つである。小学校入学前の子どもたちに、集団のなかでのことばのルールを、どのように伝えることができるだろうか。

1 「一次的ことば」と「二次的ことば」

　「みんな」に伝えるとは、どのようなことか。それは、「そのとき、その場」にいなかった人にも伝わるように話すということである。子どもは幼児期から児童期にかけて、文脈に依存した「一次的ことば」に加えて、文脈から独立した「二次的ことば」を発達させていく（岡本、1985 p.120～124 参照）[1]。一次的ことばとは、たとえば「昨日ね、ポチと前に行ったことがある公園に行ったの」というように、一対一のコミュニケーション場面において「ポチは飼っている犬である」「前に行った公園とは○○公園である」ということを知っている相手が、それらを補って聞いてくれるようなことばである。一方、二次的ことばとは、「昨日、飼っている犬のポチと○○公園に行きました」というように、一対多のコミュニケーション場面において、不特定多数の「みんな」にも伝わるようなことばである。二次的ことばは、小学校就学後の教室内において本格的に必要とされてくるが、二次的ことばの発達を見据えた保育者によることばの指導として、どのようなものが求められてくるのだろうか。

事例 5-5　卒園式を控えて「心配なこと」

● 5歳児クラス　3月

　卒園式の練習から帰ってきたあと、保育室のなかで円になっているイスにみんなで座って、保育者の話を聞いている。
保育者：ちょっと聞いてみるよ。明日が本当の卒園式だけど、何か卒園式のことでまだちょっと心配なことやわからないことある？　ちょっと全員には聞けないんだけど、3人ぐらい聞いてもいいかな。
子どもたち：はーい！（多くの子どもが手をあげる）
保育者：はい。黙って手をあげてね。S美ちゃん、何が心配？
S美：あのね、みんなが歌をうたっているとき、誰かが一人だけ「た」とか言っていて最

> 　　　　　後に違うこと言っている人がいて、明日が卒園式だから直るかどうかが心配。
> 保育者：ちょっと心配？　わかった。じゃあ、ちょっと手を下ろして。Ｓ美ちゃんは、卒
> 　　　　園式のお歌の最後のところのことばがちょっとそろわないのが心配なの？　そう
> 　　　　なんだ。
> Ｓ美：間違えちゃったら、最後のときによくないから。
> 保育者：心配ね。ここでしょう？　"みーんななかよしお友達、もう一度、元気にさよー
> 　　　　なら！"ここが心配なんでしょう？　じゃあ、ちょっと今ね、ピアノはないけど、
> 　　　　ことばだけでちょっとそろうかどうかやってみよう。そうすると、Ｓ美ちゃん、
> 　　　　安心するよね？　ここでしょう？　"みーんな"のところでしょう？　ちょっと
> 　　　　みんなやってみる？　サン、ハイ！
> 子どもたち："みーんななかよしお友達、もう一度、元気にさよーなら！"
> 保育者：どう？　今はそろったね。これなら大丈夫？
> Ｓ美：（うなずく）
> 保育者：あ、よかった。
>
> 　　　　　　　　　　　　　　　　　　　　　　　　　　　　　　　　　　（事例：お茶大）

　事例5-5は、半月後には小学1年生になる5歳児クラスにおける、卒園式前日の一場面である。この日は体育館で卒園式の予行演習が行われ、その後保育室で子どもたちは円状になって座り、予行演習の内容について話し合っている。保育者は子どもたちに、「卒園式を控えて心配なこと」を3人だけ発表させる。すでに卒園間近で小学校入学を控えた子どもたちは、だんだん自信もついてきて、手をあげて発表するというルールを守りつつ、積極的に発言しようとする。そのなかで名ざしされたＳ美が、「あのね、みんなが歌をうたっているとき、誰かが一人だけ"た"とか言っていて、明日が卒園式だから直るかどうかが心配」と発表する。そこで保育者は、Ｓ美の発話を「Ｓ美ちゃんは、卒園式のお歌の最後のところのことばがちょっとそろわないのが心配なの？」と言い換えた。このように、子どものことばを「みんな」に伝わることばへと言い換えることによって、「二次的ことば」のモデルを示しているのである。

2 集団のなかで相手のことばに耳を澄ます

> **事例 5-6**　「明日までとっておこう」　　5歳児クラス　3月
>
> （保育者のまわりに子どもたちが輪になって座っている。卒園式を明日に控え、どこかしら浮足立った様子で口々に話している）
> 保育者：もうお口を閉じて、こっちを見ましょう。みんなね、今日が最後かなって思うと、お話したいこと、お友達に言いたいこと、たくさんあるみたいなの。今、顔を見ていたら、きっとね、幼稚園で遊んだおもしろかったこととか、うれしかったこととか思い出すとね、もっともっとお話ししたくなっちゃうみたい。先生もね、本当はそうなの。一人ずつ、たくさんたくさん、もっとお話ししたいんだ。でもね、そのお話ししたいの、明日までとっておきます。だから、皆も明日までとっておきます。だから、皆も明日までとっておこう。
> （この後、子どもたちはみな、静かに保育者のことばに耳を傾けた）

　幼児期は、まだ自分や友達の気持ちを整理して理解することが十分にできない。そのため、保育者には子ども一人一人の気持ちに寄り添い、受け止める関わりが必要とされる。しかし、事例5-6のように、たとえ集団場面でも、保育者が一人一人の子どもの目を見て「幼稚園の思い出を話したい」という気持ちを認めてあげることにより、子どもは自分の心に耳を澄ますことができる。そして「卒園してしまうことが寂しい」という気持ちを先生にわかってもらった、という満足感を抱く。そうすると、ほかの人の気持ちに思いをはせることができるようになるのである。子どもたちは、「先生もみんなも、同じ気持ちなんだ」という一体感を胸に、卒園式に臨むことだろう。この事例では、小学校での本格的な集団生活を前に、保育者が「集団のなかでほかの人の話を聞く」「相手を理解する」ことのモデルを提示しているといえる。

3 「ことば」のもつ大きな可能性

　以上に見てきたように、子どもたちは、自分の考えや思いを伝えることを日々学んでいくが、そこにはかならず、聞き手や不特定多数の「みんな」などの「相手」の存在が基礎となっている。子どもが自分の考えや思いを伝えようとするとき、保育者が相手の考えや思いの理解をいかに促すかが鍵となってくる。相手との考えや思いの「通じ合い」が、ことばによって明示化されたとき、そこを出発点としてさらにダイナミックにコミュニケーションが展開されていく。まさにこの点こそ、「ことば」のもつ大きな可能性なのである。子どもへの

ことばの指導は、「ことば」のもつこのような可能性を伝えていくことにほかならない。ことばによって考えや思いを伝え、そして相手の考えや思いを理解したとき、そこにどんなワクワクするような新しい世界が広がりうるのかを伝えていくことが、保育者の役割なのである。

―――― この章で学んだこと ――――

● 集団生活のなかで、子どもは自分とは異なる考えや思いがあること、集団活動とは「みんな」の考えによって成り立っていることに気づいていく。

● 子どもたちは、相手の思いを理解すること、そして、それをことばにより明示化することを出発点として、なかまと体験を共有していく。

● 子ども同士で感情的になってコミュニケーションが構築できなくなっているときには、保育者による自分自身の思いを見つめたうえで、相手に伝わることばを選ぶなどの促しが必要である。

● 小学校就学後に必要とされてくる「二次的ことば」の発達のためには、保育者が子どものことばを「みんな」に伝わることばへと言い換えてモデルを示すなどの関わりが重要である。

● ことばによって相手との考えや思いの「通じ合い」を明示化することにより、よりダイナミックなコミュニケーションを導くことができる。ことばの指導は、ことばのもつ可能性を伝えていく過程にほかならない。

第 6 章

「いま、ここ」を越えて広がる世界とことば

──── この章で学ぶこと ────

ことばには、「話しことば」と「書きことば」(すなわち文字) の2種類がある。
子どもは、まず信頼するごく親しい人との間で「話しことば」を育んでいく。
そして、その「話しことば」の世界を拠り所として、「書きことば」という
「いま、ここ」を越える世界に船を漕ぎ出していく。
この章では、保育場面における「書きことば」と子どもの関わりについて、「子どもの世界」といった観点から見ていく。ただし、「書きことば」の特徴は、「話しことば」との比較によって、より鮮明に浮かび上がる。そこで、「話しことば」が表す世界についても見ていくことにする。
では、「ことば」が広げる子どもの世界について見ていこう。

§1 書きことば（文字）が広げる世界

　子どもは、書きことばを習得する前に、まず話しことばを獲得する。そこで、書きことばの世界について見ていく前に、話しことばが表す世界について見ていこう。

1　話しことばが伝える世界

（1）「いま、ここ」にある世界
　幼児期の話しことばは、おもに信頼関係を築いた親しい人との間で「いま、ここ」にあるもの、すなわち目の前にある具体的な事物について展開することばである。次の例を見てみよう。

事例 6-1　「ないねぇ」　　　　　　　　　　　　　　　A美（2歳6か月）

　祖父母の家に帰省し、夕方、祖母と飼い犬（ゴールデンレトリバー）の散歩に、母親（筆者）について行くことにしたA美。玄関から家の外に出ると、犬はA美と母親に気づき、大きなふさふさとしたしっぽをさかんに振りはじめる。金色のしっぽは、夕方の太陽の光を浴び、キラキラとまぶしいほどに輝いている。

A美：（横にいる母親を見て）Aちゃんには、ないねぇ。
母親：うん、Aちゃんには、しっぽないねぇ。ママにはあるかな？
A美：（母親の背後にまわり、お尻を見て）ママにもないねぇ。

（事例／写真：筆者）

　事例6-1は母親（筆者）とA美（長女）のやりとりである。A美のことばは「ないねぇ」から始まる。「何が」ないのだろうか。ことばだけではわからない。それを知るためには、やりとりの状況を理解することが必要である。
　では、状況を見てみよう。この事例では、A美と母親の目の前に、母親の両親が飼う犬がいる。ゴールデンレトリバーの雄犬である。その名の通り、毛の色は金色をしている。大型犬で体重は40kg近くもあり、しっぽもふさふさと太くて大きい。その犬がA美と母親を見

て喜び、しっぽをさかんに振っているのである。しかもそのしっぽは、夕陽を浴びて、キラキラと黄金色に輝いている。その場にいれば、誰しも犬のしっぽに目を向けるであろう場面である。そしてやはりA美も母親も、そのしっぽを見ているのである。

またこの時期、A美は「しっぽ」の存在に注目し、家族・親戚はもちろんのこと、出会う人、動物など、片っぱしからしっぽの有無を確認していた。くり返しくり返し、「しっぽ探し」を楽しんでいたのである。この日も出会いざま「ばあば、しっぽある？」と祖母のお尻を確認したのであった。事例6−1のやりとりで「ない」のは「しっぽ」だったのである。

このように、「ないねぇ」ということばの前提には、A美と母親が「同じ場所にいて、同じもの（犬のしっぽ）を見ている」という場と視線の共有がある。またやりとりの背景には、親子でくり返し行ってきた「しっぽ探し」という歴史がある。こうした状況があって初めて、「ないねぇ」というA美のことばが「しっぽがない」ことだと伝わるのである。

（2）過去にいっしょに経験した世界

事例6−1は、目の前にある具体的なものについてのやりとりであった。しかし発達にともない、「いま、ここ」にあるものだけではなく、過去の共通の経験を想起したやりとりも見られるようになる。事例6−2を見てみよう。

事例 6-2　いなかったライオン　　　A美（2歳9か月）

月曜日の朝、A美は食卓で母親（筆者）と朝ごはんを食べている。突然、食べかけのパンを皿に置き、母親のほうに向いて、A美が話しはじめた。

A美：ライオンいなかったね。
母親：ライオン？　あ、うん。昨日、行った上野動物園には、ライオンはいなかったね。
A美：うん、うえのどうぶつえんには、いなかったね。したのどうぶつえんには、いるかな？
母親：したの動物園にはいるかなあ。でも、パンダさんはいたよ。
A美：うん、パンダさんはいた。ウッキッキー（サル）もいたよ。ゾウさんも。

そう言うと、再びパンを食べはじめた。

（事例／写真：筆者）

事例6−2では、A美の発話は、唐突に「ライオン」から始まる。しかし、A美と母親（筆者）の目の前にあるのは朝ごはんである。朝ごはんと「ライオン」。2つの間にはなんの関連もない。つづく母親の発話があって初めて、昨日、親子は動物園に行ったことがわかる。

　A美は、目の前にある具体物ではなく、過去に母親といっしょに経験したことを話題にしているのである。
　このやりとりの前日、母親とA美は動物園に出かけた。パンダ、ゾウ、サルを見たあと、次はライオンを見ようということになった。しかし、入園の際にもらった園内地図にはライオンが描かれていない。「ライオンどこ？」納得できないA美は、母親といっしょに広い園内を一通り見てまわった。歩きまわって、A美はぐったり疲れてしまう。でもやっぱりライオンはいなかった。「上野動物園には、ライオンがいない」、親子の記憶にしっかりと刻まれた一日だったのである（事例当時）。

　こうした事情を知らない人には、A美の発話の意味が読み取れないだろう。ことばの背景を共有している人（ここでは母親）だからこそ、A美のことばを引き継ぎ、やりとりが成立するのである。この時期の子どもは、そこで話題にしている状況を相手もわかってくれているはずと思ってやりとりする。また、自分の発話に「ライオン、いなかったんだよね」「探したのに、残念だったんだよね」と共感してほしくてことばを発する。それゆえ、ことばの状況を理解し、自分の気持ちに共感してくれる人、そうした人の存在なくしては、子どもからことばは生まれない。情動的な関係（愛着）の成立こそが、ことばの発生の基盤となるのである。

　このように、ここで見てきた子どもの話しことばは、生活を共にし、経験の共有を積み重ねてきた特定の親しい人との間で、具体的な現実場面について交わされる世界を表している。岡本夏木（1985）[1]は、こうしたことばを「一次的ことば」とよび、次に見る書きことば（文字）を代表とする「二次的ことば」と区別している（p.141 参照）。

2 書きことばが伝える世界

(1) いっしょに経験していない人に伝える

　幼稚園や保育所に入園すると、子どもたちは、家庭とは異なった文脈のなかでことばをやりとりすることになる。家庭では、いつも傍らにいて生活を共にし、いっしょに経験を重ねてきた特定の親しい人とことばを交わしてきた。お互いをよく知る人と、自分も相手も知っていることを話題としてきたのである。しかし、園という環境では、いろいろなやりとりの場面が生じる。あまり知らない相手に、共有していない経験を伝える場面も出てくる。

　次の事例6-3は、5歳児クラスの子どもたちが、3歳児クラスの子どもたちに、相手が知らないことを話す場面である。

事例 6-3 「見にきてください」

● 5歳児クラス 2月

　明日は、いよいよ「きぐみふぁくとりー」の本番の日である。「きぐみふぁくとりー」とは、5歳児クラス（き組）の子どもたちが、3、4歳の子どもたちに見てもらうことを第一の目的に、練習を積み重ねてきた踊りや合奏などを発表する日である。開催を明日に控えて、クラスの代表が「明日、見にきてください」と、3、4歳児のクラスに言いに行くことになった。G子・J香・K美・N代の4人は、3歳児クラス（もも組）に行き、クラス全員の前に立って、話しはじめた。
　4人の横には、クラス担任の保育者がいる。

G子・J香・K美・N代：（4人で声をそろえて）あした、きぐみふぁくとりーがあるので来てください！
保育者：（もも組の子どもたちに向かって）明日、何かあるんだって。
　　　　（4人のほうに向き直って）何があるの？
G子・J香・K美・N代：（4人が声をそろえて）きぐみふぁくとりー！
保育者：何か、むずかしい名前だね。きぐみふぁくとりーって、何？（4人に聞く）
K美：こうじょう（工場）みたいな……。
J香：き組全員で、あか組さん（4歳児クラス）ともも組さんに見せるの。
保育者：き組さんが、あか組さんともも組さんに何か見せてくれるんだって。
　　　　（もも組の子どもたちに向かって言う。4人のほうに向き直り）何を見せてくれるの？

N代：音楽会とか、フラダンスとか、リボンとか。（小さい声で、もごもご言う）
保育者：（N代に向かってうなずきながら）じゃあ、何があるか、1つずつ教えてくれますか？
N代：（小さい声で）音楽会。
K美：（N代と同時に）どれみふぁ、おんがくかい。
保育者：（N代とK美に向かって）何かな？
N代：はい、あげる。（手にもっていたプログラムを保育者に渡す）
保育者：プログラムだって、これにいろいろ書いてあるのかな？
　　　　（N代からプログラムを受け取り、パラパラとめくってみる）
N代：どれみふぁ、おんがくかい。
保育者：音楽会があるのね。音楽会には、どんな曲がありますか？

N代：ちょうちょとさんぽ。
保育者：（N代に向かって）ちょうちょとさんぽの曲があるのね。
　　　　（N代のとなりにいるK美の肩を抱いて）このお姉ちゃんにも教えてもらいましょう。ほかに何がありますか？

第6章 ▶ 「いま、ここ」を越えて広がる世界とことば　139

> K美：にんじゃ。
> 保育者：（もも組の子どもたちに向かって）にんじゃ。忍者があるんだって。どんな忍者だろうね。
> 　　　　（となりのJ香に向き直り）J香ちゃん、何がありますか？
> J香：踊り。
> 保育者：どんな踊りですか？（J香にたずねる）
> J香：フラダンスとリボンの踊り。
> 保育者：フラダンスとリボン。2つもあるんだって。（もも組の子どもたちに向かって言う）
> 　　　　G子ちゃん、ほかには何がありますか？（G子のほうを向いてたずねる）
> G子：スーパー人形劇。
> 保育者：スーパー人形劇だって、すごいね。（もも組の子どもたちを見ながら言う）
> 　　　　1つずつ教えてもらったけど……（と言いながら、プログラムを見て、そのあと）まだあるかな。もう1回ずつ、聞いてみようかな。N代ちゃん、もう1つありますか？
> N代：サーカス。
> 保育者：サーカスもあるの？　もう終わりかな？　まだある？（K美に向かって言う）
> K美：えいが。
> 保育者：映画もあるの。これで、全部かな？　それで、どこでやるんですか？
> 　　　　（4人の顔を見ながらたずねる）
> G子・J香・K美・N代：（4人で声をそろえて）遊戯室！
> 保育者：遊戯室でやるんだね。
> J香：17と、20に分かれて、明日だけじゃないの。
> 保育者：明日の17日と、20日の月曜日にやってくれるのね。たくさんあるから、2日に分けて、やってくれるんだって。（もも組の子どもたちに向かって言う）
> K美：見にきてね。
> 保育者：じゃあ、あした、楽しみにしています。（4人のほうを向いて言う）
> N代：最後まで、見てください。
>
> 　言い終わると、4人は、ほっとした表情でもも組の保育室を出て、走って自分のクラスに戻った。
>
> （事例／写真：奈良教育大学附属幼稚園（以下、奈教大附幼））

　事例6-3は、5歳児の子どもたちが「相手（3歳児）が知らない、自分たちだけが体験してきたこと（きぐみふぁくとりー）」を話す場面である。このような場面では、子どもたちが自分で、「何から、どのように、話していくか」を決めなければならない。事例6-1の「ないねぇ」の母親とA美のやりとりのように、聞き手はことばを補ってはくれないのである。また、目の前にある事物（事例6-1では犬）に視覚的に頼ることもできない。

　岡本（1985）[1]は、このように目の前の文脈からの手がかりには頼ることができず、ことばだけで表現しなければならないことばを「二次的ことば」とよんだ。「二次的ことば」は、不特定の一般者に向けて自分一人で話の筋を組み立てていく必要がある。こうした特徴を「一次的ことば」との対比からまとめたのが図表6-1である。この表を見てもわかるように、

表6-1 一次的ことばと二次的ことばの特徴

コミュニケーションの形態	一次的ことば	二次的ことば
状　　況	具体的現実的場面	現実を離れた場面
成立の文脈	ことばプラス状況文脈	ことばの文脈
対　　象	少数の親しい特定者	不特定の一般者
展　　開	会話式の相互交渉	一方的自己設計
媒　　体	話しことば	話しことば・書きことば

(岡本夏木『ことばと発達』p.52 岩波新書、1985)

2つのことばは質的に大きく異なる。この違いを埋めるために保育者の援助が不可欠となるのである。

事例6-3を見ると、保育者は話し手（5歳児）のことばをつなぐだけではなく、話し手と聞き手（3歳児）をつなぐ役割も果たしていることがわかる。実は、もも組（3歳児クラス）の保育者は「きぐみふぁくとりー」の内容をよく知っていた。5歳児だけの午後の保育時間にいっしょに練習に参加したり、保育者間の交流からも子どもたちのがんばりを聞いていたのである。それゆえ保育者は、図表6-1の「二次的ことば」の対象である話し手の話の内容をまったく知らない「不特定の一般者」というよりも、「一次的ことば」の対象であるやりとりの背景をよく知る「少数の親しい特定者」に近い存在だったのである。

では、実際に保育者はどのような役割を果たしているのだろうか。ていねいに見てみよう。場面のやりとりは、「きぐみふぁくとりーって、何？」というように、保育者が5歳児に問いかけ、それに5歳児4人が答える形で展開している。何も知らないもも組の子どもたちに何を知らせればよいのか、知らせるべき内容を保育者が引き出しているのである。また「じゃあ、何があるか、1つずつ教えてくれますか？」と、話の組み立て方も提案している。さらに「フラダンスとリボン。2つもあるんだって」などと5歳児のことばをくり返し、3歳児に伝え直すこともしている。しかも、事例の写真に見られるように、5歳児に問うときは、視線もからだも5歳児に向け、3歳児に伝えるときにはからだごと3歳児に向き直して、ことばを発している。

このように、保育者は、話し手が話を組み立てる支援をするとともに、話し手と聞き手をつなぐ役割もしている。つまり、保育者は「一次的ことば」と「二次的ことば」をつなぐ存在として、また話し手と聞き手をつなぐ存在として、場面に参加しているのである。事例6-3からわかるように、ことばとともに、からだのありようからも「つなぐ」役割を果たしているのである。

なお、5歳児の担任の保育者は、3歳児クラスに行く子どもたちに「何を言えばいいか、考えておこうね」と事前に伝え、子どもたちも前もって考えていた。しかし自分のクラスと

は異なる保育室で、大勢の3歳児を前にしてことばを発することは、緊張もするであろう。相手の知らない内容を自分たちだけで組み立て、相手にわかるように伝えることは、子どもたちにはむずかしかったことが、事例6-3からわかる。

　このように多人数の前で話をすることは、子どもにとって容易なことではない。保育者の援助が不可欠となる。具体的には、事例6-3で見てきたように、子どもの情報が不足しているときには、「いつ」「どこで」「誰と」「どのように」といった問いかけを重ね、情報を引き出していく。話題がそれたり、報告内容がその場の発表にふさわしくない場合には、相づちだけを返したり、「そう」「うん」とだけ述べて聞き流す。そうした援助が必要となる[2]。

　子どもたちは園の生活のなかで、保育者の援助を受けながら、大勢の人の前で話す経験を重ねていく。その積み重ねによって、その場にふさわしい話題や話し方、すなわち「二次的ことば」を習得していくのである。このように、子どもの「二次的ことば」は、保育者とともに紡ぎ出されていくのである。

（2）「いま、ここ」にいない人に伝える

　事例6-3は、自分たちだけが経験し、相手は経験していないことを伝える場面であった。そこでは、伝えたい相手は目の前にいた。では、相手が目の前にいない場合は、どのように伝えればよいのであろうか。「いま、ここ」にいない人に伝える。ここに書きことば（文字）が登場する。

　次の事例6-4は、事例6-3と同じ日、「きぐみふぁくとりー」の前日である。その開催を知らせるために、子どもたちがポスターをつくる場面である。

事例 6-4　ポスターで知らせよう「みにきてね」

●5歳児クラス　2月

　「きぐみふぁくとりー」の本番を明日に控え、クラスの代表が3、4歳児のクラスに開催を知らせに行くことになった。保育者が、誰がどのクラスに行くかといった割り振りをしているとき、B代・C花・D美・M香が、「ポスター、つくりたい」とやってきた。
　4人は、保育者から四つ切りの色画用紙をもらうと、テーブルについて、ポスターを描きはじめた。その様子を見て、ぼくも、私もとN実、P太、R代らもポスターづくりに加わった。保育者から、画用紙をもらい、2、3人一組でポスターを描いている。C花とD美は2人で描いている。

C花：見て、これD美ちゃん。（自分が描いた女の子の絵を指さす）

D美：ははは。（笑う）ここに、おっきいハート描く？（C花のほうを見て、余白を指さす）

　２人のとなりでは、N実とP太、R代の３人が１枚の画用紙に描いている。

N実：R代ちゃん、描かないの？　何色か選んで。
R代：ピンクにする。
　　　（テーブルの上にあるペンを見る。しかし、ほしい色がなかったのか、テーブルから少し離れたところにあるペン入れから、ピンクのペンを取ってくる）
P太：あかまるちゃんとくろまるちゃん。（きぐみふぁくとりーの出し物の一つ）
　　　（と言いながらポスターに赤い丸と黒い丸を描く）
N実：「みにきてね」って書いとこう。
　　　（文字を１文字１文字書きはじめる）

　このように、友達同士で話しながらポスターを描いていく。ポスターを描き上げると、N実は「できたら、貼っとこう」と言って、画用紙をもって、保育室の外に飛び出していった。

（事例／写真：奈教大附幼）

　事例６-４の子どもたちは、以前にもポスターづくりを経験している。５歳児クラスの６月にはじゃがいも掘りのあと、レストランごっこをしているのだが、その際に、保育者からの提案でポスターをつくって園内に貼っている。自分たちの思いを多くの人に伝えるためには、紙に書いて貼っておくことが役に立つことを、そのとき、経験したのである。

　また前年度には、当時の５歳児が作成したポスターを見る経験もしている。貼られたポスターを見て、子どもたちは「レストランをするんだ」とその開催を知った。さらに、大勢の人に何かを知らせたいときには、「知らせたいことを紙に書いて貼っておく」という方法があることも知った。

　事例６-４では、子どもたち自らの提案でポスターづくりが始まっている。しかしその背景には「見る」「つくる」といったポスターにかかわる経験の積み重ねがあったのである。

　ところで、子どもたちが描いたポスターを見ると、絵とともに文字が書かれている。絵だけでは、伝えたいことが十分に伝わらないことも多い。何があるのか。ポスターを見た人に、どうしてほしいのか。「きぐみふぁくとりー」に「来てほしい」

という自分たちの気持ちを確実に伝えるためには、絵だけの標示よりも、文字を書いて伝えるほうが数段有効である。「伝えたい」、そうした気持ちが子どもを文字に向かわせるのである。

　事例６-３と６-４では、５歳児たちが伝えたい思いは、共に「"きぐみふぁくとりー"に来

第６章　▶　「いま、ここ」を越えて広がる世界とことば　　143

てほしい」ということであった。しかし、伝えたい相手によって、話しことばで直接届けるのか、ポスターに文字を書いて伝えるのか、その方法が異なっていた。気持ちを伝える方法にはいろいろある。そして、伝えたい相手によって表現の方法を変える。これを、子どもたちは経験のなかで学んでいるのである。

(3)「いま、ここ」の世界を越えて

　園に入園し、生活の場が広がると、子どもが体験するコミュニケーションの場も広がる。「いま、ここ」にいる人と「いま、ここ」の場で起きていることをいっしょに話すだけではなく、「いま、ここ」にいない人に「いま、ここ」にはない事柄について伝える必要が出てくるのである。岡本（1985）[1]がいう「二次的ことば」の登場である。

　ただし、岡本も言うように、「二次的ことば」の獲得によって「一次的ことば」が終わるのではない。「一次的ことば」自体も変容し、双方は重なり合って発達していくのである。おとなであっても、親しい人との間では「一次的ことば」をやりとりすることは、私たち自身の経験からも、すぐに思い浮かぶであろう。たとえば、長年連れ添った夫婦の間では、食卓についた夫の「おい」の一言で妻がお茶を出すなど、よびかけだけで意思疎通が図れることもよくある。これは、夫婦の歴史とその場の状況文脈に依存する「一次的ことば」のよい例であろう。

　幼児期後半、児童期への移行期において、とくに重要になってくるのは、事例6-3で見てきたように、「2つのことばをつなぐ」ことである。その際、重要な役割を担うのが、保育者なのである。

　保育者は、「一次的ことば」と「二次的ことば」をつなぐ存在として、話し手と聞き手をつなぐ役割を担う。話し手に問いかけてことばを引き出し、聞き手に話し手のことばをくり返して伝える。しかも、からだの向きも視線も、話し手から聞き手へ移しながら、話し手が聞き手に伝えたいことを、ことばとからだでつないでいくのである。

　また「二次的ことば」では、書きことば、すなわち文字が登場してくる。「一次的ことば」とのつながりから考えれば、文字がその習得の数や早さを競うものではないことがわかるだろう。伝えたいことを伝えたい相手に伝える。そのためには、どのような方法をとればよいのかを考える。そして、最適な手段をとる。それが重要なのである。

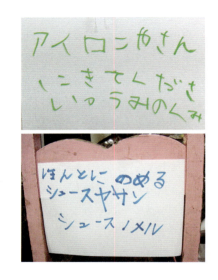

　「いま、ここ」にいない人に伝える。そのときは、文字がもっとも有効な手段となる。だから、文字を使うのである。文字は、あくまで思いを伝えるための一つの道具であり、手段である。何文字読めた、書けたということが重要なのではない。

§2 文字に出会う

今日、私たちが生きる世界には、文字があふれている。本や新聞、雑誌や広告はもちろんのこと、食品のパッケージやTシャツの柄にも文字が書かれている。一歩、屋外に出れば、看板に標識、電光表示にも文字がある。このように文字に囲まれた環境のなかで、子どもたちは成長していく。

では、園のなかには、どのような文字環境があるのだろうか。ここでは、園での子どもたちと文字の出会いについて見ていこう。

1 表す文字

(1)「ぼく」「わたし」の"しるし"としての文字

園に入園した子どもたちは、それまでとは異なる、直接自分の生活とかかわる文字環境と出会うことになる[3]。新聞に書かれている文字も看板の文字も、直接子ども自身に関係する文字ではない。しかし園の文字環境は、子どもたちが園で生活するうえで、重要な意味をもつ。

まず、園という集団生活に入るにあたって、子どもたちは名札に始まり、カバン、タオルなど、自分の持ち物に名前を書いてもらう機会が多くなる。「ぼく」「わたし」を表すものとして文字と出会うのである。また、その文字はひらがなであることが多い。子どもと文字の関わりは、ひらがなとの出会いから始まるといえる。

一方、園のなかでは、子どもたちのクツ箱やロッカー、タオルかけなど、個人の場所に名前が書かれている。自分の空間を示すものとして、文字が書かれているのである。ここでも、文字はひらがなである。ただし多くの場合、ひらがなが読めない子どものために、文字とともに目印となる動物や乗り物などの絵柄のついたシールが貼られている。

「わたし」の"しるし"（3歳児）

第6章 ▶ 「いま、ここ」を越えて広がる世界とことば　145

こうした絵柄のマークは、文字の表記をともなわず、単独で使われることもある。たとえば、入園間もない時期、子どもたちに安定した居場所を確保するために、おやつを食べたり、降園前に保育者の話を聞くなど、子どもたちがいっせいに集まるときには座る場所を決めておくことがよくある。その場所をマークで示しておくのである。

　右の写真がその例である。床に貼ったビニールテープの上に、子どものマークが貼ってある。床に直接座ったり、イスに座ったりという違いはあっても、「○○ちゃんは、ケーキのマークのところに座ろうね」というわけである。

　このように、一人ひとりの子どもに固有のマークを与えることで、子どもたちは園での自分の居場所

ここに座ろう（3歳児）

や空間、持ち物などを把握しやすくなる。園では、クツ箱もロッカーも同じものが数多く並んでいる。こうした状況は、まず家庭ではありえない。そうした状況のなかで、マークは、自分のものを見つけるための有効な手がかりとなる。また、マークを手がかりに自分のものを探すといった経験を通して、「ケーキのマーク」が実際のケーキを表すのでなく、「わたし」を表すのだということも学ぶ。つまり、「何かを表すもの」という、マークの記号としてのはたらきを知っていくのである。

　さらに、マークにはいろいろあり、別のマークは違う友達を表すことも子どもたちは学んでいく。次の事例は、一つひとつのマークが一人ひとり違う友達を表すことを、保育者が伝えている場面である。

事例 6-5　「イチゴマークはY香ちゃん」　　　　　3歳児クラス　5月

　おやつのあとに飲むお茶が入ったカップをクラスの子ども全員に配り終えた保育者が、ワゴンの上に残った空の2つのカップを片手に1つずつもって、クラスの全員に問いかける。

保育者：どうしてここに2つあるのかな？
子どもたち：お休み。（と、口々に答える）
保育者：そうだね。2人、お友達がお休みだからだね。イチゴマークのY香ちゃんと、自動車マークのB男くんが、今日は幼稚園お休みです。

（事例：奈教大附幼）

　この事例は、入園から1か月半経った5月半ばのものである。個人差はあるものの、子どもたちは徐々に園にも慣れ、生活が落ち着きはじめる時期である。また、園での心の拠り所として、担任保育者との信頼関係ができつつある時期でもある。こうした子どもたちの姿を受けて、事例の保育者は、子どもたちに園の友達にも少しずつ関心を向けていってほしいと

いう願いをもっている。そこで毎日おやつの時間に、その日の欠席者を伝えている。その際、名前だけではなく、その子どものマークも伝えている。集団生活は初めての子どもたちである。大勢いるクラスの友達一人ひとりに意識を向けたり、区別することはむずかしい。そのため、食べ物や乗り物など、子どもにとって身近なものを記号化したマークは、友達の存在に関心を向けたり、一人ひとりの友達を把握していくのに有効なきっかけや手がかりとなる。たくさんいる友達の顔を区別し、覚えるのは、新入園の3歳児にはむずかしい。だが、身近なイチゴや自動車ならば注意も向くし、記憶に残りやすいのである。

　事例6−5のような保育者のはたらきかけによって、子どもたちはマークと友達の関係にも気づいていく。つまり、自分だけではなく、友達一人ひとりにもそれぞれマークがあること、「イチゴのマークはY香ちゃん」というように特定のマークは決まった友達を表すことを学んでいくのである。実際、事例6−5の1週間後、イチゴマークのY香のとなりに座るB男が、おやつの時間にY香がいないのに気づき、「イチゴの人、お休み？」と保育者にたずねる場面が見られた。

　このように、子どもたちは、入園と同時に、まず自分や友達を表す「しるし」として、文字を含めた記号に出会うのである。

（2）「もの」や「場所」を表す文字

　園のなかを見てみると、子ども個人の所有や空間以外にも、クラスの名前やトイレ、保健室など、園内の施設や設備もひらがなで書かれている。ブロックやままごと道具などの玩具、はさみ、マーカーなどの文具も、その名前と置き場所が文字で標示されている。このように、「もの」や「場所」を表すものとして、文字が使われる。

クラスの名前

　またこれらの標示には、ひらがなとともに、文字が表す「もの」の絵が描かれている場合が多い。ひらがなが読めない子どものために、絵や、場合によっては写真といった視覚的記号が文字とともに示されている。

　このように、子どもたちは、絵やマークと同じように「何かを表すもの」として、文字と

ままごと道具入れ

第6章 ▶ 「いま、ここ」を越えて広がる世界とことば　　147

出会うのである。

2 伝える文字

(1)「情報」を伝える文字

　文字は、自分や「もの」の名前を表すだけではない。出来事や事柄の内容についても表し、それを伝える。つまり、「情報」を伝えるものでもある。情報の内容は、種々多様である。たとえば、下の写真のように、子どもたちから出された「お店屋さんごっこ」の種類であったり、新しく覚えたい歌の歌詞や行事の進行表であったりする。

　いずれの場合も文字で表しておくことで、いつでも、何度でも、その内容を確認することができる。また、プログラムの進行であれば次は何をすればよいのか、あるいは歌詞であれば、つづきはどううたうのかなど、未来に向かって行動の手がかりを与えてもくれる。

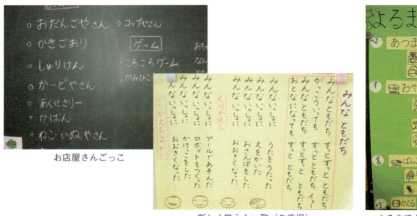
お店屋さんごっこ　　　　新しく覚えたい歌（5歳児）

よるまでようちえん（5歳児）

(2)「物語」の世界を伝える文字

　大半の園では、保育室に本棚や絵本コーナーがあり、絵本が置かれている。園によっては、保育室とは別の一室に絵本を集め、「えほんのへや」を設けているところもある。絵本や紙芝居に書かれた文字は、「いま、ここ」にある世界ではなく、「いま、ここ」を越えた「物語」の世界を伝えるものである。子どもたちは、絵本を通して、「物語」の世界を伝える文字と出会う。

　しかし、子どもが自ら絵本を手に取るようになるためには、子どもと絵本をつなぐおとなの存在が不可欠である。「絵本は読んでもらうためにある」[4]と言われる。子どもは、読んでもらうことによって初めて、絵本のおもしろさやその読み取り方を学ぶ。

　現在の日本では、乳幼児期早期から、家庭で絵本を読んでもらう子どもが増えている。だがその一方で、あまり絵本と接する機会をもたず、入園してくる子どももいる。園での絵本環境はそうした子どもに対して、絵本とふれあうきっかけとなる[5]。しかし、園が子どもと

絵本の出会いの場になるためには、子どもが手に取れる場所に絵本が置いてあるだけでは不十分である。絵本と子どもをつなぐ保育者の存在が不可欠である。

実際、園でも保育者が子どもたちといっしょに絵本を読むことは多い。大人数の子どもに対しては、紙芝居を読むこともある。保育者に読み語ってもらうことによって、子どもたちは絵を見ることに集中できる。物語の世界を楽しむことが可能になるのである。

絵本の場合、保育者に読んでもらった本は、その後子どもが自分で手に取って見ることがよくある。子どもたちは、保育者や友達といっしょに楽しんだ絵本をもう一回見たい、今度は自分のペースで見てみたい、といった気持ちになるのだろう。それゆえ、子どもたちといっしょ

に読んだ絵本は、読後しばらくは本棚の目にしやすい場所に置いておくなどの配慮が必要である。なお、子どもと絵本との関わりについては、§4で詳しく見ていく。

3 手がかりとなる文字

ここまで、「表す文字」「伝える文字」として、子どもと文字との出会いを見てきた。それらの文字のなかには、子どもが園生活を送るうえで、必要な行動の手がかりとなるものもある。

まず、子ども自身の「しるし」や「もの」を表す文字と絵の標示について見てみよう。自分の名前が書かれ、マークが貼ってあるロッカーは「ここ（自分のロッカー）に、自分のカバンや上着をかけ

ロッカー：自分で作成したマークと
ひらがなの名前（5歳児）

る」ことを表す。ままごと道具や製作道具の標示であれば、遊んだあとには「こっぷ」の文字と絵が書かれている場所に、コップをおさめるというように、片づけの手がかりとなる。

「情報」を伝える文字では、先にも述べたように、文字で書いておくことによって、いつ

第6章 ▶ 「いま、ここ」を越えて広がる世界とことば　149

でも何度でも参照することが可能となる。行事の進行や歌詞のつづきなどは、次の行動の手がかりを与えてくれるものである。

　このように、子どもたちは園生活を円滑に行う手がかりとなる「道具」として、文字と出会う。

4 保育者がつくり出す文字環境

　ここで見てきた文字環境は、保育者が意図的に設定していく環境である。絵本に関していえば、どの時期に、どのような絵本を本棚に出しておくのか、また何の絵本を子どもたちといっしょに読むのかなどは、保育者がクラスの子どもたちの様子を見ながら決めていくことである。

　文字の標示については、ひらがなが読めない子どもも、文字がマークや絵といった視覚的記号といっしょに提示されることで、自分のとるべき行動がわかることを先に述べた。

こま置き場（5歳児）

　子どもたちは、毎日の生活のなかで、マークや絵といっしょに文字を何度も目にする。そのくり返しによって、標示の意味を理解し、標示の求める行動をとることができるようになる。初めは、絵やマークから判断していた子どもも、行動を積み重ねるなかで文字に気づき、文字がマークや絵と同じものを示すことがわかるようになる。

　文字だけでそれが意味するものを理解できるようになれば、視覚的な記号は必要なくなるだろう。それゆえ、クラスの子どもたちのひらがなの習得状況を見ながら、文字のみの標記に移行させていくことも必要となってくる。

§3 文字を自分のものにする

　§2では、子どもが園で出会う文字について見てきた。そのうえで、園の文字環境は、子どもたちのひらがなの習得状況などを見ながら、保育者が構成していくものだと述べた。では、子どもが文字を習得するとは、どういうことなのだろうか。この節では、これまでに述べてきたことを踏まえて、子どもが文字を自分のものにすることについて見ていこう。

1 文字のはたらきに気づく

（1）表す

　前節で述べたように、今日、私たちは文字に囲まれて生活している。こうした社会においては、文字を習得することは、いわば生きる力の一つを身につけることである。しかし、生きる力として文字を習得するとは、どういうことなのであろうか。次の事例を通して考えてみよう。

事例 6-6　"よしもとばなな"って、どんなバナナ？

● 5歳児クラス　1月

　　M夫とS哉が床に座り込んで、新聞紙を細く丸め、何やらつくっている。M夫が突然、顔を上げ、少し離れたところでほかの子どもたちとコマを回している保育者に聞く。

M夫："よしもとばなな"って何？
保育者：（M夫たちのほうに振り向いて）お話書く人。
　　　　（納得しているような、いないようなM夫の表情を見て、さらにつづける）食べるものじゃないよ。

　　M夫とS哉は、「ふーん」というように顔を見合わせ、保育者のほうを見る。

保育者：どこに書いてあった？（M夫とS哉のところに行き、2人の前に座る）
S哉：ここ。（もっていた新聞を床に広げ、書籍欄を指さす）
保育者：（新聞を確認して）お話書く人。○○M夫（M夫の名前）といっしょ。人の名前。

　　M夫とS哉は、納得したように、再び新聞紙を細く丸めはじめる。

（事例：奈教大附幼）

　事例6-6は、就学を3か月後に控えた5歳児クラスの1月である。この時期、5歳児の大半は、ほぼひらがなの清音が読め、自分の名前を書くことができる。しかし、単に「文字

第6章 ▶ 「いま、ここ」を越えて広がる世界とことば　151

が読める」というだけでは、生きる力を獲得したとはいえない。なぜなら、文字（単語）が何を表しているかがわからなければ、生活をするうえで何の役にも立たないからである。文字を読むことができると同時に、それが表す具体的な事物をイメージできることが重要なのである。

　しかしその前に、文字が何かを「表す」ものであることに、気づく必要がある。M夫は、それには気づいている。さらに、自分のすでにもっている知識（バナナ）から、新しく出会ったことば（よしもとばなな）の意味を推測している。「新種のバナナ発見？」と期待に満ちて、保育者に聞いたのである。保育者は、M夫の表情、声の調子などから、その意図を理解したのであろう。「食べるものじゃないよ」と重ねて答えている。

　文字は記号である。何かを表す道具なのである。前節でも見てきたように、園で出会う文字は、「ぼく」や「わたし」を表す"しるし"であり、「もの」や「場所」を示す記号である。また、それに気づくことは「行動」の手がかりを知ることでもある。p.147の写真や右の写真のように、ままごと道具のそれぞれの名前の文字を手がかりに、道具を片づけていくのである。

ままごと道具を片づける

　ひらがなの50音をあ行から順番に唱えることができるだけでは、生きていく力を身につけたとは、到底いえない。単に文字を1文字1文字読めることが、文字（読み）を習得することではないのである。文字が何かを表す記号であることに気づく。これが、文字習得の第一歩である。そして、文字が表す具体的な物事を体験から知っている。知っていて、頭のなかにイメージできる。これが文字を習得したということである。そのためには、生活のなかで、さまざまなものや事柄に出会い、触れ、嗅ぎ、感じる、その体験の積み重ねが不可欠である。いろいろな事物に五感を通してかかわる体験を蓄える。このことが、文字習得の基盤となる。つまり、文字を生み出す種となるのである。

（2）伝える

　文字は「いま、ここ」にある何か具体的なものや場所を表すだけではなく、人の考えや思いなど、見ることができないものも表すことができる。しかも、「いま、ここ」にいない人に伝えることもできる。§1で見た事例6-4の「きぐみふぁくとりー」の開催を知らせるポスターは、そのよい例である。

　また、文字で表すからこそ、伝えやすくなることもある。面と向かっては、ことばにしにくい思いも、文字で書いた手紙なら渡すことができる場合もある。手紙だからこそ、気持ちを伝えることができるのである。

　次の事例は、幼稚園最後のお弁当日に、母親がそれぞれの子どもにあてた手紙を保育者が紹介する場面である。

| 事例 6-7 | お母さんからの手紙「食べてくれてありがとう」 | 5歳児クラス 3月 |

　卒園を半月後に控えた、幼稚園最後のお弁当日。子どもたちのお弁当の包みのなかには、母親からの手紙が添えられている。

保育者：C斗くんのお弁当にも、お手紙入ってた？
　　　　見せて。（C斗から手紙を受け取る）
　　　　みんなに、読んでもいい？
C斗：いいよ。
保育者：（手紙を読みはじめる）きょうは、ようちえんで　さいごのおべんとうですね。
　　　　（中略）
　　　　おうちでは　たべなくても、ようちえんでは、たべてくれるかなとおもって　おかあさんは、C斗くんのきらいなものを　しっているのに、おべんとうにいれることもありました。それでも、C斗くんは　ぴかぴかりんにして　たべてくれてありがとう。せかいでいちばんたいせつな
　　　　C斗くんへ　C斗くん、ありがとう。
　　　　（手紙を読み終わると、ほほえみながらC斗に返す）
C斗：（手紙を受け取り、自分でも声を出さずに手紙を見ている）

　子どもたちは、自分の手紙をもって、「わたしもあった」「ぼくもあった」と口々に言っている。保育者は、そうした子どものなかから、何人かの子どもから手紙を受け取り、手紙を読んでいく。

保育者：M花ちゃんも、お手紙あった？（M花から手紙を受け取り）読んでもいい？
　　　　（M花がうなずくのを見て、手紙を読みはじめる）
　　　　おいしくない、まずかったと　いいながら、がんばって　おべんとうたべてくれました。M花さんありがとう。
　　　　（読み終わると）M花ちゃん、ありがとう。（手紙を返す）

　このように、保育者は、何人かの手紙を紹介していく。手紙の内容は、大半が「お弁当を食べてくれて、ありがとう」と、母親から子どもたちに感謝の気持ちを伝えるものだった。

保育者：みんなのお母さん、からっぽのお弁当箱見て、うれしいなって思ってたんだね。
　　　　お弁当食べてくれて、ありがとうって。
　　　　（子どもたちは、それぞれ、自分の手紙を見ている）
保育者：みんなから、お母さんに、言うことある？
H夫：ありがとう。
R美：お弁当、いつもつくってくれて、ありがとう。
　　　　（子どもたちからも、「ありがとう」の声が広がる）

（事例：奈教大附幼　写真：学大小金井）

第6章 ▶ 「いま、ここ」を越えて広がる世界とことば

多くの子どもたちは、園の生活のなかでお弁当の時間をとても楽しみにしている。しかし、子どもたちにとって、お弁当をつくってもらうことは至極当たり前のことであり、つくり手（母親）がどのような思いを込めて日々お弁当をつくってくれているかを考えることはほとんどない。また母親のほうも、面と向かってお弁当に込めた自分の思いを子どもに語ることは稀だろう。

　事例の園では、「親子で育つ幼稚園」といったテーマで、研究を行ってきている。事例のように、お弁当の最終日に、母親がお弁当にかかわるメッセージを手紙に書いて子どもに伝えるといったことも、その研究のなかから行われるようになった。

　母親からの手紙によって、子どもたちは当たり前だったお弁当には、それをつくってくれる人がいることに気づく。つまり母親を意識するのである。さらに、母親の自分に対する愛情も感じるだろう。お弁当は単なる「食べもの」ではなく、自分のことを思い、成長を願う母親の「心がこもったもの」であることを感じるのである。

　また、母親にとっても手紙を書くことは、それまでのお弁当づくりの日々を振り返り、子どもの成長を感じる機会となる。と同時に、母親自身の変化、成長にも気づく機会となるだろう。

　自分への手紙をみんなの前で保育者に読んでもらっているとき、子どもたちは、うれしさと気恥ずかしさ、そして誇らしさが入り交じったような表情をしていた。お弁当を食べ終えたJ代はとなりの席のU樹に「さいごのお弁当おいしかったよ」と耳元でささやいた。Y夫は「お弁当、最後だったから、（大好きな）イチゴ、入れてくれてた」と保育者に報告した。子どもたち一人ひとりがそれぞれに、母親への思いとともに園生活最後のお弁当を胸に刻んだようだった。

　面と向かってことばにするのは照れくさい、ことばにしにくい、そういったことも手紙（文字）を通してなら伝えられる場合もある。文字は心を伝えるものでもある。事例6-7では、手紙を通して、子どもも母親もお互いを意識し、それぞれに対する感謝の気持ちが広がったようだった。

2　文字の便利さに気づく

　「いま、ここ」にいない人に、目に見えない人の思いも伝えることができる。そうした文字の便利さを知ると、子どもたちは文字を使いたくなる。§1で見たポスターづくりや、§4で詳しく見るが、自分の思いを手紙に書いて、友達に送るお手紙ごっこは、文字習得期の子どもたちがよく行う活動である。

種の名札

　また§1や§2でも見たように、文字は、情報を伝え、行動の手がかりを与えてくれる。歌詞や行事のプログラムなどは、とくに未来に向かって行動の手がかりを与えてくれるものである。

　文字が「いま」という時間を越え、未来に向かう手がかりになるよい例が上の写真である。これは、プランターに蒔いた種の名札である。子どもたちが、えだまめといんげん、2種類の豆の種を蒔いた。しかし、蒔いただけでは、どこに、どちらの種を蒔いたのか、わからなくなってしまう。何か、印が必要だ。このようなとき、文字は非常に有効な道具となる。なぜなら、2つとも豆である。絵で区別するのは容易ではない。しかし、文字なら、はっきりと区別できる。文字だからこそ、わかりやすい手がかりとなるのである。

　このように、子どもたちは、日常の生活のなかで、絵など、ほかの記号と比較しながら、文字ならではの便利さを実感する。実感して、自分でも使ってみようとする。必要性、便利さの実感のうえで、子どもが自ら使ってみる。これが、子どもが文字を自分のものにするということである。

3　文字が使える楽しさや喜びを知る

（1）楽しさ　── 遊びの道具としての文字 ──

　子どもにとって、文字は便利な道具としてだけではなく、楽しい遊びの道具にもなる。カルタやことば遊びの類がこれに含まれるが、子どもたち自身が、文字を使った遊びをつくり出すこともよくある。事例6-8を見てみよう。

事例 6-8　名前で遊ぼう　　　　　　　　　　　　　　　●5歳児クラス　12月

　2学期最後のお弁当日。「今日は、レストランにして、好きなところで食べます」という保育者のことばを受けて、仲のよいE男、G樹、K斗、N哉、P也の男児5人がグループになり、一つのテーブルについてお弁当を食べている。以下は、食べながらの会話である。

第6章 ▶ 「いま、ここ」を越えて広がる世界とことば

E男：あ、あ、あ、ありたN哉。
　　　（N哉のほうを向いてにっこり言う）
N哉：（E男のことばを受けて）い、い、い、いくやまU代（同じクラスの女児の名前）。
E男：う、う、う、う……（しばらく考えて）う、いーへん（いない）。
　　　え、え、え、A香（同じクラスの女児の名前）。
K斗：て、て、て、て、T夫（同じクラスの男児の名前）。
E男：お、お、おおやまM介。
N哉：まだいるで、おおくぼY花。
G樹：（斜め前に座っているN哉の「ありたN哉」
　　　の名札を手にして見ながら、笑いながら）
　　　あり（蟻）や、ありといっしょや。
K斗：ありさん、ありさん。（笑う）
　　　（E男、N哉、P也もいっしょに笑う）
K斗：（今度はG樹（げんき）※）のほうを向いて）
　　　げんき（元気）、もりもりやな。
　　　（にっこり笑う）
G樹：え、へへ。（照れ笑いをする）
※ 人物名は仮名

（事例：奈教大附幼　写真：学大小金井）

　事例6-8の子どもたちは、思いがけず仲のよい友達とお弁当を食べることができることになり、興奮気味である。事例であげたやりとりの前には、保育室を見回し、誰と誰がいっしょのグループで食べているのかを一通り確認していた。その後、自分たちのグループに目を向け、E男とN哉の間で事例のやりとりが始まった。アイウエオ順に、クラスの友達の名前を交互に言っていくやりとりである。

　文字の習得には、「音韻的意識」が不可欠であることが明らかにされている[6]。「音韻的意識」とは、話しことばの連続音を文字コードの単位に分割し、対応させる意識である。これは、単語を音韻に分ける「音韻分解」と単語の音節を取り出して言う「音韻抽出」の2つからなる。たとえば、エホンという音声は「エ／ホ／ン」という3つの音から成立しており（音韻分解）、最初の音は／エ／、最後の音は／ン／、真ん中は／ホ／（音韻抽出）だとわかることである。事例6-8で口火を切ったE男のことばを見ると、N哉の名字である「あ／り／た」を3音に分解したうえで、「あ」の音を取り出していることがわかる。

　G樹やK斗は、同音異義語で遊んでいる。G樹はN哉の名札のひらがなの文字を見ながら、「ありた」の「あり」を身近な昆虫の「蟻」と結びつけている。K斗はG樹の名前「げんき」を「元気」に置き換えている。自分たちの名前でことば遊びをしているのである。

　このように、子どもたちにとっては、自分の名前や文字も、遊びの道具となる。また、そうした遊びのなかに、文字習得の基盤となる行動（音韻分解や抽出）が見られる。遊びのなかに、学びがある。遊びを通して学ぶ姿が、ここに見られる。

（2）喜び ── 世界を広げる文字 ──

　子どもたちにとっては、読み、書くことができる、そのこと自体が喜びである。文字らしきものが書けるようになると、右の写真のように何度も何度もただ文字を書くことを楽しむ姿がよく見られる。

　話しことばは、その場で消えてしまう。しかし、文字を書いたものは形として残る。くり返し見ることができるのである。この点も、子どもにとってはうれしいことである。§１の事例６−４で描き上げたポスターを貼ろうと保育室を飛び出していったＮ実は、３歳児クラスの出入り口の横の壁に、ポスターを貼った。そして、貼り終えたあと、しばらくの間じっと自分が貼ったポスターを見ていた。

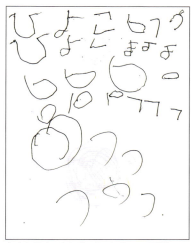

文字を書くことを楽しむ（4歳9か月児）

　また、自分が書いた文字を読んでもらうことも、うれしさの一つである。これについては、§４で詳しく見ていく。

　こうした喜びが、子どもの文字の習得を促す。「文字って、使えると、便利で、うれしい。楽しくって、世界も広がる」そうした子どもの思いが、文字を自分のものにする原動力となる。文字の読み書きは、外から強制されて達成されるものではない。子どもが文字を生きる力として自分のものにするためには、子どもの内から込み上げてくる読みたい、書きたい、といった文字に対する意欲を支え、広げるような、保育者のはたらきかけが必要なのである。

§4 文字を使う
ー文字を介した活動ー

　ここまで、子どもたちが園という環境のなかで、文字に出会い、文字を自分のものにすることについて見てきた。ここでは、この章の最後として、園のなかで、子どもが文字を使う活動を2つ取り上げ、そこで子どもたちが体験する世界を見ていくことにしよう。

1 絵本から広がる世界

　子どもたちは、保育者に絵本を読んでもらう体験を積み重ねることによって、絵本の世界を越えて、世界をどんどんと広げていくようになる。クラスの友達といっしょに体験した物語の登場人物をペープサートでつくって、友達と演じてみたり、ごっこ遊びや劇遊びに発展していくこともよくある。遊び込んで、生活発表会など、舞台の上で披露することもある。また、絵本を紙芝居につくり直したり、物語のつづきや新作の絵本をつくる姿も見られる。これらはいずれも、自分のなかに取り込んだ絵本の世界を、今度は子ども自身が外に向けて表現している活動といえる。

　しかし、子どもが絵本の世界を外に表現するためには、まず一度、子ども自身のなかに絵本の世界を取り込んでいく必要がある。主人公や登場人物に自分を重ね合わせたり、実在の友達のように主人公に思いを寄せる体験が不可欠なのである。そのように子どものからだと心を一度くぐったものが、外へ向けて表現されるのである。

　次の事例6-9は、シリーズ絵本の読み聞かせを体験するなかで、主人公を実在の友達のようにとらえている子どもたちの姿が見られる事例である。

事例 6-9 ちゅーすけも友達

● 5歳児クラス 1学期

　4歳児クラスからもち上がりの5歳児クラス。4歳児のときから『ねずみくんの絵本』（作・なかえよしを、絵・上野紀子、ポプラ社1974〜2017）のシリーズを、保育者がクラス全員に読み語っていた。そして、進級後も、このシリーズの絵本がクラスで読まれていた。

　進級に際して、1人転園した子どもがいたこともあり、保育者は、1学期初日から、白ネズミのパペットを「1人いなくなったけれども、もう1人、友達ができたから、よろしくね」と保育に導入した。パペットには、子どもたちが「ちゅーすけ」と命名する。

　その後、「ねずみくんシリーズ」の絵本をみんなで読むときは、ちゅーすけが「ぼくのお友達が出ている絵本」と紹介することになる。子どもたちは、「ねずみくん」をちゅーすけとよび、読み聞かせ中も、ちゅーすけ（ねずみくん）に向けてことばをさかんに発する姿が見られた。

　6月半ばの降園前、『ぞうさんとねずみくん』の読み聞かせのときである。以下のようなやりとりが見られた。

保育者：えっ ぼ ぼく きに のぼれないんだ。
　　　　（と、絵本の地の文を読んだあと）
　　　　　木に登れないんだって。（と、説明を加える）
子どもたち：はははは、へへへ。（笑いが広がる）
R男：え、オレ、登り棒のれる。
Y哉：ちゅーすけも練習すれば。
E香：登れるところまで……。

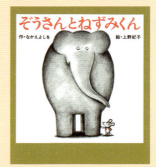

　このときの子どもたちの発話について、その日の保育終了後、保育者にたずねた。保育者は、R男の発話について、「木から登り棒（自分が今園庭でよく取り組んでいる）を連想したんでしょうね」と語った。Y哉の発話に関しては、「自由遊びで、鉄棒をやっているときにできない子がいたのだけれど、その子に対して、Y哉が"そんなこともできないの"と言うから、"Y哉くんだってね、前はできなくって、どうやったらできるようになったの。それを教えてあげればいいんじゃない"と伝えたところ、"練習すればいいんだよ。そうすれば少しうまくなるよ"と、できなかった子に教えてあげていた」と話してくれた。Y哉は、そのことばをちゅーすけにも言ったのであった。

（作：なかえよしを、絵：上野紀子
ポプラ社、1982）

（事例：筆者[7]　写真：筆者・学大小金井）

　事例のクラスでは、ちゅーすけというネズミのパペットを用いながら、「ねずみくんシリーズ」の絵本がくり返し読まれていた。子どもたちにとって、パペットとともに絵本の主人

公は、非常に身近な存在になっていたのである。こうした背景のなか、事例では、Y哉が、クラスの友達に言ったのとまったく同じことばをちゅーすけに対しても言っている。同じ『ぞうさんとねずみくん』の絵本の別の日の読み聞かせでは、「"（ぞうさんは）とおくも　よく　みえるし"、でもぼくは見えない、うらやましいなあ」といった場面で、子どもたちから「じゃあ、（ちゅーすけは）上がればいいじゃん、ぞうさんの上に」、「そうすれば、上だから見ることできる」と意見する声が次々にあがった。このように、事例のクラスでの「ねずみくんシリーズ」の読み聞かせでは、自分と対比して、感想や意見を活発に述べる子どもたちの姿が特徴的に見られた。

　虚構の世界である絵本の世界が、あたかも現実の世界であるかのように、子どもたちは発話している。事例のクラスでは、パペットが使われていたが、パペットを用いなくても、子どもたちのこのような発話は見られる。現実と虚構を行き来しつつ、その往来を楽しみながら、子どもは絵本を体験する。存分に楽しむと、外に向けて表現するようになる。事例のクラスでも、ちゅーすけを型どったペープサートで女児たちが遊ぶ姿が見られた。つくられた虚構の世界を楽しむだけではなく、自分たちで虚構世界を創造し、遊びを展開していたのである。

　子どもたちと読むすべての絵本が子どもの表現の対象となるわけではない。また、そうならなければならないわけでもない。ただ、子どもが共感し、その世界にどっぷりとつかることができない絵本では、そうした展開は見られない。このことから、クラスの子どもたちの生活の様子や興味、発達の姿を十分考慮したうえで絵本を選ぶことが、表現活動への発展をねらいとする場合にも、重要であることがわかる。

2　お手紙ごっこ

　文字習得期の子どもがよく取り組む活動の一つに手紙を書く活動がある。手紙は、思いを伝えるものである。子どもたちは、自分の思いを手紙に託して、伝えたい人に届ける。右の写真のように、手紙を直接手渡すことも多い。

　こうした子どもの姿を受けて、保育者が手紙の用紙や切手、筆記用具、文字スタンプなどを置いたテーブルを「お手紙コーナー」として保育室内に設置したり、郵便ポストを置くことで、「お手紙ごっこ」が展開していくこともよくある。

　ただし、一口に「お手紙ごっこ」といっても、その活動は、ねらいをどこに置くかによってさまざまに展開しうる。子どもが思いを伝えたいと思う人間

関係の広がりや深まりをどのようにねらいとするかによって、1クラス内での活動にも、同じ年齢のほかのクラスに広げる活動にもなる。あるいは、全園の子どもを対象に展開することも可能である。たとえば、園庭に郵便ポストを設置し、一度回収した手紙を5歳児が郵便屋さんを順番で担当し、各クラスのポストに配達するといった取り組みもできる。手紙を介して、子どもの人間関係を園全体に広げる実践も可能なのである。また、この活動によって、子どもは郵便が配達されるしくみをごっことして体験することができる。

園内のごっこ遊びとしてだけではなく、実際の手紙（はがき）を書いて、園の近くの郵便ポストに投函しに行く実践もよく行われる。たとえば、敬老の日に、おじいちゃん、おばあちゃんに、はがきを書くなど、5歳児の実践によく見られる。

絵と文字らしきものが書かれた手紙
（4歳児クラス・6月）

しかし、子どもが差し出す手紙には、文字が書かれていない、絵のみのものも多い[8]。手紙といっても、おとなが考える「文書」による伝達手段とは、子どもはとらえていないことがわかる。そうではなく、子どもにとって手紙とは、「身近な人に、自分が描いた作品をプレゼントする」といった意味合いをもつ。低年齢の場合は、とくにその傾向が強い。担任の保育者や同じクラスの仲のよい友達にあてて、自分の描いた絵を、プレゼントのように、「はい、おてがみ」と手渡すのである。

子どもが書いた手紙を見ると、文字で伝える必然性の高い場合に、文字を書いていることがわかる[9]。「いま、ここ」を越える手紙、つまり、今、園にいない人に、ここ、園で直接手渡すことのできない手紙の場合、子どもは文字で思いを表現する。会って、口頭で、自分の思いを補うことができないから、文字で伝えるのである。たとえば、先にあげた敬老の日の祖父母にあてた実際のはがきや、長期間欠席しているクラスの友達にあてた手紙、産休中の元担任の保育者にあてた手紙などがその例である。

しかし、同じクラス内の友達にあてた手紙であっても、取り組み方によっては、子どもは思いを文字で表す。次の事例6-10を見てみよう。

事例 6-10 「がっこうに いっても あそんでね」　　　5歳児クラス 3月

降園前の5歳児クラス。帰りの支度をして、子どもたちが、保育者の前に集まって座っている。

保育者：（ポストをもってきて）じゃあ、お待ちかねのお手紙です。
　　　　（ポストのなかを見て）わーすごい。今日のお手紙、たくさんあります。

　　　　　（ポストから、手紙を1通取り出す）これは、誰かな？　あ、F花ちゃんからだ。
　　　　　（手紙を読みはじめる）M ちゃんへ　がっこうにいっても　あそんでね。
　　　　　（読み終わって、M 美のほうを見る）M 美ちゃんは、みんなとはちょっと違う学校
　　　　　に行くからね。別々の小学校に行っても、幼稚園の今みたいに遊んでねって、F 花
　　　　　ちゃんからです。
　　　　　（M 美に手紙を手渡しながら言う）
M 美：（保育者から手紙を受け取り、F 花のほうを見て）
　　　　　いいよ。（にこにこしながら言う）

　　　事例園は大学の附属園である。大半の子どもが附属小学校に進学するなか、M 美は地域の小学校に進学することになっている。F 花と M 美は、この日、好きな遊びの時間に、いっしょにテーブルについて、手紙を書いていた。いろいろ会話をしながら書いていたのだが、そのとき、F 花が M 美に「M ちゃん、どこの小学校に行くの？」とたずね、M 美が「B 小学校」と答える場面が見られた。卒園を控えた3月、そうした口頭でのやりとりを受けて、F 花は先の手紙を M 美に書いたのである。

保育者：じゃあ、次は。（ポストから手紙を1通取り出す）
　　　　　誰からかな？　書いてないけれど、「Y ちゃんへ　また　あそぼうね　だいだい
　　　　　だーいすき」
　　　　　（読んで、手紙をみんなに見せる。見せたあと、Y 子へ手紙を渡す）

　　　保育者は、そのようにして、ポストの手紙を1通ずつ子どもたちに紹介し、受け取り人の子どもに手渡していく。

（事例／写真：奈教大附幼）

　事例6-10のクラスでは、3学期の始めに、保育者が子どもたちや保護者から受け取った年賀状を紹介したことがきっかけとなり、子どもたちの手紙への興味が高まった。そこで保育者は、保育室内に、筆記用具や文字スタンプ、手紙や切手の用紙を置いた「お手紙コーナー」を設置し、併せてポストも置いた。ポストに入れられた手紙は、当番の子どもが受取人の子どもに配達することもあるが、原則として、降園前に保育者が、一通ずつクラスの全員に手紙を紹介することとした。このように設定した背景には、特定の仲のよい子ども同士だけではなく、手紙の内容をクラス全員に広め、共有したい、共有した内容を次の保育につないでいきたいといった保育

者のねらいがあった。

　子どもたちからしてみると、クラスのみんなの前で自分が書いた手紙が紹介されるわけである。そうなると、絵だけでは何を伝えたいのか、思いが十分に伝わらない。もちろん、子どもたちの手紙のなかには、絵だけのものもある。先に述べたように、「自分が描いた作品のプレゼント」として手紙を書き、相手に届ける楽しさもある。しかし、「いま、遊んでいる」状態を絵で表すことはできても、「遊ぼうね」と未来に向かう約束を絵で描くことは容易ではない。未来に向かう思いを手紙で相手に伝えるためには、文字で表現することが必要となってくるのである。「卒園して違う小学校に行っても、今までどおりなかよく遊んでね」、F花がM美に伝えたい思いは、文字にしてこそ、確実にM美に届くのである。

　また、5歳児になると、手紙には文字を書くものという意識も高まってくる。さらに、何より、自分が書いた手紙（文字）を友達の前で読んでもらうことは、とてもうれしい。誇らしくもある。子どもにとっては、友達から、あるいは保育者から手紙をもらうのも、自分の手紙を読んでもらうのも、共に大きな喜びである。その証拠に、子どもたちは、毎日降園前、保育者が手紙を読んでくれるのを楽しみに待ち、その時間、ニコニコと期待と喜びに満ちた顔を輝かせているのである。

　　　　　　　　　　　　　　　　　　　子どもが文字を書く。なぜ、書くのか。伝えたいことを伝えるために書く。書くことが楽しいから書く。書いた文字を読んでもらうのがうれしいから書く。

　　　　　　　　　　　　　　　　　　　文字は思いを伝える手段である。伝えたい思いがあって、伝えたい人がいる。文字で伝えるのが一番その思いを伝えやすい。そうした状況のなかで、子どもは文字を使う。それゆえ、子どもの文字への興味・関心を育むためには、伝えたくなる体験、伝いたい人との信頼関係を基盤に、文字を使いたくなる環境を構成することが不可欠なのである。「いま、ここ」の世界を越える必要があってこそ、子どもは文字の世界に足を一歩踏み出すのである。

第6章　▶　「いま、ここ」を越えて広がる世界とことば　　163

―・―・― この章で学んだこと ―・―・―

●文字は「いま、ここ」を越えて、私たちの世界を広げる道具である。文字によって、今、目の前にある現実世界から時間や空間を越え、さらには空想世界にまで広がる世界を体験し、それを表現することが可能になる。

●文字は、子どもの生活にとって便利な道具でもある。子どもは園で、自分を表す「しるし」（名前）として文字に出会い、「もの」や「場所」を表したり、「情報」や「物語」を伝える道具としての文字の機能にも気づくようになる。

●文字の機能や便利さに気づくなかで、子どもの内から込みあがってくる「読みたい」「書きたい」という思いが文字習得の原動力となる。

●文字習得の基盤には、実際にものや事柄に出会い、触れ、嗅ぎ、感じるといった体験が不可欠である。文字が表すものをイメージできてこそ、ことばを習得したといえる。

●文字の習得を促す保育者の援助とは、子どもが文字の機能や便利さに気づき、文字が使える楽しさや喜びを味わうことを通して、子どもたちの「読んでみたい」「書いてみたい」という意欲を育てることである。

第7章

ごっこ遊びとことば

―― この章で学ぶこと ――

この章では、ごっこ遊びのなかで、子どもたちが使っているさまざまなことばに着目していく。
ごっこ遊びでは、子どもたちはお店の人やお母さん、お父さんなど、
さまざまな役になって、さまざまな状況をつくり出して遊びに取り組んでいる。
ことばは、役づくりや状況づくりに重要な役割を果たす。
また、なかまといっしょにごっこ遊びを楽しむためにも、ことばはとても大事だ。
子どもたちは、遊びのなかで、さまざまなことばを使っていくことで、
ことばのもつ力に気づいていく。ここでは、ごっこ遊びの事例を通じて、
子どもたちが遊びの楽しさに支えられながら、
ことばのもつ力を経験している様子を学んでいくことにする。

§1 イメージをふくらませる

1　ことばとイメージ

　子どもたちはごっこ遊びが大好きである。ごっこ遊びを豊かに楽しくするために、ことばはとても重要な役割を果たしている。自分がもっているイメージをことばにして発することで、イメージがより本当らしくなり、楽しくなってくる。積み木を電車に見立てて遊んでいる子どもが、「ガタンガタン、次は新宿にとまりまーす」と言うことで、その子どものまわりに車窓からの景色が流れていくような雰囲気がしてくる。その子ども自身も電車を動かしているという臨場感を得ることができる。ヒーローになって武器をもっている子どもが、「エイヤッ」と言うことで、とても強くなった気分にもなれる。ことばが、子どもたちにいろいろな役割になることを可能にし、いろいろな状況をつくり出してくれる。

　次の事例は、レストランごっこをしている子どもたちの会話である。

事例 7-1　イメージをつくることば　　　　　　　　　　　　4歳児クラス　1月

　B子、D香、E代がレストランごっこをしている。保育者にコックの帽子をつくってもらい、エプロンをつけて、毛糸でつくった麺を炒めている。
　B子「ちょっと味みてみる」と、炒めていた麺をフライパンから少し取り出し、口に入れる振りをする。
　B子「少し辛くなくっちゃ」とつぶやく。それを聞いていたD香が「お塩買ってこなくっちゃ」と、思い出したように言う。E代が「わかったわ」と言い、製作コーナーにお塩のビンをつくりに行く。B子が再び炒め出すと、D香が「やけどしますよ」と注意する。B子がお皿に盛ろうとすると、D香が「あんたはこぼすでしょう」とつぶやく。

（事例/写真：学大竹早）

　この事例のようにB子が「ちょっと味みてみる」「すこし辛くなくっちゃ」と言うことで、毛糸の麺、それを炒めるという作業が、本物らしくなってくる。そして、そのことばを受けて、D香、E代も料理をしている雰囲気を高めるような発話をしている。
　このようなごっこ遊びを豊かに楽しくしてくれることばを、子どもたちは日常の生活のなかでたくさん蓄えている。それは、家庭のなかでおとなが使うことばだったり、出かけたと

きに耳にしたことばだったり、テレビで聞いたことばだったりするかもしれない。そうして蓄えたことばは、ふだんの生活のなかで実際に使う機会を子どもたちはあまりもたない。この事例の子どもたちのように、コックさんの帽子やウェイトレスのエプロンなどで、その役割になりきることを助けられながら、子どもたちは蓄えたことばをごっこ遊びのなかで使っていく。遊びのなかで実際の場面に即して使ってみることで、そのことばのもつ力や、意味をだんだんに獲得していくことができる。ごっこ遊びは、ことばによって支えられている部分があるが、ことばを育てている側面もあるのだ。

2　なかまとイメージ

　年長になるに従い、ごっこ遊びをなかまと展開するようになる。なかまと展開するようになると、ダイナミックで大がかりなごっこ遊びとなる場合もある。なかまとのごっこ遊びでは、遊びのイメージを共有するようなことばが大事になってくる。遊びのイメージとは、役割、見立て、ストーリーなど、ごっこ遊びを支える枠組みである。遊びのイメージを口に出してことばにすることで、いつもの保育室が海になったり、病院になったり、空になったりするのをなかまで共有でき、みんなで楽しめる。もちろん、刀を着けて黒い衣装をまとっているだけで、自分の役割を明言しなくても、「忍者になってるのだな」とわかることはある。それでも何を楽しんでいるのか、積み木を何に見立てているのかをことばを使って表現することで、なかまとイメージの世界をより確かに楽しむことができる。
　次の事例では、積み木を「蒸気機関車」と命名することで、そのイメージをなかまと共有しながら遊ぶことができている。

事例 7-2　なかまと共有するイメージ　　　　　4歳児クラス　11月

　K男が積み木を並べて電車のようにしている。J也とF介をよんで後ろに座らせた。J也が「蒸気機関車」と言うと、K男は「青の山陽本線に乗ったんだ」と話す。
　J也は、「この蒸気機関車は長いなあ」と言って、本をもってきて再び乗り込む。K男が「あっ、中央線モノレールだ」と上を指さしてはしゃぐ。「ガタンゴトン」と言いながら、「あっ、宇都宮線だ、高崎線だ」と声をあげる。

（事例／写真：学大小金井）

　この事例のように並べた積み木を「蒸気機関車」と命名することで、積み木は機関車となって走り出し、一番前に乗った子どもは運転手になっていることが、ほかの子どもたちにも共有

第7章　ごっこ遊びとことば　167

される。そして、実際には目の前にない「宇都宮線」や「高崎線」も見えてくる。また、機関車の音を出したり、乗降のアナウンスをすることで、その場はとてもリアルな空間となってくる。

ことばでイメージを共有していくことのむずかしさもある。4歳児後半や5歳児になり、お互いのイメージをしっかり共有して遊びたいという思いが強くなると、ことばで表現されてもそれだけで共有できたことにはならない。たとえば、電車についてのイメージも、あまりにも詳しすぎるとほかの子どもとイメージを共有するのがむずかしくなる。詳しい子どもにとっては、「電車」にもいろいろあり、そのこだわりを伝えようとするのだが、それほど詳しくない子どもにとっては、「電車」は線路の上を動くものという認識でしかない。その子どものもっているイメージが言語化されていても、ほかの子どもにはイメージとして浮かんでこなかったり、まったく別のことをイメージしたりしてしまうこともあるだろう。

次の事例7-3は、「立派なお家」というイメージがほかの子どもたちになかなか共有されなかった場面である。

事例 7-3 立派なお家

5歳児クラス 5月

外で、ヒーローごっこをしているA太たちは、大きなブロックで家をつくっている。背の高さまでなら積み上げてもよいことになっているらしい。A太は、「立派なお家をつくろう」とみんなに提案して、「いいね」と受け入れられる。A太の「立派なお家」は、屋根が三角になっているらしく、大型ブロックでそれをつくろうと悪戦苦闘する。

ほかの子どもたちに、「そこもってよ」「もち上げて」と声をかけるが、思うようにならなくてだんだんイライラして「違うよ、それじゃ立派なお家にならないよ」と声を荒げる。そこへ保育者が来て、「立派なおうちにするには、横に広げたり、材料を変えたりする方法があるよ、よく相談して」と声をかける。子どもたちが相談を始める。

（事例／写真：学大小金井）

この事例では、男の子の「立派なお家にしよう」というよびかけに、ほかの子どもが応えてブロックを動かそうとするのだが、「立派なお家とはどういうものなのか」が共有されていないので、子どもたちの動きがバラバラになってしまっていた。そこに保育者が介入して「横に広げたり、材料を変えたり」と「立派」ということばに具体的なイメージを与えるような声かけをすると、子どもたちはどうすればよいかが見えてきて、動けるようになっていった。

子どもたちは、自分たちの経験から、ことばとイメージを結びつけていく。経験があまり

にバラバラだと、同じことばでもまったく違うイメージをもってしまうことがある。それぞれがイメージを出し合い、それが、それぞれのもっていることばのイメージをさらに豊かにしていくということもあるが、イメージがかみ合わないことで遊びがスムーズに展開しないで分断してしまうこともある。

　クラス全体で一つのテーマを決めて遊びを展開していこうと保育者が考えるとき、子どもたちみんなに同じ絵本や本を読み聞かせたりすることがある。たとえば、冒険をテーマに遊びを展開したいとき、『エルマーとりゅう』（作／絵：ルース・スタイルス・ガネット　訳：渡辺茂男　福音館書店、1964）を読み聞かせると、「冒険」ということばから引き出されるイメージが子どもたちの間で共有されやすくなる。遊びのなかで基本となるイメージが共有されていると、そこから新たな、さまざまなイメージをつくり出して子どもたちの間で共有していくゆとりが生まれてくる。

3　環境とイメージ

　保育室に座って耳を澄ませてみると、実にいろいろな音が聞こえてくる。ままごとをしている子どもたちの鍋を動かす音、お母さん役の子どもの仕切る声、猫になっている子どもたちの泣き声、電車になっている子どもたちの電車を発車させる音、製作をしている子どもたちのセロハンテープを切る音、そして保育者の話し声。保育室の環境は、そうしたさまざまな声や音に囲まれた環境であることに注意してほしい。子どもたちが、遊びのきっかけをつかんだり、イメージをふくらませたり、あるいは今遊んでいる遊びをやめてほかの遊びに移るきっかけなどが、子どもたちを取り囲んでいるさまざまな音や声の場合がある。次の事例は、そのような子どもたちの様子が見てとれる。

事例 7-4　いろいろな声や音が聞こえる　　3歳児クラス　6月

今日は少し遅めに登園したU美が、ロッカーにカバンを置いている。保育室では、病院ごっこが盛り上がっていて、「病人が出ました、病院へ行きましょう」、「赤ちゃんを寝かせてください」と言う声が飛び交っている。救急車になって、サイレンの音を鳴らしている子どももいる。保育者もそのなかに入り、「救急車がもうすぐ来るわよ」などと、子どもたちに応じている。U美はその様子を見たり聞いたりしながら身支度を終え、ままごとに使うバックをもって、赤ちゃんを寝かせている子どものそばに行き、「ここ病院のところなの？」と聞き、その子どもたちと赤ちゃんの世話をしはじめた。

（事例／写真：学大小金井）

保育者もときには保育室で耳を澄まし、子どもたちがどのような音を聞いて生活しているのか確かめてほしい。子どもたちの遊びのきっかけがそこにあったり、あるいは遊びをやめる原因もそこにあったりするかもしれない。

　また、子どもたちは、とくに保育者の声に敏感である。保育者は、自分が子どもたちに何をしたいのかによって、出す声の大きさやトーンを変える必要がある。子どもたち全体に遊びのきっかけをつくりたいのか、小さいグループの子どもたちの遊びに関わっていきたいのか、あるいは一人に対して話しかけているがたくさんの子どもにも聞いてほしいと思っているのかなど、いろいろな状況が考えられる。なるべくたくさんの子どもの注意を引きたいと考えるときは、一人に対して話しかけているときでもまわりにも聞こえるような声を出すことになるだろう。

　子どもたちには、いろいろな音や声に耳を傾ける機会をつくり、それが遊びを広げたり楽しくなったりするきっかけになる経験を積み重ねてあげたい。そうした経験が、周囲に関心をもち、人の話を聞こうとする態度につながっていくだろう。

いろいろな声を聞く

　核家族化が進んでいる今日、ふだんの生活のなかで子どもたちが耳にする声の種類は少なくなってきているのかもしれない。テレビやゲームからは、調子のよい声が流れてくる。しかし、しっとりと落ち着いた声、やさしい声、やわらかい声、ゆっくりした声を耳にする機会は少なくなったのではないだろうか。ごっこ遊びのなかで、ときに厳しい声のやりとりが響いたりする。ほかの子どもに注意したり、自分の主張をするときに、同じ内容を言うのでも別の言い方のほうがよいと思うときがある。子どもたちには、いろいろな声を聞かせて、その声を通してどのような気持ちが伝わっていくのかを経験する機会が、もっとあったほうがよいのだろう。相手の表情を見て、相手の声を聞いて、相手がどのような気持ちでいるのかを察することができるようになると、人との関わりをスムーズに展開できるようになる。

§2 ことばを使って考える

1 保育者の力を借りて考える

　ことばのはたらきでとても重要な側面は、自分自身が考えるためにことばを使うことである。ことばを使って考えられるようになることで、さまざまな情報を整理できたり、記憶力も伸びてくる。年少の子どもの場合、考えるために頭のなかだけでことばを使うことはむずかしい。自分の考えていることを、ことばにして外に出していく。

　次の事例では、自分の考えていることを、ことばにして保育者に伝えている場面である。

事例 7-5　「お家つくりたい」　　3歳児クラス　11月

　C夫が、積み木を並べている。「ここはクツを置く場所」とつぶやきながら、積み木を平たく積んで、上をとんとん歩いている。すぐ横では、積み木を並べて病院をつくっている子どもがいる。ままごとコーナーで遊んでいる子どももいる。

　積み木の上からジャンプして「これはこうやってジャンプするの」と、保育者に説明する。保育者は「C夫くんが、ねんねするところはどこなの」とたずねる。少し考えてから、「ここ」と言う。「すべり台なの」と保育者がたずねると、「違う」と言う。その後、自分ですべってみて、「すべり台のお家」とつぶやく。自分で、板を傾けてみる。保育者に「見て」と言うが、保育者は気がつかない。板を立てて、うれしそうにしている。形になっていくのがうれしいのか、鼻歌をうたいながらつくっている。「まだ夜になっていないから、あいてない」とつぶやく。

　平らなところを見つけて、足を伸ばしたりして体操をする。保育者のところに行って、「お家つくりたい」と言う。「ここ運動するお家」と保育者に告げ、三角の積み木をもってくる。その上に乗ると、バ

第7章 ▶ ごっこ遊びとことば　　171

ランスをくずし「お！」と言う。「ここ見て、船」「ここ船があるよ、海」「先生、船にね、寝る部屋があるんだよ」と、保育者に話しかけに行く。

　板が立つと帆に見えたのか、積み木の家を船に見立て出した。保育者に、「あのね、寝るところがないと、眠たくなっちゃうの」とか「寝るところが２つある。ここは、ワンワンが寝るところ」と言う。保育者に布団をもらって、「ここ、ワンワン寝るところ」と言うと、保育者が「ワンワン連れて行くの、どこに行くの？」とたずねる。Ｃ夫は、「ふじさん」と答え、保育者から「遠いところだね」と言われる。

　保育者にワンワンをもらい、お布団を敷こうとする。「今、ワンワン寝ているところ」とつぶやく。布団が床の上に落ちると、「ねーねー、これ海に落ちちゃうよ、まだ、ぬれていない」と、積み木以外は海にしている。ワンワンに薄い毛布をかける。違う布をもってくる。長い積み木をもってきて、板ももってくる。その上で寝る。起きて布団をしまう。「うーん」と言いながら、運動している口まね。「着いた、もう着いたよ」とワンワンをもって、保育者のところに行く。保育者に、「水族館に行くんだぁ」と言う。保育者が「これ、何に見えるの？」「鯨とか、イルカとか？」「この前のお魚があるよ、もってこようか」と、話しかけられ、保育者からもらった魚をＣ夫は床の上に置く。

（事例／写真：学大小金井）

　「今、ここ」を越えた想像の世界に羽ばたきはじめた子どもたちは、周囲のおとなに支えられて、創造力を展開していく。この事例のＣ夫は、「ここ運動するお家なの」とか、「ここ見て、船」「ここ船があるよ、海」「先生、船にね、寝る部屋があるんだよ」と、自分の見立てやイメージを、となりのお医者さんごっこのお家にいる保育者に告げに行っている。そして保育者からうなずいてもらい、認めてもらってから自分のお家に戻り、作業をつづけている。また、自分の告げたイメージに合う布団などの道具を保育者から出してもらったり、「どこに行くの？」等とイメージを広げたりするような声かけをしてもらうことで、Ｃ夫はさらに遊びを発展させ、継続して遊びを展開することができている。

　Ｃ夫のように、一人で現実の世界からごっこの世界へと向かうことは、子どもにとってかなり不安なことでもあるはずだ。Ｃ夫は、広い海にお供の犬を連れてくり出し、一人で寝るというごっこ遊びを展開していたが、それは現実の世界では絶対にありえない状況である。Ｃ夫はそうした世界をことばと積み木でつくり上げた。一人でつくり上げたイメージをことばにして保育者に伝え、うなずき認められることで、保育者も自分と同じイメージを共有していて、自分とともにいることを感じ、Ｃ夫は安心感を得ているのかもしれない。

　現実の世界からごっこの世界へ旅立つとき、保育者の存在は子どもたちの考えを整理したり方向づけたりするうえで、とても大切な役割を果たしている。また、子どもがごっこの世界でつくり上げているイメージを保育者も共有することで、子どもはごっこの世界のなかで、安心して遊びをくり広げることができるのだ。

2 なかまの力を借りて考える

なかまといっしょに遊んでいるなかで生じるいざこざは、つねにその遊びを終わりにしてしまう危険性をはらんでいる。子どもたちは、なかまといっしょに遊びつづけたいと思うとき、次の事例のように、うまくいざこざを解決することができる。

事例 7-6　いざこざを通して考える　　5歳児クラス　6月

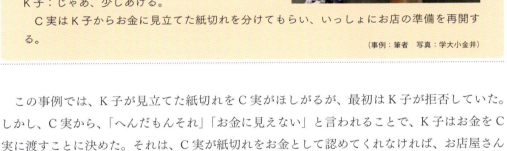

　K子とC実は、いっしょにままごとコーナーでお店屋さんの準備をしている。K子がお札のような形をした紙を見つける。
K子：あっ、いいもの見つけた、これお金にしようっと。
C実：え、いいなあ、私にもちょうだい。
K子：やだ！
C実：ずるいよ、少しちょうだい。
K子：だめ、だって私が最初に見つけたんだよ。
C実：えー、いいよ、へんだもんそれ。
K子：でも、お金なんだもん。
C実：お金になんか見えない。
K子：じゃあ、少しあげる。
　C実はK子からお金に見立てた紙切れを分けてもらい、いっしょにお店の準備を再開する。

（事例：筆者　写真：学大小金井）

　この事例では、K子が見立てた紙切れをC実がほしがるが、最初はK子が拒否していた。しかし、C実から、「へんだもんそれ」「お金に見えない」と言われることで、K子はお金をC実に渡すことに決めた。それは、C実が紙切れをお金として認めてくれなければ、お店屋さんごっこのなかで、お金として使えなくなってしまうからだ。C実のことばは、C実といっしょにお店屋さんごっこをしたいと思っているK子にはとても効果的だった。K子はC実にお金をあげることで、紙切れをお金とするイメージを共有でき、いっしょに遊びつづけることができた。
　ごっこ遊びのなかでなかまと遊びを展開するためには、年長になるに従い、役割や見立て、ストーリーなどの遊びのイメージに関わる部分の共有が大切になってくる。共有ができなくなると、遊びは終結してしまう。子どもたちは、ごっこ遊びをくり返すなかで、そのことを経験していく。そうして、この事例のように、いざこざのなかで子どもたちはなかまとの関係を調整することばを考えて使えるようになってくる。自分の立場に応じて相手を納得させつつ、自分の思いも実現できるような方法を考えるようになる。次の事例のようなやりとりもその一つである。

> **事例 7-7** 「これクッキーなのね」　　　　　　　　　　　5歳児クラス 10月
>
> 　N香とM代がいっしょにお母さんごっこをしている。ままごとコーナーにある積み木を見つけたN香はそれをクッキーにしようと思い立つ。
> N香：これクッキーなのね。
> M代：それ、私がもってきたんだよ。
> N香：クッキーにしていい？
> M代：いいよ。
> (事例：筆者)

　この事例では、N香がクッキーに見立てることを宣言した積み木を、M代が先にもってきたのだと主張する。集団生活の場では、共有されているものに対する優先権を主張する際に、しばしば先に使っていたとか先にもってきた等の理由づけが効果的である。M代も「私がもってきた」と、先にもってきたことを主張するので、N香はその主張を尊重して「クッキーにしていい？」とM代に許可を求める言い方に変えている。M代はそれを受けて「いいよ」と認めることができた。N香は友達とのやりとりのなかで柔軟に言い方を変えつつ、積み木をクッキーにするという自分の思いを実現している。そして、M代とも遊びつづけることができた。

　幼児教育のねらいの一つは、子どもたちを自己発揮から自己抑制・自律へと導くことである。つまり、自分の考えていることや思っていることを、ことばで表現して他者に伝えられるようにするとともに、ことばを使って自分の行動をコントロールできるようにしていくことが目標となる。先に見た事例のように、子どもたちはなかまといっしょに遊ぶ楽しさを経験すると、たとえなかまと対立するような場面であっても、なかまといっしょに遊びつづけられるように、ことばを使った表現の方法を工夫して対立を回避しようとするようになる。なかまといっしょにいる楽しさに支えられて、子どもたちは自己抑制・自律の必要性に気づき、そうした行動をとれるようになっていくのだ。

3　ごっこの力を借りて考える

　ごっこの世界では、「もし○○だったら」という文脈で遊んでいる。それは、現実の世界とまったくかけ離れているかというとそうではなく、現実の世界で子どもたちが抱えている不安や喜びをごっこの世界にもち込んでいる場合もある。「もし悪者が来たら、忍者になってやっつける」「もし大嵐がきたら、立派なお家をつくって逃げる」といった、不安な状況から脱することをテーマにした遊びは、どこでもよく見られるようだ。現実には難しいからこそ、ごっこ遊びのなかで解決できて安心しているのではないかという解釈もある（Corsaro, W.A., 1985）[1]。

　次の事例からも子どもたちの現実の世界とごっこの世界がつながっている様子がわかる。
　事例 7-8 では、「怪獣」がクラスで口やかましい子どもと重なっていた。A花は、その子

> 事例
> **7-8**　「怪獣が出たぞ」
>
> ● 4歳児クラス　12月
>
> 　A花、B哉、G夫が「怪獣が出たぞ、やっつけよう」と園庭を走りまわっている。B哉とG夫は園庭の花壇でダンゴムシを見つけ、そちらのほうに気をとられて穴を掘り出す。A花が走りまわったあと、2人のところに戻ってきて、「怪獣いました、やっつけてきたよ、とってもこわい怪獣」と2人に報告する。B哉が「だれ？　Hちゃん？」とたずねると、A花が「そう」と答える。B哉が心配そうに「先生に怒られなかった？」と言うと、A花は「怒られなかったよ」と答える。
>
> （事例：筆者）

> 事例
> **7-9**　素敵なお家をつくろう
>
> ● 5歳児クラス　10月
>
> 　○○レンジャーになっていたS也、T男、U介、Y太が、大きなブロックで遊んでいるうちに、素敵なお家をつくろうという話にまとまる。しかし、ブロックを組み立てるときに使うハンマーで、ときどき叩き合ったりする。S也が突然、「お母さんの命と自分の命どっちが大切？　Sくんは、ママ」と言う。
>
> （事例：筆者　写真：お茶大）

どもを実際にやっつけたわけではないが、それを聞いたB哉は現実にやっつけたと思って、保育者に怒られなかったか心配している。いっしょに遊んでいるなかまでも、A花はごっこの世界にいて、B哉は現実の世界にいる。このあと、A花は何度もB哉たちに怪獣の話をもちかけ、「すぐそこまで来てるから戦おう」と誘っていた。

　事例7-9では、○○レンジャーになり、見えない悪者と戦い、家をつくることとなったS也には、大切なお母さんのことが思い出されたのかもしれない。もし、悪者が来たら、お母さんの命と自分の命のどちらを守ればよいのかという大きな問いが頭に浮かび、自分はママを守るという結論を友達に伝えている。急にこんな話が出て、まわりの子どもたちは不思議な様子で、それぞれの作業を進めていた。S也は、「もし○○だったら○○するよ」と、いっしょに遊ぶなかまに打ち明けることで安心していたのかもしれない。

　ごっこ遊びは、いろいろな「もし○○だったら」という場面を提供してくれる。子どもたちは、現実にはどのように対処したらよいかを考え、それをことばに出してまわりに伝えたり、動いたりしてみる。そのくり返しのなかで、「もし○○だったら○○すればよい」ということが子どもたちにわかってくる。そうなると安心感も得られるだろうし、自分に対する自信にもつながっていくだろう。

§3 役割とことば

1 なりきった表現

　ふだんの生活のなかでは、その地方の方言を使って話すことが多い子どもたちが、ごっこ遊びのなかでは標準語で話している場面をよく見かける。お母さん役やお店屋さんの役になっている子どもは、「そうなんですか」「ありがとうございます」などと、ていねいな表現をしたりする。おとなの会話を実によく聞いていて、母親や保育者の口調そのものだったり、ファーストフードの店員が使うイントネーションにそっくりだったりする。そうしたことばづかいは、子どもたちを本物になりきっているような気にさせ、遊びの楽しさをつくっているのだろう。

　また、テレビのキャラクターや、猫などの動物、赤ちゃんを演じることも、子どもたちは大好きだ。実際の猫や赤ちゃんはしゃべらないが、ごっこのなかでは語尾に「にゃー」や「バブ」をつけることで、しゃべることが認められているようだ。次の事例では、猫、赤ちゃん役、テレビのキャラクターになっている子どもの様子を紹介する。

事例 7-10　「いじめるにゃー」　　　　●5歳児クラス　7月

　コーナーでC子たちがままごとをしている。C子とB美は猫役で、四つんばいではい回っている。M男とN太がやってきて、B美の猫をつつこうとする。C子が「いじめるにゃー」と反撃し、B美は「にゃんにゃん」と攻撃（いかく）的に鳴く。C子も威嚇するように「にゃんにゃん」と鳴く。

（事例：筆者）

事例 7-11　「ミルクバブ、バブ」　　　　●5歳児クラス　11月

　J実とF香とG代が、ままごとコーナーで食事をつくったりしている。J実がお母さん役でF香は赤ちゃん役、G代がお姉さん役。J実が布団を出そうとすると、F香が「ミルクバブ、バブ」と騒ぐので、J実は布団を出すのをやめてコップで飲ませる振りをする。

（事例：筆者　写真：学大小金井）

> **事例 7-12 「おらがやるぜ」** ● 5歳児クラス 12月
>
> 　T美はU花たちと郵便屋さんごっこをしていたが、途中で輪投げをして遊んでいる子どもたちのところに行く。T美はほかの子どもが輪を投げている様子を見て、ふざけた格好をする。T美が「行くぜ、オーオー」「おらがやるぜ」と、クレヨンしんちゃんのしゃべり方のまねをして輪を投げる。郵便屋さんごっこをしている子どもたちも、楽しそうに見ている。　　　　　　（事例：筆者）

　子どもたちにとっては、猫や赤ちゃん役は人気があり、ままごとではよく出てくる役だ。事例7-10のように、猫の鳴き声で相手を威嚇したり、事例7-11のように赤ちゃんのキーキー声を出すことで母親役の子どもを振りまわしたりできる。また、テレビのキャラクターのことばづかいをまねることで、そのキャラクターのもつ性格と似たイメージをまわりに与えることができる。事例7-12では、T美はそれまで展開していた郵便屋さんごっこを抜け出してほかの遊びを始めてしまったのに、クレヨンしんちゃんのことばづかいをまねることで、まわりの子どもからとがめられずに、むしろいっしょに楽しんでいる。

　「猫」や「赤ちゃん」「テレビのキャラクター」の役は、子どもたちの間で共有されたイメージがあるのだろう。だからこそ、「にゃーにゃー」とか「バブバブ」とか言いながら、勝手に見える行動をとっても、子どもたちの間では理解され、認められてしまうようだ。

　しかし、いつも子どもたちの間で理解されるわけではない。次の事例では、役割になりき

> **事例 7-13 「本当は、うそっこで痛いの」** ● 3歳児クラス 5月
>
> 　赤ちゃんになっているA実とG哉がさかんに「お腹が痛いバブ」と言っている。保育者がC代に声をかけて、「病人がいますから来てください」と言う。C代は、それまで自分で組み立てた積み木の車に乗っていた。保育者に言われてその車から降りて、赤ちゃんになっているA実の前に立つ。しかし、何をしたらよいのかわからないらしく、しばらく立ち尽くす。そして、「どこが痛いの？」と真面目な声で聞く。赤ちゃんになっているA実は、どう答えてよいのかわからない様子で、しばらく何も言わない。そのうち、小さい声で、「本当は、うそっこで痛いの」とささやく。ほかの子どもたちが、赤ちゃんのA実とG哉に、ご飯をつくってもってきてくれる。A実とG哉はそれを食べる振りをする。その様子をC代はじっと見ていて、自分のつくった車に戻り、しばらくして「誰か、お腹の痛い人、いない？」とつぶやく。
>
>
> 　　　　　　　　　　　　　　　　　（事例／写真：学大小金井）

った表現がほかの子どもにうまく通じなかった場面である。

　この事例では、赤ちゃんになっているA実が「お腹が痛い」と言ったあとに「バブ」とつけて、まわりの子どもに赤ちゃんになっていることを伝えようとしている。しかし、C代にはお腹が痛そうに寝ているA実とG哉の姿の印象のほうが強いのか、痛いふりをしているということがわからなかったらしい。真面目な声で「どこが痛いの」とたずねられて、A実たちは戸惑ってしまっていた。「どこが痛いですか」と、いつもと違うていねいな表現でたずねられたなら、同じごっこの世界にいることがお互いに理解できて、その後もごっこの世界で遊びを展開することができただろう。戸惑ったA実はそのあとしばらくして、「本当は、うそっこで痛いの」と、自分たちはごっこの世界にいることをC代に伝えていた。3歳児クラスに入園したばかりの5月では、集団でごっこ遊びの経験が少ない子どもがいる。そういう子どもにとっては、ことばづかいだけで瞬時にごっこ遊びと理解し、応じていくことはむずかしいことなのかもしれない。

2　役の外からの表現

　ごっこ遊びのなかでは、それまで母親役やお姉さん役になっていた子どもが、「そんなことをお母さんは言わないよ」と役から抜け出て、遊びを調整する発話をすることがある。明らかにごっこ遊びのなかでのやりとりとは異なる口調だったり、声の大きさだったりするので、まわりからも役から抜け出て話していることが理解できる。

　次の事例は、ポケモンごっこをしていた子どもたちの会話である。

　ヒーローごっこをしている子どもたちの間では、戦いが盛り上がりエスカレートしてしまうと、ごっこの世界から抜け出して、現実の世界でのルールに言及したり、現実の世界での相手について話したりする様子が見られる。B也も、ポケモンになっているC介にではなく、現実の世界では5歳児クラスであるC介に話しかけている。そうすることで、5歳児クラスのC介に、4歳児クラスの自分にはパンチをしてはいけないということを思い出させようとしていた。

　子どもたちはいろいろな役になっていても、何かあるとその役から抜け出し、ごっこの外から遊びをうまく調整している。

事例 7-14　ポケモンごっこ　　　4・5歳児クラス　6月

　ポケモンごっこをしている5歳児のところに、4歳児のB也がやってくる。ポケモン同士の戦いの場面らしい。B也が5歳児のC介にパンチのふりをする。それを受けて、B也にC介がパンチのふりをすると、B也は「ほしぐみさん（5歳児のクラス）は、パンチしないよ」と言う。「自分だってしたくせに」と言われてしまう。

（事例：筆者　写真：学大小金井）

§4 ことばによる状況設定とその共有

1 状況をつくり出すことば

　ごっこ遊びは、現実モードから振りモードへ移行する遊びともいうことができる。加用は、ごっこ遊びで使用されていることばを次のように分類している[2]。

　　セリフ：遊びのなかの役になって語ることば
　　枠発話：遊びの役割の分配や、場面設定、行動のプランなど、ごっこ遊びをしていくうえで必要になることば
　　外発話：ごっこ遊びとはまったく無関係なことば
　　混合発話：上記の種類のセリフと発話が混ざっていることば

　集団でごっこ遊びを展開する場合は、なかまと遊びのイメージを共有するために、枠発話をやりとりすることが重要になってくる。そのためには、自分の振りを他者が共有してくれていないと考えられることが前提になる。ところが、3歳児では、多くの子どもが自分の振りを共有してくれていると思っているようだ。4、5歳児になると、ほとんどの子どもが共有していないと思うようになる。次の事例で、その様子がよくわかる。

事例 7-15　お医者さんごっこ ①　　●3歳児クラス　11月

　　N子とK花がままごとコーナーでお医者さんごっこを始める。
　N子：いけない、私、お医者さん行かなくちゃいけないんだわ。
　K花：あ、赤ちゃんが風邪ひくから、お医者さん行かないといけないのね。
　N子：私が、赤ちゃん、風邪ひいてないから、大丈夫だわ。
　K花：わかった、それで寝てるのね、赤ちゃんがね。
　N子：今日、ここに寝てください。あたし、看護婦さんね、ここに寝てください。
　K花：はい、あたしが、看病するからね。
　N子：はい。
　K花：病院にいるの。
　N子：赤ちゃんね、連れてきて。
　K花：赤ちゃんがね、風邪ひいちゃったのよ、だからかわいそうだと思って、病院につれてきて。
　N子：はやく、お母さん、きて。何よ、お母さんきてきてきて。

第7章 ▶ ごっこ遊びとことば　179

K花：こんなことになったから、お母さんがいないと。え、お母さん？　あなた、お父さんだって。
　（このあと、動物園に行くという話に変わってしまう）
（事例：筆者　写真：学大小金井）

　この事例の会話を追っていっても、頭が混乱してくる。それは、役割がお互いに確認されているように見えても、それがコロコロと変わり、調整されないままに話が進んでいるからだろう。次の事例は、4歳児のお医者さんごっこである。

事例 7-16　お医者さんごっこ ②

4歳児クラス　6月

　T子、S実、U香、Y代がままごとコーナーでお医者さんごっこを始めようとしている。この前には、ままごとをしていたので、お母さん役をしていた子どもたちも含まれている。
T子：ねぇ、お医者さんごっこしない？
U香：ねぇ、S実ちゃんやろう。
S実：最初、T子ちゃん、お医者さんごっこよ。
T子：あたし、じゃあ、看護婦さんになる。
S実：お母さんたちが、看護婦さんになるのね。
U香：いいよ。
S実：U香ちゃん、看護婦さんよ。
U香：看護婦さんでいいんだよね。
S実：あの人さ、Y代ちゃんがさ、病人でさ。
Y代：ちがう。
S実：お医者さん。
Y代：お客さん。
U香：Y代ちゃん、お客さんになって。
S実：いい。
Y代：（うなずく）

（事例：筆者　写真：学大小金井）

　3歳児クラスでは枠発話もなく、いきなりセリフから遊びが始まっていたが、この事例のように4歳児クラスになると、枠発話で遊びの状況設定を十分に共有してから遊びが開始されている。お互いに自分がとる役や相手がとる役を確認し、調整する会話が展開している。

　3歳児クラスの子どもたちは、先述したように、自

分のふりを相手に共有してもらっていると思っているからこそ、それについていろいろと言及したりせず、遊びを展開しているのかもしれない。また、ごっこの世界と現実の世界が混沌としているため、それを明確に分ける枠発話は、それほど重要ではなく、なかまと場を共有しているだけで楽しい気分に浸れるのかもしれない。ところが4歳児クラスになると、ごっこの世界と現実の世界が分離してくるので、世界を明確に分けるための状況設定をなかまと共有することが重要になってくるのだろう。

2 状況設定の共有

（1）なかまに入るとき

　なかまに入るとき、子どもたちは、「なかまに入れて」「入れて」などの表現を使うことが多い。地方によっては、「よせて」「かくして」などの異なる言い方をするが、あとからなかまに入ることを示す表現をもっている。黙ってなかまに入ったとしたら、子どもたちの間で「入れてって言った？」と確認されることが多い。「入れて」と言ったら、かならずなかまに入れるわけではないが、子どもたちの間では、ほとんどルールのようになっているようだ。

　ごっこ遊びでは、「入れて」「いいよ」というやりとりのあとに、なかまに入った子どもが「何やってるの？」と最初から遊んでいる子どもたちの役をたずねたり、次の事例のように「○○やって」と役を振られたりする。そして遊んでいる子どもたちは、自分たちが何の役をやっているのか、何番目の子どもなのかを紹介する。

事例 7-17　なかま入り　　　　　　　　　　　　　　　　●4歳児クラス　3月

　Ｃ美やＤ花など、4人くらいの女の子が、ままごとコーナーにいて、料理をつくったりしている。そこへ、Ｆ子が「入れて」とやってくる。Ｃ美が「いいよ」と言い、「バブちゃんになってるから」と自分の役を説明する。Ｄ花がＦ子に「お姉さんになって」と言うと、Ｆ子が「いいよ」と言う。ほかの子どもたちも集まって、「私が18歳で、1番上のお姉さん」「私は3番」「Ｆ子ちゃんは4番目ね」と、誰が何番目のお姉さんなのかを決め出す。そこへ、男の子のＵ夫が「入れて」とやってくる。Ｃ美は「いいよ、お父さんやって」と役を振る。すぐに、もう一人の男の子のＴ也が「入れて」とやってくる。Ｄ花が「いいよ、猫になって」と言う。今度は、誰が赤ちゃんのオムツを替えるか、という話になる。

（事例：筆者　写真：お茶大）

　この事例のように、新しくなかまに入った子どもがいたときに、それまで遊んでいた子ど

もが役割や見立て、遊びのストーリーなど、遊びについての情報を与えることで、なかま入りした子どもはスムーズに遊びに入っていくことができる。また、なかま入り後の子どもたちのやりとりを分析した研究（倉持、1995）[3]では、なかま入りしたあと5分間は、なかま入り側の子どもが質問したり、許可を求める発言が多いことが示唆されている。なかま入り側もすでに始まっている遊びの情報を収集しようとしているし、その遊びを尊重しようとしている様子がわかる。そういう行動をとらない場合、たとえばなかまに入ったあとにいきなり「私お母さんやるから」「それじゃ、お誕生会するから」などと、自分の主張をしてしまう子どもは、ほかの子どもから「いつも勝手ばかりする」と言われ、次回からのなかま入りがなかなかむずかしくなるようだ。

　なかま入りとは、すでに展開している遊びにあとから入るということだ。とくにごっこ遊びの場合、役割や見立てやストーリーが共有されて遊んでいる。あとから入ってきたという自分の立場を気にしつつ、すでに展開している遊びの情報が収集できるようなことばの使い方が求められるような場面である。

（2）状況をつくり出すとき

　ごっこ遊びの状況は、ことばによってつくられる部分が非常に大きい。ただの積み木が、ことばによって、ケーキになったり入れ物になったりお金になったりする。同じものや場所でも、ことばによって豊かにイメージされて遊びが展開されていく可能性がある。一方、状況がことばによってのみつくられていると、非常にあいまいになる可能性も含んでいる。そのときどきの気分や雰囲気で状況がつくられると、いっしょに遊んでいるほかのなかまとそれを共有して遊びを展開することがむずかしくなってくる。次の事例は、そのような状況である。

事例 7-18　状況をつくり出すことば ①　　4歳児クラス　3月

　D男は、おままごとでお父さん役をしていた。ところが、ほかの子どもたちが騒いでいると、突然「先生の話を聞きなさい」と怒った声を出す。いっしょに遊んでいたC也が混乱したように「えっ、ここ幼稚園なの？」と聞き返す。D男が平然と「幼稚園ごっこしているの」と答える。C也は、ますますビックリしたように、「えっ、お家で幼稚園ごっこしているのか」とつぶやく。これで納得したのか、それ以上、質問はしない。

（事例：筆者　写真：学大小金井）

この事例では、D男とC也たちは、ままごとコーナーを家にして遊んでいた。ところが、まわりが騒がしくなったからか、突然D男が保育者の口調で話しはじめた。C也は突然のD男の発言にビックリして、状況を確認している。D男が平然とそれまでの遊びと違う「幼稚園ごっこ」をしているのだというので、ますますビックリする。しかし、それまでのお家ごっこのなかで「幼稚園ごっこ」をD男がしている（つまり劇中劇のような状況なのだろう）ということをC也は理解して、納得することができた。

　次の事例でも、ことばによる状況づくりのむずかしさを示している。

事例 7-19　状況をつくり出すことば ②

●4歳児クラス　3月

　M太とK哉が、「世界一美味しいチャーハン屋さん」をつくっている。テーブルにクロスを敷いて、花も飾っている。お客には、3人の女の子が来ていた。突然M太が、「ピンポンパン、地震です」と言う。K哉は「いいよ、そんなの」と言うが、お客で来ていた女の子たちが、「机の下に隠れなくちゃ」と大騒ぎになる。K哉は急いで「ピンポンパン、もう止まりました」と言う。M太も、「止まりました」と言う。しかし、違う遊びをしていたJ男がやってきて、「止まってないの」と言う。M太は「止まりました」と言い張り、M太とJ男が口論になる。そのやりとりを聞いていたK哉が「M太ちゃんのほうが止まったんだよ、J男ちゃんのほうはまだなんだよ。チャーハン屋のほうだけ大丈夫です」と仲裁に入る。

（事例：筆者　写真：学大小金井）

　この事例では、地震が止まっている状況なのか、止まっていない状況なのかをめぐって、M太とJ男が口論している。実際は地震などは起こっておらず、その状況は2人のことばによってつくられているに過ぎない。したがって、2人の口論は、どちらが正しいというものではない。ごっこのイメージをめぐるいざこざは、正否がはっきりしない点に特徴がある。そのため、うまい妥協点を見つけなければ、イメージは共有することができずに遊びをつづけることはむずかしくなってしまう。ごっこ遊びを楽しんでいたK哉が妥協点となるような新しい状況をことばでつくり出すことで、また遊びをつづけることができた。

（3）遊びを維持するとき

　集団でごっこ遊びを展開していても、途中でやめる子どもがいると、遊びを継続していくことがむずかしくなる場合がある。次の事例は、そのような場面である。

　どの子どもも語尾に「です」「ます」をつけて、ふだんの生活よりていねいなことばづかいをしていて、運転手・乗客になっていることがわかる。T介は、とくにこの遊びに執着しているようで、ほかの子どもが違う遊びに気をとられたり、電車に乗ることをやめようとす

第7章　ごっこ遊びとことば

事例 7-20 遊びを維持することば

● 4歳児クラス 6月

　T介とE也とF太が、保育室で積み木を電車に見立てていた。T介とE也が、いっしょに電車に乗っている。E也が外の様子に気をとられて「ちょっとあそこに行ってきます」と言うと、T介が「だめです、お部屋のなかです」と、ほかの場所に行くことをいやがる。ほかの場所に行っていたF太が戻ってくる。T介が「F太くん、早く乗りましょう」とせかす。「もう動いたから乗れないよ」と脅かしたりする。F太は急いで乗り込む。T介とE也が水を飲みに行き、その帰りに、E也が「高崎まで歩いて行きます」と言うと、T介が「だめ、電車で行きます」と言い、また3人で電車に乗る。T介は、「発車しますから、黙っててください」と言う。

（事例：筆者　写真：学大小金井）

ると、何とか電車に引きつけようと、運転手になったままよびかけている。

　この事例のように、遊びを維持するために、展開している遊びの状況のなかに、やめようとする子どもを引き止めようとするやりとりが見られることがある。T介は電車ごっこをやめそうになる子どもに対して、「早く乗りましょう」「電車で行きます」と、何とか電車ごっこのなかに引き止めようとしていた。

　子どもたちが途中で遊びをやめようとすることはよくあることだ。そのことを、遊びの枠組みの外で争う場合（たとえば、「何でやめるんだよ」となじる）もあるが、この事例のように遊びの枠のなかでやめようとする子どもをなんとか押しとどめようとする場合もある。後者の場合は、遊びのイメージを維持しつつ相手を説得しなければならないので、大変だと思うが、子どもたちの間ではよく使われる方法であり、それなりに効果的な方法でもある。やめるかやめないかという直接的な対決にならず、子どもたちの間に緊張も生みにくい言い方であることが、よく使われる理由の一つなのかもしれない。

　子どもたちは遊びのなかのさまざまな場面を通じて、楽しくいっしょに遊びつづけるためのことばの使い方を経験し、学び、獲得していく。

──── この章で学んだこと ────

● ごっこ遊びのなかの子どもたちのことばに耳をすませてみよう。子どもたちが創っている豊かな世界に気がつくだろう。

● ことばは、子どもたちのごっこ遊びのイメージをつくり、ごっこ遊びを展開する力となる。

● ことばは、一緒にごっこ遊びをする仲間とイメージを共有するのに役立ち、ごっこ遊びをより豊かにする。しかし、経験の違いから共有がうまくかないときもある。

● ごっこ遊びのなかでさまざまなことばを使うことで、ことばのもつ力に気がついていく。

● 日常生活では使わないような言葉もごっこ遊びのなかでは使い、それが遊びの楽しさを創っている。

第 8 章

幼児教育の現代的課題と領域「言葉」

―― この章で学ぶこと ――

子どもは身近な人との日常的な直接の関わりを通してことばを学んでいく。
しかし近年、技術革新などにより、子どもを取り巻くメディア環境は、大きく変わりつつある。
こうしたなか子どもの生活のなかで、ことばを聞いたり応答してもらったりする体験を
どう保障したらよいかを考えよう。
また、保育の評価の面から領域「言葉」について取りあげる。
子どもの個性を理解し、よさや可能性を把握するものであり、ほかの子どもとの比較や基準に
対する到達度について捉えるものではないことを確認していこう。
これからの社会を生きるうえで必要とされる能力とは何か、
そのためにことばは、どのような役割を果たすのかについて学びを深めよう。

§1 現代社会とことばをめぐる問題

1 ことばをはぐくむ基本的な環境

(1) 温かいケアを受ける ―コミュニケーションする心が育つ―

　人間は、放っておいても、ある時期がくると話し始めるのだろうか。
　それを確かめようとする恐ろしい実験を、昔、エジプトやヨーロッパの王様がやってみたという逸話がいくつも残っている。12世紀の神聖ローマ帝国皇帝フリードリヒ2世は、赤ちゃんをたくさん集め、目を合わせたり話しかけたりせずに育て、最初に出てくることばは何だろうと待つ実験をしたという。すると、すべての赤ちゃんが亡くなるか、健康に育たなかったらしい。こんな話を聞くと二重の意味で「信じられない」という気持ちになるのではないだろうか。つまり、そんな非人道的な実験をしてもいいの？　ということ。そして、「赤ちゃんは大人の世話を受けないと人間らしく成長しない」という今は常識になっていることを、当時の人たちは知らなかったということだ。
　しかし、人は育つ環境によってことばをなかなか話し始めないこともある（たとえば、親の話すことばと、居住する地方や国で聞くことばが一致しないような言語的に複雑な環境で育つと、発語が遅いというケースがある）し、障害があるためにことばを話せない人もいる。もちろん乳児期は、そもそもことばで十分に会話ができない時期である。
　乳児クラスで実習をした学生から、「ことばを話さないので、子どもの気持ちがわかりにくかった」という感想を耳にすることがあるが、それを聞くと不思議な気持ちになる。大人同士でも、ことばで会話をしていて、誤解が生じたり、相手の真意がつかめず困ったりすることがよくあるだろう。ことばだけでコミュニケーションがうまくいかないことは、日ごろからよくわかっているはずではないか。とくに相手が子どもである場合、ことばを習得するプロセスの途中にある人たちなのだということを忘れてはいけない。
　人は、周囲の人たちに温かく世話をされ愛情を受けて育つと、人につながろうとし、何かを伝えたいと多様な表現を試み、相手の気持ちをくもうとする力が育ってくる。人はことばだけでなく、身振りや表情、雰囲気などを察しながらコミュニケーションをすることができる。温かい愛情あるケアを受けることは、ことばだけでなく、人とコミュニケーションする力を育てるために不可欠の環境なのである。

(2) 聞く ―聞いてもらう―

　生まれてきたばかりの新生児になったと想像してみよう。胎児はすでに聴力をもつというから、この世に出る前から、子宮のそばをとおる太い動脈のゴーゴーという音や臓器のうご

めくリズミカルな音や振動、そしてお母さんの体の移動による衝撃を羊水のなかでゆらゆらと感じて過ごしていたはずだ。

　それが、いま、外に出てきた。どんな音が聞こえるだろう？　子宮のなかにいたときと、音の世界はどんなふうに変わっただろうか。助産師や看護師、医師の話し声。医療器具のカチャカチャという金属音。どれも、はじめて空気を介した乾いた聴覚経験だ。羊水に包まれ、粘膜的な臓器にぬるりと当たっていた触覚経験は、いま、柔らかいタオルや人に「包まれる」経験へと変わり、耳からは、音、そして声が、分化して聞えてくる。その声のなかに、音節・リズムをもって区切られる肉声、つまり言葉の不思議な響きが伝わっているだろう。

　「元気な男の子ですよ！」「よくがんばりましたね！」「ありがとうございます」など、赤ちゃんのまわりには、明らかに、特別な音をもつ、よろこびや興奮を帯びた人間の声・言葉がとびかい、赤ちゃんの鼓膜を揺らしている。

　新生児の耳が敏感であることは、ドアが閉まる物音などにビクッとしたり、音のしたほうに首を回したりするなどの行動によってわかる。

　そして、不思議と、赤ちゃんに向かってくる人の声は、少し高めの特有の抑揚をもった声であることが多い。世界のどこでも、小さい子どもに対して、おとなは少し声のトーンをあげてゆっくりと話しかけるのは共通しているという。母親語（マザリーズ）といわれる、おそらく赤ちゃんにも心地よく聞こえる声で、おとなは新しい命を出迎えるのである。

　新生児は睡眠と目覚めをくり返しながら、1日の半分以上眠っている。だから、新生児が、覚醒している少しの時間、授乳後などのちょっと快いときにニコニコと一人笑いをするのを見ると、養育する人の心はなごまされる。しかし、これは新生児微笑（生理的微笑）と呼ばれ、コミュニケーションがきっかけで起こる通常の（2か月ごろからの）笑いとは区別される。それでも、このような反射的な笑い行動を新生児がもつことで、養育者の「笑ったよ」「かわいいね」「気持ちがいいんだね」などのよろこびや安心の言葉が引き出される。おとなたちの愛情のこもった声やことばを、新生児がウトウトしながらも耳にすることは大切な経験である。

　3か月ごろになると、人があやすとはっきりと相手を見つめて、キャッキャッと声をたてて笑うようになる。また気に入らないとむずかって「ウン」などと怒ったりもする。4か月ごろには「いないいないバー」をしてあやされると大よろこびする様子も見られ、おとなからのことばや動作に呼応して、笑いや声で情緒を表現する。このころは親愛性のあるおとなの働きかけであれば、親でない人でもよろこぶ。しかし、6か月ごろから、特定の養育者を区別するようになり、慣れた人に抱っこされないと泣き止まなかったり、7か月ごろには、何か要求をする際にアーと声を出して要求したり、お腹がすいたときにただ泣くのではなく、キャーなどと大きな声を出すようになる。

　おとなの声を聴き、自分の声を聞き入れてもらう経験を積み重ねながら、1歳過ぎからのことばによるコミュニケーションの基盤となる力を育てているのだ。

2 現代社会のメディア環境がもつ問題

　筆者は、小学生のころ（1960年代後半）「テレビばかり見ていると馬鹿になるから本を読め」と言われた世代だ。

　表8-1を見てみよう。白黒テレビは1960年代前半、カラーテレビは1970年代に急増し、ほぼ全世帯に普及した。幼児向けの番組やアニメーション、ヒーローものキャラクターなどがテレビを通して子どもたちの生活に大きな影響をもつようになる。同時に、都市部では、教育熱の高まりのなか、子どもたちは学習塾や習いごとで忙しくなり地域における子ども社会が崩れていった。また、女性の就業率上昇にともない、遅くまで家で留守番をする「かぎっ子」が増加する。

　結果的に、家のなかでテレビを子どもが視聴し、テレビ文化の影響を大きく受ける時代になっていく。流行するコマーシャルことばが幼児期の生活にも登場し、芸能人などが使う卑俗なことばが子どもたちの生活のなかに出てくるのがよろしくないと保護者団体による放送局への抗議運動なども起こった。

　テレビの普及は、地方独特の言語表現（方言）を徐々に希薄化させる影響力ももち、世代が若くなるにつれて、全国共通のことばを日常的に使う能力を育て、地方における世代間の言語ギャップを引き起こす結果にもなっている。

表8-1 テレビ、パソコン、携帯電話等の普及率の変化

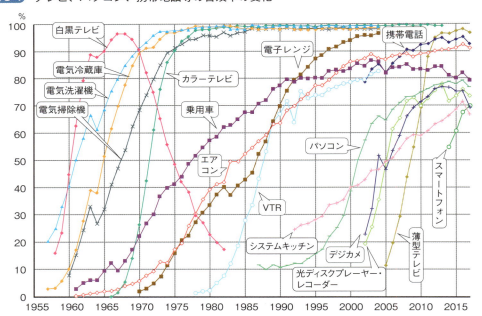

（注）二人以上の世帯が対象。1963年までは人口5万以上の都市世帯のみ。1957年は9月調査、58～77年は2月調査、78年以降は3月調査。05年より調査品目変更。多くの品目の15年の低下は調査票変更の影響もある。デジカメは05年よりカメラ付き携帯を含まず。薄型テレビはカラーテレビの一部。光ディスクプレーヤー・レコーダーはDVD用、ブルーレイ用を含む。カラーテレビは2014年からブラウン管テレビは対象外となり薄型テレビに一本化。
（資料）内閣府「消費動向調査」（一部、筆者修正）

筆者はまた、1990年代に幼児期から小学生の子育てをしたのだが、このころには、街にビデオレンタルショップが多くできていて、子どもが見て楽しめるアニメや乗り物のビデオを借りに行ったことを思い出す。

　表8−1を見ると、1980年代にビデオテープレコーダが急激に普及し、90年代には8割前後の家庭で録画したものを視聴できるようになっていた。このころ「ビデオに子守をさせる親が増えた」ということが問題になった。アニメ映画を見せておけば、2時間は子どもが夢中で見ていて、その間に家事などができるということだ。

　90年代は、少子化が問題化され、母親の子育て不安が話題になり始めた時代である。核家族化のなかで、密室保育が増え、親になることを前向きにとらえるよりも「大変だ」「いい親になれない」など、育児を否定的なイメージでとらえるという日本の特質がはっきり見えてくるようになった。

　そうして「子育て支援」という言葉が生まれ、社会が子育てする親の応援をしなくては、という風潮が日本に表れてきたのである。そんななかで、ビデオに子守をさせてもいいのか、という声はあったが、一方で、少しでも親の育児への負担感が軽くなれば……という見方も社会全体としてあった。

　本来であれば、人と人との間の関わりで子どもは人への信頼を育て、血の通った言葉を聞き、応答的な関係を感じながら、自らも言葉を発するようになるものだ。このプロセスに必要な時間が、子どもが一人でビデオ視聴することで代替されることはないのである。大人が子どもと一緒にビデオを楽しむのであれば、それはコミュニケーションの場として意味のあるものとなろう。

　2000年代以降は、携帯電話やスマートフォンの普及がめざましく、公道や電車の中などでも、子どもの横で画面操作に忙しい親を多く見かけるようになった。子どものほうに、携帯を渡してゲームや育児用のアプリを見せている親もいる。安全性、視力の発達への悪影響という面も当然考えるべきだが、親と子どもが視線を合わせ意思疎通しようとする機会が絶対的に減っていることの及ぼす幼児の精神発達への影響は深刻に受け止める必要があろう。

§2 ことばの成長を支える保育者の視点
──イメージと生活をつなぐ言葉を紡ぐ──

　2017（平成29）年に告示された幼稚園教育要領等には、「幼児期の終わりまでに育ってほしい姿」として、言葉による伝え合いによって、先生や友達と心を通わせ、豊かな言葉や表現を身に付け、言葉による表現を楽しむことが示されている。ことばには、「聞き」「話し」「読み」「書く」などの関わり方があり、それぞれにおいて、幼児期らしい成長が望まれる。

　おとなの世界で通用しているような言語使用法を習得するのが幼児期の目標ではない。周囲の世界と子どもらしい感性で出会い、心に響く体験を重ねるうちに、表現したいことが心に溜まっていき、自然に子どもからことばや表現があふれ紡ぎ出される。それを支えて待ち、歓迎し、新たなことばの獲得に楽しさを感じるようにうながすのである。

　しかし、ことばというものは、その他の表現に比べて、特殊な表現手段でもあることを心得ておきたい。「耳が長くてニンジンが好きなかわいい動物」がなぜ「ウサギ」という名前（ことば）になるのか、必然性はないのである。両腕を高く上に伸ばして「長い耳」をイメージし、ピョンピョン飛び跳ねるような身体表現は、実物とつながっていることを子どもも体感する。しかし、「ウサギ」を見たことのない子どもが、写真や映像のウサギを見て、これが「ウサギ」だと名前を知ることは、一見知識が増えたように見えるだろうが、それだけでは子ども本人の生活にはほとんど関係がない、外付けのあてがわれた知識のままである。

　ことばは本来、子どもが生まれる前から、すでに社会で使われているものだ。だから、ことばは、おとなに無理に押し付けられると、子どもにとっては形（殻）だけのものになり、自分の意思とは関係なく使うこともできる道具と化してしまう。

　しかし「大きい」「楽しい」などの形容詞も「おはよう」「ありがとう」といったあいさつのことばのなかで実感できるようにしたい。たとえば、母親と散歩していて、自分の体よりも大きな犬が歩いてきて子どもが驚いたときに、母親が「おっきいねえ、びっくりしたねえ」と子どもの気持ちに寄り添って声をかけ、子どもも自分から「おっきいねえ」などと繰り返して、心を落ち着かせるような場面があるだろう。いきいきしたコミュニケーションや体験に重ねて、「大きい」という日本語が、与えられたことばではなく自分自身のものになるのだ。しかし、おとなはつい子どもに決まったことばを言わせたくなる傾向がある。たとえば、遊んだあとなどに、おとなから「楽しかった？」「うれしい？」などと聞かれて、なんとなく「たのしい」「うれしい」と子どもは答えてしまう場合がある。どんな風に楽しかったのか、本当にうれしいのかなど、おとなが興味をもたずに通り過ぎてしまうと、この問答はおとなの自己満足になってしまうだろう。

　朝、登園時に「はい、目を見て、おはようございます、でしょ」と指導するのはどうだろうか。あいさつは「型」が大切だという考え方もある。しかし、これはよく考えてみる必要

があるだろう。いざこざ場面で、「ごめんなさいは？」とおとなに言われて、なんとなく「ごめんなさい」と言ってしまう場合、「ありがとうは？」とおとなに言われて「ありがとう」と言う場合もそうである。一時の、その場しのぎのあいさつが、まったく無意味であるとはいえないだろうが、子どもの使う言葉に、子どもの気持ちがどれほど表れているか、保育者は注意深く見守る必要がある。

　こんな話を聞いたことがある。ある保育所で、「ここの園児は全体的にことばの発達が遅いのではないか」と外部者の評価を受けた。それ以降、その保育所では、絵本の読み聞かせをするときには、描かれているもの名前や色を子どもに確かめながら読むようにした、という。しかし、絵本のストーリーから離れて「これは何かな」とものの名前を覚えさせられたり、キリンは黄色、バナナも黄色、と言えるようになったりすることが、本当にことばの発達をうながすことなのだろうか。

　秋の日に、色づいたイチョウの葉っぱのなかに埋もれ、パーっと両手で巻きあげたりしながら「ぜんぶきいろだね」「まっきいろ！」と友達と言い合いながら遊び、その体験のなかから、イチョウの手触りやにおい、まだ黄緑を残したり茶色く汚れたたりもしている自然のなかの多義的な「黄色」を感じ取り、そこに「きいろ」ということばがのっていくことを大切にしたい。それが、ことばを子どもの感性から遊離させないことであり、自分の気持ちを素直に表すために、親しみあることばを使いたくなるために必要な経験であろう。

　ことばは、大人の世界でも通用するものだが、幼児期のことばには、幼児期が生活を通して感じたイメージが色濃くのっている場合が多い。むしろ、それを大切にし、保育者もそのような子どもらしい表現を味わいながら、子どもがことばと気持ちを重ねて、子どもらしい表現をこころみる機会を保障することが重要である。

第 8 章　▶　幼児教育の現代的課題と領域「言葉」　　193

§3 保育の評価は「みとり」から

1 遊びと生活の経験とともに育ち、学ぶ姿を「みとり」評価する

　そもそも保育を評価するということは難しい。領域「言葉」における評価とは、単語を習得しているか、フレーズを理解したり使えたりするか、といった、テストで計られるような目にみえる結果の部分にのみこだわるのではなく、まず、それ以前の子どもの育ちを「みとる」ことが大切である。つまり保育者は、単語をたくさん覚えているかといった到達度の評価のみをめざすのではなく、遊びや生活のなかで、子どもが物や人に対して興味をもっているのか、伝えたい気持ちが育っているのか、聞きたい気持ちが育っているのか、について理解しようとする視点をもつことが大切である。

　実際、豊かな経験にともない、これらの気持ちが育まれれば、その結果として、子どもは多くの語彙を修得している場合が多い。保育者は、子どもの気持ちの育ちをまずは意識し、結果はともなってついてくるものとして、捉えることが大切である。つまり、保育者には、一人ひとりの子どもの個性を大切にし、その主体性、心を大切にすることが望まれる。保育者が、できた／まだできない、覚えた／まだ覚えていない、といった結果のみにとらわれることなく、子どもの遊びや生活の姿を「みとる」ようにしたい。以下に、子どもの心や育ち、学びを洞察し、実践におけるプロセスの評価のあり方について、くわしくみていこう。

（1）気持ちの育ちを考える

　人や物について気づくこと、興味をもつことが、ことばの育ちの起点となる。幼児期は、自己中心性が強く、視野が狭いために、抽象的ではなく、具体的に学ぶ傾向がある。よって、絵入りのカードを子どもにみせながら、漢字帳や英単語帳などをめくるようにして、暗記させるといった学び方は、幼児期には不適切である。

　幼児期は自己中心性が強く、自分の気持ちに、行動が左右される場合が多い。2歳ぐらいの子どもがよく使う言葉に、「ヤダ、ヤダ」「ダメ、ダメ」「自分が、自分が」などがある。幼児期は、心がゆさぶられ、自明性と必然性がともなわれ、リアリティーがあって、育ち、学ぶ時期である。保育の評価を考える場合も、このことを十分に留意しておかなければならない。

　つまり、幼児期の子どもは、プログラム化された与えられた経験や、手順どおりに、一つひとつ指示され、その都度、できた／できないかを確認されるような、ゲームのステージをクリアしていくような与えられた経験から学ぶのではない。実際に自分自身が、「おもしろそう！（好奇心）」「なんでだろう？（探求心）」「やってみたい！（憧れ）」と感じ、人や物と

実際に関わり、「楽しい」「うれしい」「おもしろい」「やったー」というような気持ちを抱きながら、子どもは、人や物などを理解していくのである。

　幼児期には、とくに「楽しさ」を感じるなど、肯定的な感情をもつことを大切にしながら、言葉を身につけることを前提としておきたい。

　たとえば、「集会」の場面を考えてみよう。集会の場面では、今日の遊びや生活のなかで、自分が楽しかったことを保育者やクラスの友達に聞いてもらうといった振り返りの機会が設けられている場合がよくある。

　集団生活の経験が少ない2、3歳児、あるいは園での振り返りの時間での経験が少ない4、5歳児の場合、集会の場面で「今日、楽しかったことを友達や先生に紹介してくれる人」と保育者が投げかけると、競って手をあげる姿がみられることが多い。ときに友達の話が終る前に、さえぎるように、「はーい」「はーい」と手をあげて、自分が話しをしたい気持ちがあふれていることがある。一人ひとりの子どもの、これまでの「話す」「伝える」経験に基づき、保育者は、まず「話したい気持ち」を大切に、多くの子どもが話をする機会を保障したいものである。

　小学校以降の教育現場では、授業中の発言にセリフがともなう場合がある。たとえば、「賛成です。加えて、○○。」「質問です。○○。」「同じです。」などがある。幼児期は、話すことへの肯定的な感情、意欲などを育てるために、手続きとして話すスキルをトレーニングで身につけさせるのではないことを留意したい。

　自分の話を人前で話す経験を、しかも他者から与えられたセリフではなく、自分の気持ちを自身の言葉で話す経験を積み重ねた子どもたちは、保育者のほうばかりみて話す様子だけではなく、次第に、友達を意識し、クラスのみんなを見て意識し、全体にむけて話すようになる。保育者は、よく、Aくんの話をみんなと聞いた後に、「同じ気持ちだった人いる？」「一緒に遊んでいた人はどうだった？」「前にBくんもそんな工夫していたよね」と、子ども同士の気持ちをつなげたり、共感をうながしたり、気づきを導いたりといった工夫をしている。

　こうしたなかで子どもたちには、友達の楽しかったエピソードを聞いて、自分も同じよう

に楽しかったと共感する。「楽しそうだなぁ」と感じ、「明日は自分もその遊びをやってみよう」と意欲がわいてくる、といった姿もみられる。ここで、子どもたちは、自分自身に照らし合わせてみたり、自分との関わりで感じたりしている。気持ちがあってこそ、関心が高まり、理解しようとする意欲、聞いてほしいという願いが育まれる。伝えたい気持ちや、聞きたい気持ちが育まれてこそ、言葉の獲得、さらには、聞く態度の育ちにつながる。

　保育者が子どもたちの気持ちの育ちを評価するにあたっては、実践を振り返ることが不可欠である。まずは、楽しい経験など、子どもの気持ちがゆさぶられるような、動かされるような経験が、遊びや生活のなかであったか、考えたい。次に、子どもたちが何を楽しんでいるか、どのような気持ちであるのかを知りたい、共有したいという姿勢が保育者自身にあったのか、を考えることが望まれる。こういった保育者の姿勢は、肯定的で共感に満ちた、居心地のよい、温かい関係性のある場をつくる。こういった温かい関係性に満ちた場において、子どもたちは、言葉を交わすよろこびを味わい、自分の気持ちが相手に伝わるよろこびを実感することができる。その経験により、子どもたちには、もっと話したい、伝えたい、共感したいといった意欲がわきあがってくる。

　自分の気持ちを表現することは、ときに難しいこともある。保育者には、安心・安定、居心地のよさ、表現しやすい雰囲気などをつくることがまず望まれるが、加えて保育者自らが、言葉を交わすことをよろこび、楽しみながら、わかりやすい言葉、場面に応じた言葉を使い、子どもに語りかけ、さらには、楽しみながら、子ども同士がことばを交わす仲立ちをするといった役割を果たすことが大切である。

　こうした援助には、保育者が子どもの気持ちを理解し、かつ子どもの言葉の発達の個人差や、表現の仕方の違いなどの個性をふまえることが不可欠である。その意味で、保育者が、子どもの姿をみとり、評価することにより、援助の工夫を考えることが望まれる。

（２）個人差や個性を理解する

　保育現場には、原則「あゆみ」（成績表）がない。つまり保育者たちは、到達度について相対的に評価し、子ども自身とその保護者にそれを開示するといったことはしない。小学校以降の学校にある成績表をつけるという習慣が保育実践現場にはない。それは、幼児期は、産まれてからの期間が短く、個人差が大きいこと、先にもあげたが、幼児期は自己中心性が強く、気持ちに行動が左右されやすい、といった特徴があるからである。子どもたち自身の主体的な遊びや生活を中心とした保育がなされていれば、人や物への興味関心は膨らみ、同じ語彙を同じ順番に身につけさせられる場合よりも、遥かに多くの言葉をその場面に応じた使い方をともなって、身につけることとなるのである。

　一人ひとりの個人差や個性を考慮して、子どもの姿を「みとる」ことは、実際は難しい。保育にあたり、漠然と子どもの遊びや生活の様子を見ているだけで子どもの姿が、理解されるものでもない。

　ある研修会で、参加者に園での子どもの遊びの同じビデオを見てもらい、個人ワークとし

て子どもの育ちや学びの姿を「みとり」記載してもらったことがある。その後、グループワークでそれらを共有し、議論した。個人ワークの結果を分析したところ、子どもの学びや育ちの姿の「みとり」は保育者によって大きく異なることが分かった。同じ場面をみて、3つしか描き出すことができなかった保育者から、20も抽出することができた保育者まで、その差が大きかった。

その背景には、保育者の経験もあるが、それ以上に、子どもの育ちや学びへの予測の有無と、育ってほしい子どもの姿、つまり子どもの育ちや学びへの願いがあり、イメージを具体的にもつことができているのか、の違いがあった。育ってほしい子どもの姿、ねがいを抱きながら、臨機応変に子どもとの相互作用の中で保育のねらいを修正しつつ、実践を積み重ねていくこと、保育の評価は、これとの関係で実施されるものであると考える。

2 保育者のカリキュラム・マネジメント

カリキュラムとは、日本語で「教育課程」と訳される。カリキュラム・マネジメントとは、教育課程とその実践を、マネジメント、つまり計画し、実行し、管理・運営し、展開していくことである。1998（平成10）年の幼稚園教育要領の改訂のころから使われている言葉ではあるが、2017年の幼稚園教育要領・保育所保育指針等の改訂（定）で、その浸透を図ることが大切であることが議論された。カリキュラム・マネジメントは、教育現場における保育者一人ひとりから、さらには、各クラス、各園・学校において、個人の研鑽のみならず、チームとしての組織的な協働として、今後ますます、展開していくことが予測される。

保育のカリキュラム・マネジメントは、目の前にいる子どもたちの姿をしっかりと踏まえて、それぞれの地域や家庭の実情に応じつつ、より自律的に創意工夫を施しながら、カリキュラムを編成し、開発し、実践していくことである。

とくに、保育のカリキュラム・マネジメントにあたっては、保育のカリキュラムが、要領や指針をみれば明らかであるように、何を学ぶのかという内容というよりも、学びに向かう姿勢、つまり、対象が何であれものや人に興味関心をもったり、気づいたりする気持ちや思いをもつこと、考えたり、試行錯誤したり、アレンジしたりといった気持ちを実際に操作することが、学びの芽生えとして大切にされている点である。

言葉の獲得は、人と関わる力や、内容を学ぶ上での基礎となる。よって保育者は、子どもの興味関心をとらえ、それを言葉で表現する機会を積極的に設けること、子どもの興味関心を起点として、それがさらにふくらむように、関連した絵本や図鑑、教材などを準備する環境構成や援助の工夫を計画すること、そして保育を実践し、その後に評価を試み、改善を図ることが望まれる。

3 PDCAサイクル

カリキュラム・マネジメントにあたり、活用される方法として、PDCAサイクルがある。PDCAサイクルとは、そもそも、産業界で製品の品質管理や、開発・改善を図る上で活用されていた用語である。PはPlan：計画、DはDo：実行、CはCheck：評価、AはAct：改善を意味する。工業製品の開発や生産と関わる分野で活用されていた言葉ではあるが、産業界がPDCAサイクルという言葉を一般的に使うようになる以前から、保育現場ではこのモデルが確立されていた。

100年以上も前から、児童中心主義のイデオローグであったジョン・デューイは、子ども理解からの教育が大切であるとし、省察の大切さを指摘している[1]。また、保育においてよく紹介されるドナルド・ショーンは、人と接する専門職の専門性の向上方法の特徴として「省察的実践者像」を提示しており[2]、保育者は省察的実践者として位置づけられる。ショーンは、人と関わる専門職など、個別性が強く、その都度、臨機応変な対応が必要であるマニュアル化できない仕事においては、その力量形成や専門性の向上が、実践最中の振り返りと判断、実践後の振り返りによってなされることを指摘している。

自己中心性が強く、視野が狭く、個人差が大きい子どもの理解には、一般的な発達についての知識を活用し、経験を活かしつつ、やはり、一人ひとりを個別に「みとる」必要がある。加えて、教科書がない保育の現場では、そのときどきに保育者が決断をくだしながら実践を積み重ねていく。目の前にいる子どもが、今まさに伝えたいことを洞察し、子どもの言葉の発達状況を踏まえながら、話すことを促したり、言語化に役立つ単語を添えたり、モデルを示したり、優しい質問をなげかける。その判断や臨機応変な対応は、保育専門職の実践力であり、その実践力の維持・向上には、自らの実践を振り返ることが不可欠である。

保育者は、たとえば、絵本の読み聞かせの場面を振り返り、そのときの絵本選択、実際の読み聞かせ方、読み聞かせを通じて育ってほしい子どもの姿が、当初の自分の計画や見通しと合致していたか否かを吟味する。つまり、計画と合致した部分はどこだったのか、異なっていた部分はどこだったのかを検討する。そして、よかった点を確認し、次の判断の根拠として自らの力量として蓄えていく。課題があった場合は、その課題を克服するために自らに宿題を課す。これらが次の実践において、とっさの判断基準、判断の根拠となっていく。

振り返りによる評価に加えて、筆者がとくに提案したいことは、シミュレーションである。シミュレーションとは、「あのとき、もし、こうしていたら、どうなっていただろう」と考えることである。①実践しながら省察すること、②実践した後に振り返ることに筆者は、③シミュレーションすること、を加えたい。これが保育の評価に基づく実践の質の維持向上

につながる大切なことであると考えている。

　シミュレーションすることによって、手ごたえがあった実践の特徴、つまり、どこがよかったかをしっかり確認し、自分の力として蓄えていくことが可能となる。また、課題を確認し、宿題を課したり、次の判断につなげたりすることも可能となるからである。

　保育者は日々、保育実践に適した評価、つまりモニタリングを実施している。子どもの興味・関心、発達などについての保育者の「みとり」が適切であり、子どもの理解ができていたのか、を評価している。そして、子ども理解に基づいたねらいの設定が適切であったのか、さらには、そのねらいに基づいた環境構成や援助とその工夫が適切であったのか、を評価している。また加えて、予想し期待した子どもの育ちや学びの姿が実際に見られたのかも評価する。評価がなされてこそ、次への課題を抽出し、改善を図ることが可能となる。

　保育のPDCAサイクルを、以下にまとめてみよう。

　保育の計画は、子どもの姿を「みとる」ことから始まる。子どもの興味関心、発達の特徴、生活における課題などを保育者が洞察する。そして保育者は、保育の「ねらい」を設定する。それが独りよがりにならないように、要領や指針と照らし合わせて確認する。その「ねらい」を踏まえて環境構成が行われ、保育者の援助や工夫などの計画が立てられる。

　実践の後は、その実践をやりっぱなしにするのではなく、計画時に構想した「評価の観点」、つまり「期待する子どもの姿」と、実践中および実践後の「子どもの姿」とを照らし合わせ振り返ることによって、「子どもの姿」から環境構成が適切であったのか、援助が適切であったのかを考え評価し、明日の環境構成、援助や工夫が施される。

　要領や指針は、現時点までの、多くの保育実践の蓄積と保育学研究の成果が集約されたものであり、これをよりどころとし、保育の実践の質の維持・向上が図られるのである。

§4 領域「言葉」における評価と小学校との連携

1 ねらい・内容・内容の取扱いを踏まえた領域「言葉」の評価

　要領・指針は、一人ひとりの子ども、一つひとつのクラス、それぞれの園の状態が異なるなかで、保育実践の判断を保育者がくだす上でのよりどころとなるものである。領域「言葉」の評価においては、要領・指針が示すねらい・内容・内容の取扱いを踏まえて評価がなされる。要領・指針、そして解説書などに目を通しながら、確認したいものである。

　要領・指針、解説書を読むにあたり、1、2歳児の領域「言葉」、3歳児以上の領域「言葉」について比較してみてほしい。とくに0、1、2歳の子どもたちには、環境づくりが言葉を使う上での前提となる。具体的に楽しい雰囲気、温かな関係づくりなどがあげられている。

　また、保育者の援助としては、まず「自分」の思いを、自分で、言葉をつかって伝えようとすることを励まし、友達との関わりの仲立ちをすることがあげられている。片言、二語文、ごっこ遊びでのやりとりへといった発達的視点も保育者の援助の前提としたい。生活のなかの言葉に気づいたり、挨拶を交わしたり、絵本や紙芝居、自分が話をしたり、ほかの子どもの話を聴いたりするなど、豊かな経験がみられるかについて、評価することも望まれる。

　3歳未満の時期に、聴きたい気持ちや、伝えたい気持ちが育まれ、言葉を楽しく、よろこんで使う経験の蓄積があってこそ、年を重ねるごとに子どもたちは、言葉をより豊かに蓄え、使いこなし、人との関わりや物への関心をさらに深めていく。その様子を保育者はみとり、理解を深め、保育実践や子どもの育ちを評価していく。

　とくに、3歳以上児については、評価にあたり、具体的な姿を意識したい。「したり、見たり、聞いたり、感じたり、考えたりなどしたことを自分なりに言葉で表現する」姿がみられるのか、「依頼」したり「たずねたり」する姿が、遊びや生活場面で自然とみられるのか、といった観点を持つことが望まれる。

　豊かな経験が保障されているのかについても、具体的に評価したいものである。「イメージや言葉が豊かになる」遊びの経験や、生活のなかで「言葉の響きやリズム、新しい言葉や表現など」に触れる経験、「絵本や物語に親しむ」経験、言葉遊びの経験、日常生活のなかで文字などをつかう経験などである。

2 幼児期の終わりまでに育ってほしい姿の活用

　園生活と小学校生活の違いが大きく、入学時の子どもの不安が大きくなったり、自尊感情

が低くなってしまったりといった実態がある。あれほど豊かに言葉を使って表現をしていた子どもたちが、言葉による伝え合いができない場合もみられる。小学校1年生の国語の授業が退屈で仕方がないといった声も聞く。一方で、クラスの話し合い場面や、集会場面が成立しないといった事例もある。

　園と小学校の相互理解を深め、子どもが安心し、かつ自分らしさを発揮できるようにするために、また育ちや学びの軌跡を踏まえた幼児期と小学校の接続期教育が可能となるために、2017年の要領・指針の改訂（定）では、小学校教育においては、園での子どもの育ちや学びの姿を踏まえねばならないことが明記された。『小学校学習指導要領』の「第1章総則　第2教育課程の編成　4学校段階等間の接続」では、「教育課程の編成に当たっては、次の事項に配慮しながら、学校段階等間の接続を図るものとする」とされている。

小学校学習指導要領における学校段階等間の接続

（1）幼児期の終わりまでに育ってほしい姿を踏まえた指導を工夫することにより、幼稚園教育要領等に基づく幼児期の教育を通して育まれた資質・能力を踏まえて教育活動を実施し、児童が主体的に自己を発揮しながら学びに向かうことが可能となるようにすること。

　　また、低学年における教育全体において、例えば生活科において育成する自立し生活を豊かにしていくための資質・能力が、他教科等の学習においても生かされるようにするなど、教科等間の関連を積極的に図り、幼児期の教育及び中学年以降の教育との円滑な接続が図られるよう工夫すること。特に、小学校入学当初においては、幼児期において自発的な活動としての遊びを通して育まれてきたことが、各教科等における学習に円滑に接続されるよう、生活科を中心に、合科的・関連的な指導や弾力的な時間割の設定など、指導の工夫や指導計画の作成を行うこと。

（出典：文部科学省「小学校学習指導要領」2017）

加えて、要領・指針では、園での経験が、小学校以降の教育で育みたい資質・能力お3本の柱につながるものとして、園において一体的に育みたい資質・能力の基礎の3つの柱「知識および技能の基礎」「思考力、判断力、表現力等の基礎」「学びに向う力、人間性等」が示された。さらには、上記でもとりあげたとおり、小学校教育において踏まえるべき園を卒業する時点での期待される子どもの育ちや学びの姿が「幼児期の終わりまでに育ってほしい姿」として示されている。

幼児期の終わりまでに育ってほしい姿

（1）健康な心と体：幼稚園生活の中で、充実感をもって自分のやりたいことに向かって心と体を十分に働かせ、見通しをもって行動し、自ら健康で安全な生活をつくり出すようになる。

（2）自立心：身近な環境に主体的に関わり様々な活動を楽しむ中で、しなければならないことを自覚し、自分の力で行うために考えたり、工夫したりしながら、諦めずにやり遂げることで達成感を味わい、自信をもって行動するようになる。

（3）協同性：友達と関わる中で、互いの思いや考えなどを共有し、共通の目的の実現に向けて、考えたり、工夫したり、協力したりし、充実感をもってやり遂げるようになる。

（4）道徳性・規範意識の芽生え：友達と様々な体験を重ねる中で、してよいことや悪いことが分かり、自分の行動を振り返ったり、友達の気持ちに共感したりし、相手の立場に立って行動するようになる。また、きまりを守る必要性が分かり、自分の気持ちを調整し、友達と折り合いを付けながら、きまりをつくったり、守ったりするようになる。

（5）社会生活との関わり：家族を大切にしようとする気持ちをもつとともに、地域の身近な人と触れ合う中で、人との様々な関わり方に気付き、相手の気持ちを考えて関わり、自分が役に立つ喜びを感じ、地域に親しみをもつようになる。また、幼稚園内外の様々な環境に関わる中で、遊びや生活に必要な情報を取り入れ、情報に基づき判断したり、情報を伝え合ったり、活用したりするなど、情報を役立てながら活動するようになるとともに、公共の施設を大切に利用するなどして、社会とのつながりなどを意識するようになる。

（6）思考力の芽生え：身近な事象に積極的に関わる中で、物の性質や仕組みなどを感じ取ったり、気付いたりし、考えたり、予想したり、工夫したりするなど、多様な関わりを楽しむようになる。また、友達の様々な考えに触れる中で、自分と異なる考えがあることに気付き、自ら判断したり、考え直したりするなど、新しい考えを生み出す喜びを味わいながら、自分の考えをよりよいものにするようになる。

（7）自然との関わり・生命尊重：自然に触れて感動する体験を通して、自然の変化などを感じ取り、好奇心や探究心をもって考え言葉などで表現しながら、身近な事象への関心が高まるとともに、自然への愛情や畏敬の念をもつようになる。また、身近な動植物に心を動かされる中で、生命の不思議さや尊さに気付き、身近な動植物への接し方を考え、命あるものとしていたわり、大切にする気持ちをもって関わるようになる。

（8）数量や図形、標識や文字などへの関心・感覚：遊びや生活の中で、数量や図形、標識や文字などに親しむ体験を重ねたり、標識や文字の役割に気付いたりし、自らの必要感に基づきこれらを活用し、興味や関心、感覚をもつようになる。

（9）言葉による伝え合い：先生や友達と心を通わせる中で、絵本や物語などに親しみながら、豊かな言葉や表現を身に付け、経験したことや考えたことなどを言葉で伝えたり、相手の話を注意して聞いたりし、言葉による伝え合いを楽しむようになる。

（10）豊かな感性と表現：心を動かす出来事などに触れ感性を働かせる中で、様々な素材の特徴や表現の仕方などに気付き、感じたことや考えたことを自分で表現したり、友達同士で表現する過程を楽しんだりし、表現する喜びを味わい、意欲をもつようになる。

（出典：文部科学省「幼稚園教育要領」2017）

　ここでは、（8）（9）（10）の項目のみならず、（3）における「思いや考えの伝え合い」、（4）における「友達と折り合いを付け」ること、（5）における情報の扱い、（6）における考えたり判断したりすることなど、あらゆる場面で領域「言葉」と関わる子どもの育ちの姿が描かれている。これらを材料として、園における主体的な遊びや生活のなかでの豊かな経験が、どのような子どもの育ちや学びの姿につながっているのかを可視化し発信することが、小学校教育とのなだらかな接続を図る上で有用である。

§5 評価を道具に
―保育実践の質の維持・向上を図るために―

1 評価の観点をもつ

　子どもの言葉の育ちをはぐくむためには、保育者が評価の観点をもっていることが大切である。たとえば、気持ちを表す言葉の獲得は、年齢による特徴があることがわかっている（Tsuji & Kitano、2013）[3]。

　5000人を超える日本の幼児を対象とした調査から、「だいじょうぶ（大丈夫）」といった励ましの言葉や、「〜ね」といった共感の言葉、「〜たい」といった意思を表す言葉を、8割以上の2歳が習得していることがわかっている。3歳では「〜たかった」といった過去の思いを振り返る言葉を9割弱、「知る・知っている」といった学びを表す言葉や、「〜かな」といった予測を表す言葉を約8割の子どもが使っている。4歳では「〜のほうがよい」といった比較と判断の言葉を9割弱、「〜したらいいなぁ」といった希望的予測の言葉を約8割の子どもが使っている。5歳になって「間違う」「おぼえている（覚えている）」を約8割、「がまんできない」といった言葉を7割5分の子どもが習得している。6歳では「おもいだす（思い出す）」を8割弱、「考える」や「〜かもしれない」を7割5分の子どもが獲得している。

　これらのデータは、園での日常の子どもの遊びや生活における会話の姿と合致するものであり、とくに目新しいものではない。しかし、評価の観点としてこれらを意識すると、子どもたちのいざこざや、話し合い場面での援助に活かすことができる。子どものことばの習得状況を保育者が理解する観点をもつことにより、保育者の言葉かけ、準備する環境、活動の在り方への工夫がほどこされるからである。

2 評価方法を知る

　子どものことばの育ちや学びをとらえるためには、先に述べたとおり、評価の観点をもつことが有用である。しかしそれは、一つの方法やスケールにこだわる必要はないように思われる。いろいろな評価の方法が、国内外で開発されている。子ども理解の道具として、いろいろな道具を状況と必要性に応じて活用する柔軟な姿勢をもちたいものである。むしろ、個別性が強く、ライブで展開している保育実践は、現象でもあり、一つの物差しでは図りきれないものである。

　世界でもっとも浸透している保育の評価方法の一つが、「保育環境評価スケール」である。2.5歳から5歳を対象とする「ECERS-3（第3版）」(2015) と（日本語版は、テルマ・ハームス、リチャード・M. クリフォード、デビィ・クレア著、埋橋玲子訳『新・保育環境評価スケール

①（3歳以上）』法律文化社、2016）[4]と、誕生から2.5歳を対象とする「ITERS-3（第3版）」(2017)、イギリスに適応するように開発されたECERS-Eなどがある。

「ECERS-3」は、6つのサブスケール（①空間と家具、②養護、③言葉と文字、④活動、⑤相互作用、⑥保育の構造）と35の下位項目から構成されており、物的環境のあり方や活用の仕方の評価が含まれている。タイトルに「言葉」とある、サブスケール③「言葉と文字」には、「語彙の拡大」「話し言葉の促進」「保育者による絵本の使用」「絵本に親しむ環境」「印刷（書かれた）文字に親しむ環境」の項目がある（表8-2参照）。

それ以外のサブスケールのなかにも、たとえば、④「活動」のなかの「ごっこ遊び（見立

表8-2 ECERS-3

サブスケール① 空間と家具：子どもの遊びと幼児期にふさわしい学びを支える室内空間を魅力的に構成する
1. 室内空間　気持ちの良い生活ができる
2. 養護・遊び・学びのための家具　安心し、楽しく過ごせる
3. 遊びと学びのための室内構成　好きな遊びを選び、じっくり取り組む
4. ひとりまたはふたりのための空間　ひとりで落ち着く、またはともに考え深めつづける
5. 子どもに関係する展示　自ら気づき、振り返り、他の人と興味関心を分かち合う
6. 粗大運動遊びの空間　身体を十分動かして充実感や満足感を得る
7. 粗大運動遊びの設備・用具　適切な活動を選び、進んで運動する

サブスケール② 養護：子どもの安心・安全を確かなものにする
8. 食事／間食　食べることを楽しむ
9. 排泄　自分で用を足せる
10. 保険衛生　自分の身体を大切にする気持ちをもつ
11. 安全　安全に気をつけて行動する

サブスケール③ 言葉と文字：子どもが喜んで話し、文字に出合い、知りたくなるように助ける
12. 語彙の拡大　未知の言葉と出合い獲得する楽しさを感じる
13. 話し言葉の促進　よく聞いてもらって、話す楽しさを知る
14. 保育者による絵本の使用　絵本をよんでもらって共に楽しんだり、うれしい気持ちになる
15. 絵本に親しむ環境　絵本の楽しさ、探す・知る喜びを味わう
16. 印刷（書かれた）文字に親しむ環境　文字の意味や役割、必要性がわかる

サブスケール④ 活動：子どもがものに触れ、関わり、操り、つくり出し、夢中になることを支え、学びに向かう力を育てる
17. 微細運動（手や指を使う）手や指を使い集中して遊ぶ
18. 造形　作ったり描いたりしてさまざまな表現を楽しむ
19. 音楽リズム　感じたことや考えたことを音や動きで楽しむ
20. 積み木　構成を楽しみ、思いを表現し、友達と共有する
21. ごっこ遊び（見立て・つもり・ふり・役割遊び）イメージを形にして楽しみ、友だちと共有する
22. 自然／科学　自然に触れ、好奇心や探求心をもつ
23. 遊びのなかの算数　遊びや生活のなかで数・量・形に親しむ
24. 日常生活のなかの算数　生活の必要に応じて数量などに親しむ
25. 数字の経験　数字の意味に気づく
26. 多様性の需要　人には違うところと同じところがあることに気づく
27. ICTの活用　テクノロジーで遊びや生活の幅を広げる

サブスケール⑤ 相互関係：気持ちが受容され、伝え合いをし、新しい考えを生み出すことを支える
28. 粗大運動の見守り　身体を動かすさまざまな活動を十分に楽しむ
29. 個別的な指導と学び　1人ひとりの特性に応じた指導に支えられて学びに向かう
30. 保育者と子どものやりとり　子どもが尊重され、認められ、支えられる
31. 子どもどうしのやりとり　他の幼児の考えや感じ方に触れる
32. 望ましい態度・習慣の育成　自分でしなくてはならないことを自覚して行う

サブスケール⑥ 保育の構造：子どものよりよい生活を支えるクラスルーム・マネージメント
33. 移行時間と待ち時間　子ども自身が生活の見通しをもてる
34. 自由遊び　活動を楽しむなかで、自分で考えたり助けを得たりして自分で行う
35. 遊びと学びのクラス集団活動　他の幼児や保育者と親しみ合い、支え合う

（参考 ハームス他、2016）

て・つもり・ふり・役割遊び）」の項目のなかに会話したり話したりすることがあげられている。また、サブスケール⑤「相互関係」においても言葉とかかわる指標が多数ある。

その他、広く活用されている指標に『「保育プロセスの質」評価スケール（SSTEW）』（2015）がある（日本語版は、イラム・シラージほか、秋田喜代美、淀川裕美訳『「保育プロセスの質」評価スケール』明石書店、2016）[5]。これは、保育実践における保育者と子どもの相互作用の質に注目した評価指標であり、子どもの安心や情緒の安定、信頼や自信といった社会情動的そだちと、子どもの主体的な探求に着目している。

「SSTEW」は、5つのサブスケール（①信頼と自信の形成と、自律の構築、②社会的、情緒的な安定・安心、③言葉・コミュニケーションを支え、広げる、④学びと批判的思考を支える、⑤学び・言葉の発達を評価する）と、14の項目から構成されている（表8−3参照）。領域「言葉」と関わる内容が多いことがわかる。

保育の質の維持・向上には、つねに子どもの理解を深め、保育者の実践におけるよいところを維持し、課題のあるところを改善することが必要である。環境や保育者の関わりを振り返り、評価するうえで、評価指標は道具であり、多様な道具を知り、必要に応じて、臨機応変に選択して活用することが望まれる。実際、保育の質は、単純に定義することが困難なものでもある。よって、唯一無二に評価方法にのみこだわるのではなく、肩の力を抜いて、活用したいものである。もちろん保育者は、専門職として、子どもへの公的責任から、評価をしないわけにはいかないと考える。保育者は、多数ある評価の指標を適宜、道具として活用し、多方面から保育の質を問い、その維持・改善を多層的に図る必要があると考える。

表8-3 SSTEWのサブスケールと下位項目

サブスケール①　信頼の構築と、自信や自立
1. 自己制御と社会的発達
2. 子どもの選択と自立した遊びの支援
3. 小グループ・個別のかかわり、保育者の位置取り

サブスケール②　社会的、情緒的な安定・安心
4. 社会情緒的な安定・安心

サブスケール③　言葉・コミュニケーションを支え、広げる
5. 子ども同士の会話を支えること
6. 保育者が子どもの声を聴くこと、子どもが他者の言葉を聴くように支えること
7. 子どもの言葉の使用を保育者が支えること
8. 感受性豊かな応答

サブスケール④　学びと批判的思考を支える
9. 好奇心と問題解決の支援
10. お話・本・歌・言葉遊びを通した「ともに考え、深めつづけること」
11. 調べること・探求を通した「ともに考え、深めつづけること」
12. 概念発達と高次の思考の支援

サブスケール⑤　学び・言葉の発達を評価する
13. 学びと批判的思考を支え、広げるための評価の活用
14. 言葉の発達に関する評価

（参考　シラージ他、2016）

§6 新しい時代の乳幼児教育
― 生きる力の基礎として思考力を育む ―

「21世紀型スキル」や「コンピテンシー」とは、21世紀の社会で生きる上で必要とされる能力のことである。つまり、知識や技術を細切れで習得するのではなく、既存の知識技術を文脈とともにいかに活用し、他者と共同で臨機応変に発展させつつ、応用していく力量をさす。2017年の要領や指針の改訂（定）においても、これらの育成がめざされている。OECDや、ヨーロッパ、ニュージーランドなどでは「コンピテンシー」概念として整理され、アメリカや日本などでは「21世紀型スキル」という場合が多いようである（国立教育政策研究所『社会の変化に対応する資質や能力を育成する教育課程編成の基本原理』2013参照）[6]。

これからの社会に求められる資質・能力とは、グローバル化社会の多様な価値観有する他者と対話し協働する「実践力」を含む力である。21世紀の世界は不安定な社会であり、複雑な問題が氾濫している。そういった問題の解決につながる力は「思考力」である。「思考力」とは、創造性を発揮し、問題を解決する力であり、論理的に考えたり、批判的に推考したり、自己を振り返り自分についての認識を深めたり、さらに考えを深める力である。

「思考力」の育成には、ことばなどを使いこなす「基礎力」が根底として必要となる。中核となる「思考力」が育成されても、実際の問題解決には「実践力」が必要である。「実践力」とは主体的に自ら考え、自らが判断し（選択し）、行動する力であり、コミュニケーションの力、協働性、主体的に参画する力などがこれにあたる。

国際団体「ATC21s」（The Assessment and Teaching of 21st-Century Skills = 21世紀型スキル効果測定プロジェクト）は、2010年に「21世紀型スキル」として、批判的思考力、問題解決能力、コミュニケーション能力、コラボレーション能力、情報リテラシーなどを、これからの時代を生きる上で必要な力量として提示している。

保育における遊びと生活の経験は、基礎力にあたることばや、ことばを使いこなす力を、五感を大いに活用し、文脈とともに、実際の経験とともに身につけていく。そこでは、基礎力の形成と、思考と行為が強く関連しながら展開している。保育実践は、まさにアクティブ・ラーニングであり、遊びと生活のなかで、子どもたちは、主体性を発揮し、友達との相互作用の中で対話的にそして深く学んでいる。遊びのなかには、試行錯誤、創意工夫、他者との協同的な学びがあふれている。人格形成の基礎は、ま

さに、乳幼児教育において形成されている。

　保育者は、子どもの自尊感情や自己効力感を育み、他者との肯定的なつながりの場としての環境を構成し、ときに仲立ちしてつながりを深める。園では画一的な教育ではなく、主体性を発揮し、自由な発想が受け入れられ、個々の子どもが尊重され、多様性に対する寛容性が育まれる。一人ひとりの子どもの興味関心が十分に発揮され、かつ、それぞれの育ちや学びが共有されることにより、子どもたちには、多方面への知性の扉が開かれる。保育におけるそして、育ち学びあう、その基礎としてのことばの教育の重要性が今後ますます認識されていくと考える。

―――― この章で学んだこと ――――

- 子どもは身近な人との日常的な直接の関わりを通してことばを学んでいく。しかし、テレビやビデオ、最近ではスマートフォンなどの普及によって、子どものことば環境が大きく変化してきている。

- ことばを学ぶとは、ものの名前をただ記憶したり、あいさつが言えるように訓練されたりすることではない。子どもの日常的な生活において身近な人たちとの関係のなかで、いきいきしたことばを聞いたり応答してもらったりする体験を通して、子どもが自分らしいことばで表現していくことである。

- 保育の評価は、子ども一人ひとりの個性を理解し、それぞれのよさや可能性をみとり、把握することを基盤とするものであり、ほかの子どもとの比較や一定の基準に対する到達度について捉えるものではない。

- 領域「言葉」においては、とくに子どもの聞きたい気持ち、話したい気持ちがはぐくまれ、ことばを活用する経験を積み重ねられていることをとらえ、PDCAサイクル等によりカリキュラム・マネジメントがなされることが望まれる。

- 領域「言葉」のねらい・内容・内容の取扱いを踏まえ、かつ、幼児期の終わりまでに育ってほしい姿を活用しながら、園における主体的な遊びや生活のなかでの経験により育まれた子どもの姿を可視化し、発信して、情報の共有化を図り、小学校の教育の参考にできるように工夫を図ることが大切である。

- 一般的な語彙の発達の過程に関わるデータや、各種評価方法は、一つの方法やスケールのみにこだわるのではなく、子どもの評価の観点を保育者がもつ上で活用できる道具である。これらを学び、保育実践の質を多角的に考えたり、その維持・向上を図るために活用することが望まれる。

引用文献

第2章

1. 竹下秀子『赤ちゃんの手とまなざし』 岩波書店、2001
2. Bowlby, J.『母子関係の理論① 愛着行動』黒田実郎・大場蓁・岡田洋子（訳） 岩崎学術出版社、1976
3. 坂上裕子『子どもの反抗期における母親の発達－歩行開始期の母子の共変化過程－』 風間書房、2005
4. Bruner, J.S.『乳幼児の話ことば：コミュニケーションの学習』寺田晃・本郷一夫（訳） 新曜社、1988
5. 秦野悦子「文脈と心の理解」秦野悦子・やまだようこ（編）『コミュニケーションという謎』pp.129-146 ミネルヴァ書房、1998
6. Vygotsky, L.S.『思考と言語 上・下』柴田義松（訳） 明治図書、1962
7. 深田昭三・倉盛美穂子・小坂圭子・石井史子・横山順一「幼児における会話の維持：コミュニケーション連鎖の分析」『発達心理学研究』10(3)、1999
8. 堀越紀香・無藤隆「幼児にとってのふざけ行動の意味：タブーのふざけの変化」『子ども社会研究』6、pp.43-55、2000

第3章

1. 福崎淳子「「みてて」発話からとらえる幼児の他者意識」『保育学研究』40、pp. 83-90、2002
2. 大分大学教育福祉科学部附属幼稚園『研究紀要第27集：多様な感情体験を通しての心育て』より引用、一部改変、2004
3. Vygotsky, L.S.『思考と言語 上・下』柴田義松（訳） 明治図書、1962
4. 今井和子『子どもとことばの世界』 ミネルヴァ書房、1996
5. 岡本夏木『子どもとことば』 岩波新書、1982
6. 無藤隆「子どもの発達と領域「言葉」」無藤隆・高杉自子（編著）『保育講座 保育内容 言葉』pp.12-40、ミネルヴァ書房、1990
7. 国立教育政策研究所教育課程研究センター『幼児期から児童期への教育』 ひかりのくに、2005
8. 今井和子『保育実践 言葉と文字の教育』 小学館、2000
9. 無藤隆「しなやかな心とからだとは何か」 無藤隆・清水益治（編著）『保育ライブラリ 保育心理学』pp.2-9、北大路書房、2002
10. 横山真貴子・秋田喜代美・無藤隆・安見克夫「幼児はどんな手紙を書いているのか？：幼稚園で書かれた手紙の分析」『発達心理学研究』9(2)、pp. 95-107、1998
11. 堀越紀香・無藤隆「幼児にとってのふざけ行動の意味：タブーのふざけの変化」『子ども社会研究』6、pp.43-55、2000

第5章

1. 岡本夏木『ことばと発達』 岩波新書、1985

第6章

1. 岡本夏木『ことばと発達』 岩波新書、1985
2. 藤崎春代「保育者は幼児の過去経験物語をどのように援助するのか？」『帝京大学文学部紀要（心理学）』4、pp.41-64、1997
3. 増田時枝「文字は遊びの道具？ 生活の道具？：文字獲得の保育」無藤 隆編『幼児の心理と保育』pp.125-142、ミネルヴァ書房、2001
4. 松居直『絵本のよろこび』 日本放送出版協会、2003
5. 横山真貴子「3歳児の幼稚園における絵本とのかかわりと家庭での絵本体験との関連：入園直後の1学期間の絵本とのかかわりの分析から」『奈良教育大学教育実践総合センター研究紀要』15、pp.91-99、2006

6　天野清『子どものかな文字の習得過程』　秋山書店、1986
7　横山真貴子「保育における集団に対するシリーズ絵本の読み聞かせ：5歳児クラスでの『ねずみくんの絵本』の読み聞かせの事例からの分析」『奈良教育大学教育実践総合センター研究紀要』12、pp.21-30、2003
8　横山真貴子・秋田喜代美・無藤隆・安見克夫「幼児はどんな手紙を書いているのか？：幼稚園で書かれた手紙の分析」『発達心理学研究』9(2)、pp.95-107、1998
9　横山真貴子『絵本の読み聞かせと手紙を書く活動の研究：保育における幼児の文字を媒介とした活動』風間書房、2004

第7章

1　Corsaro, W.A. (1985) Friendship and Peer Culture in the Early Years., Ablex Pub.
2　加用文男「遊びに生きる子どもの多重世界」麻生武・綿巻徹（編著）『遊びという謎』pp.35-61、ミネルヴァ書房、1998
3　倉持清美「就学前児の遊び集団への仲間入り過程」『発達心理学研究』5、pp.137-144、1994

第8章（・参考文献を含む）

1　Dewey, John(1933) How We Think: A restatement of the relation of reflective thinking to the educative process. DC. Heath and Company.
2　Schon, Donald Alan(1983) The Reflective Practitioner: How professionals think in action. London: Temple Smith.　柳沢昌一・三輪建二（監訳）『省察的実践とは何か？　プロフェッショナルの行為と思考』鳳書房、2007
3　Kitano, S., & Tsuji, H.(2013) Development of mental state vocabulary in the Japanese language: From a large-scale study of pre-school children ヨーロッパ発達心理学会第22回大会
4　T. ハームス・R. M. クリフォード・D. クレア『新・保育環境評価スケール①（3歳以上）』埋橋玲子（訳）法律文化社、2016
5　I. シラージ・D. キングストン・E. C. メルウィッシュ『「保育プロセスの質」評価スケール』秋田喜代美・淀川裕美（訳）　明石書店、2016
6　勝野頼彦・神代浩『社会の変化に対応する資質や能力を育成する教育課程編成の基本原理』国立教育政策研究所、2013

・佐伯胖・黒崎勲・佐藤学・田中孝彦・浜田寿美男・藤田英典（編）『教師像の再構築（岩波講座　現代の教育　第6巻）』岩波書店、1998
・矢藤誠慈朗『保育の質を高めるチームづくり：園と保育者の成長を支える』わかば社、2017
・文部科学省（2016）「幼児期の非認知的な能力の発達をとらえる研究　－感性・表現の視点から－」『平成27年度　文部科学省「幼児教育の質向上に係る推進体制等の構築モデル調査研究」いわゆる「非認知的な能力」を育むための効果的な指導法に関する調査研究』や、OECD／池迫裕子・宮本晃司・ベネッセ教育総合研究所（訳）（2015）『家庭、学校、地域社会のける社会情動的スキルの育成　国際的エビデンスのまとめと日本の教育実践・研究に対する示唆』
・中央教育審議会『幼稚園、小学校、中学校、高等学校及び特別支援学校の学習指導要領等の改善及び必要な方策等について（答申）』2016
・渡邊恵子・田口重憲・堀越紀香『幼小接続期の育ち・学びと幼児教育の質に関する研究〈報告書〉』国立教育政策研究所、2017
・Tsuji, H., & Kitano, S.(2013) Relationship between mental state language and socio cognitive development: A large-scale study in a Japanese-speaking population ヨーロッパ発達心理学会第22回大会
・Tsuji, H., & Kitano, S.(2014) An exploratory examination of child mental state language in Japanese: Adults' knowledge about the development of child language. 国際幼児教育研究所, 21, pp.1-16.

学生に紹介したい ≫ **参考文献**

エピソードで学ぶ乳幼児の発達心理学
岡本依子・菅野幸恵・塚田-城みちる●新曜社●2004

心理学者が子育てを綴ったらどうなるか？ 豊かなエピソードや写真を楽しみながら、ことばの発達はもちろん、情緒・認知・関係・自己・移行といった切り口から乳幼児期の発達や心理について理解を深めることができる好著。

ごっこの構造
C. ガーヴェイ・高橋たまき訳●サイエンス社●2004

子どものごっこ遊び場面や日常遊び場面の会話を集め、子どもたちが展開するごっこ遊びがどのような構造からなっているのか、発達的特徴は何なのか、子どもの世界をことばを通じて解釈していくためには、とても役に立つ。

子どもとことば
岡本夏木●岩波新書●1982

子どもがことばを話しはじめるには、どのような発達が必要なのだろうか。ことばを発達全体のなかに位置づけてとらえることにより、ことばのもつ本質的な意味を抜き出すことの重要さを、本書は教えてくれる。

にんげんぴかぴか
川崎洋編●中公新書ラクレ●2005

おもに幼児期から児童期の子どもの詩が掲載されている。子どものみずみずしい感性と、豊かな想像力を感じ、おとなになって忘れかけていた気持ちが思い起こされる。詩人川崎洋の短評は、子どもの詩を引き立て、読者の心を温めてくれる。

発達心理学
──ことばの獲得と教育
内田伸子●岩波書店●1999

人間の証であることばは、コミュニケーションする道具であり、また考える手段でもある。本書は、ことばの発達のメカニズムについて、豊富な知見を紹介しており、言語発達の教科書としても、専門書としても最適なものである。

ヨウチエン
S. D. ハロウェイ・高橋登・南雅彦・砂上史子訳●北大路書房●2004

日本の幼稚園の実践における多様性が、子どもの発達と教育、子育てについて文化的信念（文化モデル）を反映したものであることを示し、関係重視型、役割重視型、子ども重視型の3タイプに分類した。幼稚園教育をあらためて吟味する機会になるだろう。

よくわかる言語発達
[改訂新版]
岩立志津夫・小椋たみ子編●ミネルヴァ書房●2017

言語獲得や言語障害の基礎となる理論が、わかりやすく解説されており、言語発達の入門者にとっても理解しやすいだろう。言語発達研究の最近トピックスを取り上げた最終章を読むことにより、言語発達研究の動向もおさえることができる。

「私」とは何か
浜田寿美男●講談社選書メチエ●1999

著者は人との関係のなかで生きる身体を〈表現としての身体〉と捉え、〈身体〉の果たす役割・意味を深く説いている。意味世界、ことばの世界、「私」という内的世界も、同じ身体をもつ他者との関係性のなかから立ち上がっていることを理論的に解明している。

幼稚園教育要領（全文）　保育所保育指針（抄録）

幼稚園教育要領
[文部科学省　平成29年3月告示　平成30年4月施行]

幼稚園教育要領（前文）

　教育は、教育基本法第1条に定めるとおり、人格の完成を目指し、平和で民主的な国家及び社会の形成者として必要な資質を備えた心身ともに健康な国民の育成を期すという目的のもと、同法第2条に掲げる次の目標を達成するよう行われなければならない。
1　幅広い知識と教養を身に付け、真理を求める態度を養い、豊かな情操と道徳心を培うとともに、健やかな身体を養うこと。
2　個人の価値を尊重して、その能力を伸ばし、創造性を培い、自主及び自律の精神を養うとともに、職業及び生活との関連を重視し、勤労を重んずる態度を養うこと。
3　正義と責任、男女の平等、自他の敬愛と協力を重んずるとともに、公共の精神に基づき、主体的に社会の形成に参画し、その発展に寄与する態度を養うこと。
4　生命を尊び、自然を大切にし、環境の保全に寄与する態度を養うこと。
5　伝統と文化を尊重し、それらをはぐくんできた我が国と郷土を愛するとともに、他国を尊重し、国際社会の平和と発展に寄与する態度を養うこと。

　また、幼児期の教育については、同法第11条に掲げるとおり、生涯にわたる人格形成の基礎を培う重要なものであることにかんがみ、国及び地方公共団体は、幼児の健やかな成長に資する良好な環境の整備その他適当な方法によって、その振興に努めなければならないこととされている。
　これからの幼稚園には、学校教育の始まりとして、こうした教育の目的及び目標の達成を目指しつつ、一人一人の幼児が、将来、自分のよさや可能性を認識するとともに、あらゆる他者を価値のある存在として尊重し、多様な人々と協働しながら様々な社会的変化を乗り越え、豊かな人生を切り拓き、持続可能な社会の創り手となることができるようにするための基礎を培うことが求められる。このために必要な教育の在り方を具体化するのが、各幼稚園において教育の内容等を組織的かつ計画的に組み立てた教育課程である。
　教育課程を通して、これからの時代に求められる教育を実現していくためには、よりよい学校教育を通してよりよい社会を創るという理念を学校と社会とが共有し、それぞれの幼稚園において、幼児期にふさわしい生活をどのように展開し、どのような資質・能力を育むようにするのかを教育課程において明確にしながら、社会との連携及び協働によりその実現を図っていくという、社会に開かれた教育課程の実現が重要となる。
　幼稚園教育要領とは、こうした理念の実現に向けて必要となる教育課程の基準を大綱的に定めるものである。幼稚園教育要領が果たす役割の一つは、公の性質を有する幼稚園における教育水準を全国的に確保することである。また、各幼稚園がその特色を生かして創意工夫を重ね、長年にわたり積み重ねられてきた教育実践や学術研究の蓄積を生かしながら、幼児や地域の現状や課題を捉え、家庭や地域社会と協力して、幼稚園教育要領を踏まえた教育活動の更なる充実を図っていくことも重要である。
　幼児の自発的な活動としての遊びを生み出すために必要な環境を整え、一人一人の資質・能力を育んでいくことは、教職員をはじめとする幼稚園関係者はもとより、家庭や地域の人々も含め、様々な立場から幼児や幼稚園に関わる全ての大人に期待される役割である。家庭との緊密な連携の下、小学校以降の教育や生涯にわたる学習とのつながりを見通しながら、幼児の自発的な活動としての遊びを通しての総合的な指導をする際に広く活用されるものとなることを期待して、ここに幼稚園教育要領を定める。

第1章　総則

第1　幼稚園教育の基本

　幼児期の教育は、生涯にわたる人格形成の基礎を培う重要なものであり、幼稚園教育は、学校教育法に規定する目的及び目標を達成するため、幼児期の特性を踏まえ、環境を通して行うものであることを基本とする。
　このため教師は、幼児との信頼関係を十分に築き、幼児が身近な環境に主体的に関わり、環境との関わり方や意味に気付き、これらを取り込もうとして、試行錯誤したり、考えたりするようになる幼児期の教育における見方・考え方を生かし、幼児と共によりよい教育環境を創造するように努めるものとする。これらを踏まえ、次に示す事項を重視して教育を行わなければならない。

1　幼児は安定した情緒の下で自己を十分に発揮することにより発達に必要な体験を得ていくものであることを考慮して、幼児の主体的な活動を促し、幼児期にふさわしい生活が展開されるようにすること。
2　幼児の自発的な活動としての遊びは、心身の調和のとれた発達の基礎を培う重要な学習であることを考慮して、遊びを通しての指導を中心として第2章に示すねらいが総合的に達成されるようにすること。
3　幼児の発達は、心身の諸側面が相互に関連し合い、多様な経過をたどって成し遂げられていくものであること、また、幼児の生活経験がそれぞれ異なることなどを考慮して、幼児一人一人の特性に応じ、発達の課題に即した指導を行うようにすること。

その際、教師は、幼児の主体的な活動が確保されるよう幼児一人一人の行動の理解と予想に基づき、計画的に環境を構成しなければならない。この場合において、教師は、幼児と人やものとの関わりが重要であることを踏まえ、教材を工夫し、物的・空間的環境を構成しなければならない。また、幼児一人一人の活動の場面に応じて、様々な役割を果たし、その活動を豊かにしなければならない。

第2　幼稚園教育において育みたい資質・能力及び「幼児期の終わりまでに育ってほしい姿」

1　幼稚園においては、生きる力の基礎を育むため、この章の第1に示す幼稚園教育の基本を踏まえ、次に掲げる資質・能力を一体的に育むよう努めるものとする。
　(1)　豊かな体験を通じて、感じたり、気付いたり、分かったり、できるようになったりする「知識及び技能の基礎」
　(2)　気付いたことや、できるようになったことなどを使い、考えたり、試したり、工夫したり、表現したりする「思考力、判断力、表現力等の基礎」
　(3)　心情、意欲、態度が育つ中で、よりよい生活を営もうとする「学びに向かう力、人間性等」
2　1に示す資質・能力は、第2章に示すねらい及び内容に基づく活動全体によって育むものである。
3　次に示す「幼児期の終わりまでに育ってほしい姿」は、第2章に示すねらい及び内容に基づく活動全体を通して資質・能力が育まれている幼児の幼稚園修了時の具体的な姿であり、教師が指導を行う際に考慮するものである。
(1)　健康な心と体
　幼稚園生活の中で、充実感をもって自分のやりたいことに向かって心と体を十分に働かせ、見通しをもって行動し、自ら健康で安全な生活をつくり出すようになる。
(2)　自立心
　身近な環境に主体的に関わり様々な活動を楽しむ中で、しなければならないことを自覚し、自分の力で行うために考えたり、工夫したりしながら、諦めずにやり遂げることで達成感を味わい、自信をもって行動するようになる。
(3)　協同性
　友達と関わる中で、互いの思いや考えなどを共有し、共通の目的の実現に向けて、考えたり、工夫したり、協力したりし、充実感をもってやり遂げるようになる。
(4)　道徳性・規範意識の芽生え
　友達と様々な体験を重ねる中で、してよいことや悪いことが分かり、自分の行動を振り返ったり、友達の気持ちに共感したりし、相手の立場に立って行動するようになる。また、きまりを守る必要性が分かり、自分の気持ちを調整し、友達と折り合いを付けながら、きまりをつくったり、守ったりするようになる。
(5)　社会生活との関わり
　家族を大切にしようとする気持ちをもつとともに、地域の身近な人と触れ合う中で、人との様々な関わり方に気付き、相手の気持ちを考えて関わり、自分が役に立つ喜びを感じ、地域に親しみをもつようになる。また、幼稚園内外の様々な環境に関わる中で、遊びや生活に必要な情報を取り入れ、情報に基づき判断したり、情報を伝え合ったり、活用したりするなど、情報を役立てながら活動するようになるとともに、公共の施設を大切に利用するなどして、社会とのつながりなどを意識するようになる。
(6)　思考力の芽生え
　身近な事象に積極的に関わる中で、物の性質や仕組みなどを感じ取ったり、気付いたりし、考えたり、予想したり、工夫したりするなど、多様な関わりを楽しむようになる。また、友達の様々な考えに触れる中で、自分と異なる考えがあることに気付き、自ら判断したり、考え直したりするなど、新しい考えを生み出す喜びを味わいながら、自分の考えをよりよいものにするようになる。
(7)　自然との関わり・生命尊重
　自然に触れて感動する体験を通して、自然の変化などを感じ取り、好奇心や探究心をもって考え言葉などで表現しながら、身近な事象への関心が高まるとともに、自然への愛情や畏敬の念をもつようになる。また、身近な動植物に心を動かされる中で、生命の不思議さや尊さに気付き、身近な動植物への接し方を考え、命あるものとしていたわり、大切にする気持ちをもって関わるようになる。
(8)　数量や図形、標識や文字などへの関心・感覚
　遊びや生活の中で、数量や図形、標識や文字などに親しむ体験を重ねたり、標識や文字の役割に気付いたりし、自らの必要感に基づきこれらを活用し、興味や関心、感覚をもつようになる。
(9)　言葉による伝え合い
　先生や友達と心を通わせる中で、絵本や物語などに親しみながら、豊かな言葉や表現を身に付け、経験したことや考えたことなどを言葉で伝えたり、相手の話を注意して聞いたりし、言葉による伝え合いを楽しむようになる。

⑽　豊かな感性と表現

　心を動かす出来事などに触れ感性を働かせる中で、様々な素材の特徴や表現の仕方などに気付き、感じたことや考えたことを自分で表現したり、友達同士で表現する過程を楽しんだりし、表現する喜びを味わい、意欲をもつようになる。

第３　教育課程の役割と編成等

１　教育課程の役割

　各幼稚園においては、教育基本法及び学校教育法その他の法令並びにこの幼稚園教育要領の示すところに従い、創意工夫を生かし、幼児の心身の発達と幼稚園及び地域の実態に即応した適切な教育課程を編成するものとする。

　また、各幼稚園においては、６に示す全体的な計画にも留意しながら、「幼児期の終わりまでに育ってほしい姿」を踏まえ教育課程を編成すること、教育課程の実施状況を評価してその改善を図っていくこと、教育課程の実施に必要な人的又は物的な体制を確保するとともにその改善を図っていくことなどを通して、教育課程に基づき組織的かつ計画的に各幼稚園の教育活動の質の向上を図っていくこと（以下「カリキュラム・マネジメント」という。）に努めるものとする。

２　各幼稚園の教育目標と教育課程の編成

　教育課程の編成に当たっては、幼稚園教育において育みたい資質・能力を踏まえつつ、各幼稚園の教育目標を明確にするとともに、教育課程の編成についての基本的な方針が家庭や地域とも共有されるよう努めるものとする。

３　教育課程の編成上の基本的事項

⑴　幼稚園生活の全体を通して第２章に示すねらいが総合的に達成されるよう、教育課程に係る教育期間や幼児の生活経験や発達の過程などを考慮して具体的なねらいと内容を組織するものとする。この場合においては、特に、自我が芽生え、他者の存在を意識し、自己を抑制しようとする気持ちが生まれる幼児期の発達の特性を踏まえ、入園から修了に至るまでの長期的な視野をもって充実した生活が展開できるように配慮するものとする。

⑵　幼稚園の毎学年の教育課程に係る教育週数は、特別の事情のある場合を除き、39週を下ってはならない。

⑶　幼稚園の１日の教育課程に係る教育時間は、４時間を標準とする。ただし、幼児の心身の発達の程度や季節などに適切に配慮するものとする。

４　教育課程の編成上の留意事項

　教育課程の編成に当たっては、次の事項に留意するものとする。

⑴　幼児の生活は、入園当初の一人一人の遊びや教師との触れ合いを通して幼稚園生活に親しみ、安定していく時期から、他の幼児との関わりの中で幼児の主体的な活動が深まり、幼児が互いに必要な存在であることを認識するようになり、やがて幼児同士や学級全体で目的をもって協同して幼稚園生活を展開し、深めていく時期などに至るまでの過程を様々に経ながら広げられていくものであることを考慮し、活動がそれぞれの時期にふさわしく展開されるようにすること。

⑵　入園当初、特に、３歳児の入園については、家庭との連携を緊密にし、生活のリズムや安全面に十分配慮すること。また、満３歳児については、学年の途中から入園することを考慮し、幼児が安心して幼稚園生活を過ごすことができるよう配慮すること。

⑶　幼稚園生活が幼児にとって安全なものとなるよう、教職員による協力体制の下、幼児の主体的な活動を大切にしつつ、園庭や園舎などの環境の配慮や指導の工夫を行うこと。

５　小学校教育との接続に当たっての留意事項

⑴　幼稚園においては、幼稚園教育が、小学校以降の生活や学習の基盤の育成につながることに配慮し、幼児期にふさわしい生活を通して、創造的な思考や主体的な生活態度などの基礎を培うようにするものとする。

⑵　幼稚園教育において育まれた資質・能力を踏まえ、小学校教育が円滑に行われるよう、小学校の教師との意見交換や合同の研究の機会などを設け、「幼児期の終わりまでに育ってほしい姿」を共有するなど連携を図り、幼稚園教育と小学校教育との円滑な接続を図るよう努めるものとする。

６　全体的な計画の作成

　各幼稚園においては、教育課程を中心に、第３章に示す教育課程に係る教育時間の終了後等に行う教育活動の計画、学校保健計画、学校安全計画などとを関連させ、一体的に教育活動が展開されるよう全体的な計画を作成するものとする。

第４　指導計画の作成と幼児理解に基づいた評価

１　指導計画の考え方

　幼稚園教育は、幼児が自ら意欲をもって環境と関わることによりつくり出される具体的な活動を通して、その目標の達成を図るものである。

　幼稚園においてはこのことを踏まえ、幼児期にふさわしい生活が展開され、適切な指導が行われるよう、それぞれの幼稚園の教育課程に基づき、調和のとれた組織的、発展的な指導計画を作成し、幼児の活動に沿った柔軟な指導を行わなければならない。

２　指導計画の作成上の基本的事項

⑴　指導計画は、幼児の発達に即して一人一人の幼児が幼児期にふさわしい生活を展開し、必要な体験を得られるようにするために、具体的に作成するものとする。

⑵　指導計画の作成に当たっては、次に示すところにより、具体的なねらい及び内容を明確に設定し、適切な

環境を構成することなどにより活動が選択・展開されるようにするものとする。
　　ア　具体的なねらい及び内容は、幼稚園生活における幼児の発達の過程を見通し、幼児の生活の連続性、季節の変化などを考慮して、幼児の興味や関心、発達の実情などに応じて設定すること。
　　イ　環境は、具体的なねらいを達成するために適切なものとなるように構成し、幼児が自らその環境に関わることにより様々な活動を展開しつつ必要な体験を得られるようにすること。その際、幼児の生活する姿や発想を大切にし、常にその環境が適切なものとなるようにすること。
　　ウ　幼児の行う具体的な活動は、生活の流れの中で様々に変化するものであることに留意し、幼児が望ましい方向に向かって自ら活動を展開していくことができるよう必要な援助をすること。

　　その際、幼児の実態及び幼児を取り巻く状況の変化などに即して指導の過程についての評価を適切に行い、常に指導計画の改善を図るものとする。
　3　指導計画の作成上の留意事項
　　指導計画の作成に当たっては、次の事項に留意するものとする。
　(1)　長期的に発達を見通した年、学期、月などにわたる長期の指導計画やこれとの関連を保ちながらより具体的な幼児の生活に即した週、日などの短期の指導計画を作成し、適切な指導が行われるようにすること。特に、週、日などの短期の指導計画については、幼児の生活のリズムに配慮し、幼児の意識や興味の連続性のある活動が相互に関連して幼稚園生活の自然な流れの中に組み込まれるようにすること。
　(2)　幼児が様々な人やものとの関わりを通して、多様な体験をし、心身の調和のとれた発達を促すようにしていくこと。その際、幼児の発達に即して主体的・対話的で深い学びが実現するようにするとともに、心を動かされる体験が次の活動を生み出すことを考慮し、一つ一つの体験が相互に結び付き、幼稚園生活が充実するようにすること。
　(3)　言語に関する能力の発達と思考力等の発達が関連していることを踏まえ、幼稚園生活全体を通して、幼児の発達を踏まえた言語環境を整え、言語活動の充実を図ること。
　(4)　幼児が次の活動への期待や意欲をもつことができるよう、幼児の実態を踏まえながら、教師や他の幼児と共に遊びや生活の中で見通しをもったり、振り返ったりするよう工夫すること。
　(5)　行事の指導に当たっては、幼稚園生活の自然の流れの中で生活に変化や潤いを与え、幼児が主体的に楽しく活動できるようにすること。なお、それぞれの行事についてはその教育的価値を十分検討し、適切なものを精選し、幼児の負担にならないようにすること。
　(6)　幼児期は直接的な体験が重要であることを踏まえ、視聴覚教材やコンピュータなど情報機器を活用する際には、幼稚園生活では得難い体験を補完するなど、幼児の体験との関連を考慮すること。
　(7)　幼児の主体的な活動を促すためには、教師が多様な関わりをもつことが重要であることを踏まえ、教師は、理解者、共同作業者など様々な役割を果たし、幼児の発達に必要な豊かな体験が得られるよう、活動の場面に応じて、適切な指導を行うようにすること。
　(8)　幼児の行う活動は、個人、グループ、学級全体などで多様に展開されるものであることを踏まえ、幼稚園全体の教師による協力体制を作りながら、一人一人の幼児が興味や欲求を十分に満足させるよう適切な援助を行うようにすること。
　4　幼児理解に基づいた評価の実施
　　幼児一人一人の発達の理解に基づいた評価の実施に当たっては、次の事項に配慮するものとする。
　(1)　指導の過程を振り返りながら幼児の理解を進め、幼児一人一人のよさや可能性などを把握し、指導の改善に生かすようにすること。その際、他の幼児との比較や一定の基準に対する達成度についての評定によって捉えるものではないことに留意すること。
　(2)　評価の妥当性や信頼性が高められるよう創意工夫を行い、組織的かつ計画的な取組を推進するとともに、次年度又は小学校等にその内容が適切に引き継がれるようにすること。

第5　特別な配慮を必要とする幼児への指導
　1　障害のある幼児などへの指導
　　障害のある幼児などへの指導に当たっては、集団の中で生活することを通して全体的な発達を促していくことに配慮し、特別支援学校などの助言又は援助を活用しつつ、個々の幼児の障害の状態などに応じた指導内容や指導方法の工夫を組織的かつ計画的に行うものとする。また、家庭、地域及び医療や福祉、保健等の業務を行う関係機関との連携を図り、長期的な視点で幼児への教育的支援を行うために、個別の教育支援計画を作成し活用することに努めるとともに，個々の幼児の実態を的確に把握し、個別の指導計画を作成し活用することに努めるものとする。
　2　海外から帰国した幼児や生活に必要な日本語の習得に困難のある幼児の幼稚園生活への適応
　　海外から帰国した幼児や生活に必要な日本語の習得に困難のある幼児については、安心して自己を発揮できるよう配慮するなど個々の幼児の実態に応じ、指導内容や指導方法の工夫を組織的かつ計画的に行うものとする。

第6 幼稚園運営上の留意事項

1 　各幼稚園においては、園長の方針の下に、園務分掌に基づき教職員が適切に役割を分担しつつ、相互に連携しながら、教育課程や指導の改善を図るものとする。また、各幼稚園が行う学校評価については、教育課程の編成、実施、改善が教育活動や幼稚園運営の中核となることを踏まえ、カリキュラム・マネジメントと関連付けながら実施するよう留意するものとする。

2 　幼児の生活は、家庭を基盤として地域社会を通じて次第に広がりをもつものであることに留意し、家庭との連携を十分に図るなど、幼稚園における生活が家庭や地域社会と連続性を保ちつつ展開されるようにするものとする。その際、地域の自然、高齢者や異年齢の子供などを含む人材、行事や公共施設などの地域の資源を積極的に活用し、幼児が豊かな生活体験を得られるように工夫するものとする。また、家庭との連携に当たっては、保護者との情報交換の機会を設けたり、保護者と幼児との活動の機会を設けたりなどすることを通じて、保護者の幼児期の教育に関する理解が深まるよう配慮するものとする。

3 　地域や幼稚園の実態等により、幼稚園間に加え、保育所、幼保連携型認定こども園、小学校、中学校、高等学校及び特別支援学校などとの間の連携や交流を図るものとする。特に、幼稚園教育と小学校教育の円滑な接続のため、幼稚園の幼児と小学校の児童との交流の機会を積極的に設けるようにするものとする。また、障害のある幼児児童生徒との交流及び共同学習の機会を設け、共に尊重し合いながら協働して生活していく態度を育むよう努めるものとする。

第7 教育課程に係る教育時間終了後等に行う教育活動など

　幼稚園は、第3章に示す教育課程に係る教育時間の終了後等に行う教育活動について、学校教育法に規定する目的及び目標並びにこの章の第1に示す幼稚園教育の基本を踏まえ実施するものとする。また、幼稚園の目的の達成に資するため、幼児の生活全体が豊かなものとなるよう家庭や地域における幼児期の教育の支援に努めるものとする。

第2章　ねらい及び内容

　この章に示すねらいは、幼稚園教育において育みたい資質・能力を幼児の生活する姿から捉えたものであり、内容は、ねらいを達成するために指導する事項である。各領域は、これらを幼児の発達の側面から、心身の健康に関する領域「健康」、人との関わりに関する領域「人間関係」、身近な環境との関わりに関する領域「環境」、言葉の獲得に関する領域「言葉」及び感性と表現に関する領域「表現」としてまとめ、示したものである。内容の取扱いは、幼児の発達を踏まえた指導を行うに当たって留意すべき事項である。

　各領域に示すねらいは、幼稚園における生活の全体を通じ、幼児が様々な体験を積み重ねる中で相互に関連をもちながら次第に達成に向かうものであること、内容は、幼児が環境に関わって展開する具体的な活動を通して総合的に指導されるものであることに留意しなければならない。

　また、「幼児期の終わりまでに育ってほしい姿」が、ねらい及び内容に基づく活動全体を通して資質・能力が育まれている幼児の幼稚園修了時の具体的な姿であることを踏まえ、指導を行う際に考慮するものとする。

　なお、特に必要な場合には、各領域に示すねらいの趣旨に基づいて適切な、具体的な内容を工夫し、それを加えても差し支えないが、その場合には、それが第1章の第1に示す幼稚園教育の基本を逸脱しないよう慎重に配慮する必要がある。

健康

〔健康な心と体を育て、自ら健康で安全な生活をつくり出す力を養う。〕

1 　ねらい
 (1) 　明るく伸び伸びと行動し、充実感を味わう。
 (2) 　自分の体を十分に動かし、進んで運動しようとする。
 (3) 　健康、安全な生活に必要な習慣や態度を身に付け、見通しをもって行動する。

2 　内容
 (1) 　先生や友達と触れ合い、安定感をもって行動する。
 (2) 　いろいろな遊びの中で十分に体を動かす。
 (3) 　進んで戸外で遊ぶ。
 (4) 　様々な活動に親しみ、楽しんで取り組む。
 (5) 　先生や友達と食べることを楽しみ、食べ物への興味や関心をもつ。
 (6) 　健康な生活のリズムを身に付ける。
 (7) 　身の回りを清潔にし、衣服の着脱、食事、排泄などの生活に必要な活動を自分でする。
 (8) 　幼稚園における生活の仕方を知り、自分たちで生活の場を整えながら見通しをもって行動する。
 (9) 　自分の健康に関心をもち、病気の予防などに必要な活動を進んで行う。
 (10) 　危険な場所、危険な遊び方、災害時などの行動の仕方が分かり、安全に気を付けて行動する。

3 　内容の取扱い
　上記の取扱いに当たっては、次の事項に留意する必要がある。
 (1) 　心と体の健康は、相互に密接な関連があるものであることを踏まえ、幼児が教師や他の幼児との温かい触れ合いの中で自己の存在感や充実感を味わうことなどを基盤として、しなやかな心と体の発達を促すこと。特に、十分に体を動かす気持ちよさを体験し、自ら体を動かそうとする意欲が育つようにすること。
 (2) 　様々な遊びの中で、幼児が興味や関心、能力に応じて全身を使って活動することにより、体を動かす楽しさを味わい、自分の体を大切にしようとする気持ちが

育つようにすること。その際、多様な動きを経験する中で、体の動きを調整するようにすること。
　(3)　自然の中で伸び伸びと体を動かして遊ぶことにより、体の諸機能の発達が促されることに留意し、幼児の興味や関心が戸外にも向くようにすること。その際、幼児の動線に配慮した園庭や遊具の配置などを工夫すること。
　(4)　健康な心と体を育てるためには食育を通じた望ましい食習慣の形成が大切であることを踏まえ、幼児の食生活の実情に配慮し、和やかな雰囲気の中で教師や他の幼児と食べる喜びや楽しさを味わったり、様々な食べ物への興味や関心をもったりするなどし、食の大切さに気付き、進んで食べようとする気持ちが育つようにすること。
　(5)　基本的な生活習慣の形成に当たっては、家庭での生活経験に配慮し、幼児の自立心を育て、幼児が他の幼児と関わりながら主体的な活動を展開する中で、生活に必要な習慣を身に付け、次第に見通しをもって行動できるようにすること。
　(6)　安全に関する指導に当たっては、情緒の安定を図り、遊びを通して安全についての構えを身に付け、危険な場所や事物などが分かり、安全についての理解を深めるようにすること。また、交通安全の習慣を身に付けるようにするとともに、避難訓練などを通して、災害などの緊急時に適切な行動がとれるようにすること。

人間関係
〔他の人々と親しみ、支え合って生活するために、自立心を育て、人と関わる力を養う。〕
1　ねらい
　(1)　幼稚園生活を楽しみ、自分の力で行動することの充実感を味わう。
　(2)　身近な人と親しみ、関わりを深め、工夫したり、協力したりして一緒に活動する楽しさを味わい、愛情や信頼感をもつ。
　(3)　社会生活における望ましい習慣や態度を身に付ける。
2　内容
　(1)　先生や友達と共に過ごすことの喜びを味わう。
　(2)　自分で考え、自分で行動する。
　(3)　自分でできることは自分でする。
　(4)　いろいろな遊びを楽しみながら物事をやり遂げようとする気持ちをもつ。
　(5)　友達と積極的に関わりながら喜びや悲しみを共感し合う。
　(6)　自分の思ったことを相手に伝え、相手の思っていることに気付く。
　(7)　友達のよさに気付き、一緒に活動する楽しさを味わう。
　(8)　友達と楽しく活動する中で、共通の目的を見いだし、工夫したり、協力したりなどする。
　(9)　よいことや悪いことがあることに気付き、考えながら行動する。
　(10)　友達との関わりを深め、思いやりをもつ。
　(11)　友達と楽しく生活する中できまりの大切さに気付き、守ろうとする。
　(12)　共同の遊具や用具を大切にし、皆で使う。
　(13)　高齢者をはじめ地域の人々などの自分の生活に関係の深いいろいろな人に親しみをもつ。
3　内容の取扱い
　上記の取扱いに当たっては、次の事項に留意する必要がある。
　(1)　教師との信頼関係に支えられて自分自身の生活を確立していくことが人と関わる基盤となることを考慮し、幼児が自ら周囲に働き掛けることにより多様な感情を体験し、試行錯誤しながら諦めずにやり遂げることの達成感や、前向きな見通しをもって自分の力で行うことの充実感を味わうことができるよう、幼児の行動を見守りながら適切な援助を行うようにすること。
　(2)　一人一人を生かした集団を形成しながら人と関わる力を育てていくようにすること。その際、集団の生活の中で、幼児が自己を発揮し、教師や他の幼児に認められる体験をし、自分のよさや特徴に気付き、自信をもって行動できるようにすること。
　(3)　幼児が互いに関わりを深め、協同して遊ぶようになるため、自ら行動する力を育てるようにするとともに、他の幼児と試行錯誤しながら活動を展開する楽しさや共通の目的が実現する喜びを味わうことができるようにすること。
　(4)　道徳性の芽生えを培うに当たっては、基本的な生活習慣の形成を図るとともに、幼児が他の幼児との関わりの中で他人の存在に気付き、相手を尊重する気持ちをもって行動できるようにし、また、自然や身近な動植物に親しむことなどを通して豊かな心情が育つようにすること。特に、人に対する信頼感や思いやりの気持ちは、葛藤やつまずきをも体験し、それらを乗り越えることにより次第に芽生えてくることに配慮すること。
　(5)　集団の生活を通して、幼児が人との関わりを深め、規範意識の芽生えが培われることを考慮し、幼児が教師との信頼関係に支えられて自己を発揮する中で、互いに思いを主張し、折り合いを付ける体験をし、きまりの必要性などに気付き、自分の気持ちを調整する力が育つようにすること。
　(6)　高齢者をはじめ地域の人々などの自分の生活に関係の深いいろいろな人と触れ合い、自分の感情や意志を表現しながら共に楽しみ、共感し合う体験を通して、これらの人々などに親しみをもち、人と関わることの楽しさや人の役に立つ喜びを味わうことができるようにすること。また、生活を通して親や祖父母などの家族の愛情に気付き、家族を大切にしようとする気持ちが育つようにすること。

環境

〔周囲の様々な環境に好奇心や探究心をもって関わり、それらを生活に取り入れていこうとする力を養う。〕

1　ねらい
  (1) 身近な環境に親しみ、自然と触れ合う中で様々な事象に興味や関心をもつ。
  (2) 身近な環境に自分から関わり、発見を楽しんだり、考えたりし、それを生活に取り入れようとする。
  (3) 身近な事象を見たり、考えたり、扱ったりする中で、物の性質や数量、文字などに対する感覚を豊かにする。

2　内容
  (1) 自然に触れて生活し、その大きさ、美しさ、不思議さなどに気付く。
  (2) 生活の中で、様々な物に触れ、その性質や仕組みに興味や関心をもつ。
  (3) 季節により自然や人間の生活に変化のあることに気付く。
  (4) 自然などの身近な事象に関心をもち、取り入れて遊ぶ。
  (5) 身近な動植物に親しみをもって接し、生命の尊さに気付き、いたわったり、大切にしたりする。
  (6) 日常生活の中で、我が国や地域社会における様々な文化や伝統に親しむ。
  (7) 身近な物を大切にする。
  (8) 身近な物や遊具に興味をもって関わり、自分なりに比べたり、関連付けたりしながら考えたり、試したりして工夫して遊ぶ。
  (9) 日常生活の中で数量や図形などに関心をもつ。
  (10) 日常生活の中で簡単な標識や文字などに関心をもつ。
  (11) 生活に関係の深い情報や施設などに興味や関心をもつ。
  (12) 幼稚園内外の行事において国旗に親しむ。

3　内容の取扱い
  上記の取扱いに当たっては、次の事項に留意する必要がある。
  (1) 幼児が、遊びの中で周囲の環境と関わり、次第に周囲の世界に好奇心を抱き、その意味や操作の仕方に関心をもち、物事の法則性に気付き、自分なりに考えることができるようになる過程を大切にすること。また、他の幼児の考えなどに触れて新しい考えを生み出す喜びや楽しさを味わい、自分の考えをよりよいものにしようとする気持ちが育つようにすること。
  (2) 幼児期において自然のもつ意味は大きく、自然の大きさ、美しさ、不思議さなどに直接触れる体験を通して、幼児の心が安らぎ、豊かな感情、好奇心、思考力、表現力の基礎が培われることを踏まえ、幼児が自然との関わりを深めることができるよう工夫すること。
  (3) 身近な事象や動植物に対する感動を伝え合い、共感し合うことなどを通して自分から関わろうとする意欲を育てるとともに、様々な関わり方を通してそれらに対する親しみや畏敬の念、生命を大切にする気持ち、公共心、探究心などが養われるようにすること。
  (4) 文化や伝統に親しむ際には、正月や節句など我が国の伝統的な行事、国歌、唱歌、わらべうたや我が国の伝統的な遊びに親しんだり、異なる文化に触れる活動に親しんだりすることを通じて、社会とのつながりの意識や国際理解の意識の芽生えなどが養われるようにすること。
  (5) 数量や文字などに関しては、日常生活の中で幼児自身の必要感に基づく体験を大切にし、数量や文字などに関する興味や関心、感覚が養われるようにすること。

言葉

〔経験したことや考えたことなどを自分なりの言葉で表現し、相手の話す言葉を聞こうとする意欲や態度を育て、言葉に対する感覚や言葉で表現する力を養う。〕

1　ねらい
  (1) 自分の気持ちを言葉で表現する楽しさを味わう。
  (2) 人の言葉や話などをよく聞き、自分の経験したことや考えたことを話し、伝え合う喜びを味わう。
  (3) 日常生活に必要な言葉が分かるようになるとともに、絵本や物語などに親しみ、言葉に対する感覚を豊かにし、先生や友達と心を通わせる。

2　内容
  (1) 先生や友達の言葉や話に興味や関心をもち、親しみをもって聞いたり、話したりする。
  (2) したり、見たり、聞いたり、感じたり、考えたりなどしたことを自分なりに言葉で表現する。
  (3) したいこと、してほしいことを言葉で表現したり、分からないことを尋ねたりする。
  (4) 人の話を注意して聞き、相手に分かるように話す。
  (5) 生活の中で必要な言葉が分かり、使う。
  (6) 親しみをもって日常の挨拶をする。
  (7) 生活の中で言葉の楽しさや美しさに気付く。
  (8) いろいろな体験を通してイメージや言葉を豊かにする。
  (9) 絵本や物語などに親しみ、興味をもって聞き、想像をする楽しさを味わう。
  (10) 日常生活の中で、文字などで伝える楽しさを味わう。

3　内容の取扱い
  上記の取扱いに当たっては、次の事項に留意する必要がある。
  (1) 言葉は、身近な人に親しみをもって接し、自分の感情や意志などを伝え、それに相手が応答し、その言葉を聞くことを通して次第に獲得されていくものであることを考慮して、幼児が教師や他の幼児と関わることにより心を動かされるような体験をし、言葉を交わす喜びを味わえるようにすること。
  (2) 幼児が自分の思いを言葉で伝えるとともに、教師や他の幼児などの話を興味をもって注意して聞くことを通して次第に話を理解するようになっていき、言葉に

よる伝え合いができるようにすること。
　(3) 絵本や物語などで、その内容と自分の経験とを結び付けたり、想像を巡らせたりするなど、楽しみを十分に味わうことによって、次第に豊かなイメージをもち、言葉に対する感覚が養われるようにすること。
　(4) 幼児が生活の中で、言葉の響きやリズム、新しい言葉や表現などに触れ、これらを使う楽しさを味わえるようにすること。その際、絵本や物語に親しんだり、言葉遊びなどをしたりすることを通して、言葉が豊かになるようにすること。
　(5) 幼児が日常生活の中で、文字などを使いながら思ったことや考えたことを伝える喜びや楽しさを味わい、文字に対する興味や関心をもつようにすること。

表現
〔感じたことや考えたことを自分なりに表現することを通して、豊かな感性や表現する力を養い、創造性を豊かにする。〕
1　ねらい
　(1) いろいろなものの美しさなどに対する豊かな感性をもつ。
　(2) 感じたことや考えたことを自分なりに表現して楽しむ。
　(3) 生活の中でイメージを豊かにし、様々な表現を楽しむ。
2　内容
　(1) 生活の中で様々な音、形、色、手触り、動きなどに気付いたり、感じたりするなどして楽しむ。
　(2) 生活の中で美しいものや心を動かす出来事に触れ、イメージを豊かにする。
　(3) 様々な出来事の中で、感動したことを伝え合う楽しさを味わう。
　(4) 感じたこと、考えたことなどを音や動きなどで表現したり、自由にかいたり、つくったりなどする。
　(5) いろいろな素材に親しみ、工夫して遊ぶ。
　(6) 音楽に親しみ、歌を歌ったり、簡単なリズム楽器を使ったりなどする楽しさを味わう。
　(7) かいたり、つくったりすることを楽しみ、遊びに使ったり、飾ったりなどする。
　(8) 自分のイメージを動きや言葉などで表現したり、演じて遊んだりするなどの楽しさを味わう。
3　内容の取扱い
　　上記の取扱いに当たっては、次の事項に留意する必要がある。
　(1) 豊かな感性は、身近な環境と十分に関わる中で美しいもの、優れたもの、心を動かす出来事などに出会い、そこから得た感動を他の幼児や教師と共有し、様々に表現することなどを通して養われるようにすること。その際、風の音や雨の音、身近にある草や花の形や色など自然の中にある音、形、色などに気付くようにすること。

　(2) 幼児の自己表現は素朴な形で行われることが多いので、教師はそのような表現を受容し、幼児自身の表現しようとする意欲を受け止めて、幼児が生活の中で幼児らしい様々な表現を楽しむことができるようにすること。
　(3) 生活経験や発達に応じ、自ら様々な表現を楽しみ、表現する意欲を十分に発揮させることができるように、遊具や用具などを整えたり、様々な素材や表現の仕方に親しんだり、他の幼児の表現に触れられるよう配慮したりし、表現する過程を大切にして自己表現を楽しめるように工夫すること。

第3章　教育課程に係る教育時間の終了後等に行う教育活動などの留意事項

1　地域の実態や保護者の要請により、教育課程に係る教育時間の終了後等に希望する者を対象に行う教育活動については、幼児の心身の負担に配慮するものとする。また、次の点にも留意するものとする。
　(1) 教育課程に基づく活動を考慮し、幼児期にふさわしい無理のないものとなるようにすること。その際、教育課程に基づく活動を担当する教師と緊密な連携を図るようにすること。
　(2) 家庭や地域での幼児の生活も考慮し、教育課程に係る教育時間の終了後等に行う教育活動の計画を作成するようにすること。その際、地域の人々と連携するなど、地域の様々な資源を活用しつつ、多様な体験ができるようにすること。
　(3) 家庭との緊密な連携を図るようにすること。その際、情報交換の機会を設けたりするなど、保護者が、幼稚園と共に幼児を育てるという意識が高まるようにすること。
　(4) 地域の実態や保護者の事情とともに幼児の生活のリズムを踏まえつつ、例えば実施日数や時間などについて、弾力的な運用に配慮すること。
　(5) 適切な責任体制と指導体制を整備した上で行うようにすること。
2　幼稚園の運営に当たっては、子育ての支援のために保護者や地域の人々に機能や施設を開放して、園内体制の整備や関係機関との連携及び協力に配慮しつつ、幼児期の教育に関する相談に応じたり、情報を提供したり、幼児と保護者との登園を受け入れたり、保護者同士の交流の機会を提供したりするなど、幼稚園と家庭が一体となって幼児と関わる取組を進め、地域における幼児期の教育のセンターとしての役割を果たすよう努めるものとする。その際、心理や保健の専門家、地域の子育て経験者等と連携・協働しながら取り組むよう配慮するものとする。

保育所保育指針（抄録）

[厚生労働省　平成29年3月告示　平成30年4月施行]

第2章　保育の内容

1　乳児保育に関わるねらい及び内容

(1) 基本的事項

ア　乳児期の発達については、視覚、聴覚などの感覚や、座る、はう、歩くなどの運動機能が著しく発達し、特定の大人との応答的な関わりを通じて、情緒的な絆が形成されるといった特徴がある。これらの発達の特徴を踏まえて、乳児保育は、愛情豊かに、応答的に行われることが特に必要である。

イ　本項においては、この時期の発達の特徴を踏まえ、乳児保育の「ねらい」及び「内容」については、身体的発達に関する視点「健やかに伸び伸びと育つ」、社会的発達に関する視点「身近な人と気持ちが通じ合う」及び精神的発達に関する視点「身近なものと関わり感性が育つ」としてまとめ、示している。

ウ　本項の各視点において示す保育の内容は、第1章の2に示された養護における「生命の保持」及び「情緒の安定」に関わる保育の内容と、一体となって展開されるものであることに留意が必要である。

(2) ねらい及び内容

ア　健やかに伸び伸びと育つ

健康な心と体を育て、自ら健康で安全な生活をつくり出す力の基盤を培う。

(ア) ねらい

① 身体感覚が育ち、快適な環境に心地よさを感じる。
② 伸び伸びと体を動かし、はう、歩くなどの運動をしようとする。
③ 食事、睡眠等の生活のリズムの感覚が芽生える。

(イ) 内容

① 保育士等の愛情豊かな受容の下で、生理的・心理的欲求を満たし、心地よく生活をする。
② 一人一人の発育に応じて、はう、立つ、歩くなど、十分に体を動かす。
③ 個人差に応じて授乳を行い、離乳を進めていく中で、様々な食品に少しずつ慣れ、食べることを楽しむ。
④ 一人一人の生活のリズムに応じて、安全な環境の下で十分に午睡をする。
⑤ おむつ交換や衣服の着脱などを通じて、清潔になることの心地よさを感じる。

(ウ) 内容の取扱い

上記の取扱いに当たっては、次の事項に留意する必要がある。

① 心と体の健康は、相互に密接な関連があるものであることを踏まえ、温かい触れ合いの中で、心と体の発達を促すこと。特に、寝返り、お座り、はいはい、つかまり立ち、伝い歩きなど、発育に応じて、遊びの中で体を動かす機会を十分に確保し、自ら体を動かそうとする意欲が育つようにすること。

② 健康な心と体を育てるためには望ましい食習慣の形成が重要であることを踏まえ、離乳食が完了期へと徐々に移行する中で、様々な食品に慣れるようにするとともに、和やかな雰囲気の中で食べる喜びや楽しさを味わい、進んで食べようとする気持ちが育つようにすること。なお、食物アレルギーのある子どもへの対応については、嘱託医等の指示や協力の下に適切に対応すること。

イ　身近な人と気持ちが通じ合う

受容的・応答的な関わりの下で、何かを伝えようとする意欲や身近な大人との信頼関係を育て、人と関わる力の基盤を培う。

(ア) ねらい

① 安心できる関係の下で、身近な人と共に過ごす喜びを感じる。
② 体の動きや表情、発声等により、保育士等と気持ちを通わせようとする。
③ 身近な人と親しみ、関わりを深め、愛情や信頼感が芽生える。

(イ) 内容

① 子どもからの働きかけを踏まえた、応答的な触れ合いや言葉がけによって、欲求が満たされ、安定感をもって過ごす。
② 体の動きや表情、発声、喃語等を優しく受け止めてもらい、保育士等とのやり取りを楽しむ。
③ 生活や遊びの中で、自分の身近な人の存在に気付き、親しみの気持ちを表す。
④ 保育士等による語りかけや歌いかけ、発声や喃語等への応答を通じて、言葉の理解や発語の意欲が育つ。
⑤ 温かく、受容的な関わりを通じて、自分を肯定する気持ちが芽生える。

(ウ) 内容の取扱い

上記の取扱いに当たっては、次の事項に留意する必要がある。

① 保育士等との信頼関係に支えられて生活を確立していくことが人と関わる基盤となることを考慮して、子どもの多様な感情を受け止め、温かく受容的・応答的に関わり、一人一人に応じた適切な援助を行うようにすること。

② 身近な人に親しみをもって接し、自分の感情などを表し、それに相手が応答する言葉を聞くことを通して、次第に言葉が獲得されていくことを考慮して、楽しい雰囲気の中での保育士等との関わり合いを大切にし、ゆっくりと優しく話しかけるなど、積極的に言葉のやり取りを楽しむことができるようにすること。

ウ　身近なものと関わり感性が育つ

身近な環境に興味や好奇心をもって関わり、感じたことや考えたことを表現する力の基盤を培う。

(ｱ)　ねらい
　　①　身の回りのものに親しみ、様々なものに興味や関心をもつ。
　　②　見る、触れる、探索するなど、身近な環境に自分から関わろうとする。
　　③　身体の諸感覚による認識が豊かになり、表情や手足、体の動き等で表現する。
　(ｲ)　内容
　　①　身近な生活用具、玩具や絵本などが用意された中で、身の回りのものに対する興味や好奇心をもつ。
　　②　生活や遊びの中で様々なものに触れ、音、形、色、手触りなどに気付き、感覚の働きを豊かにする。
　　③　保育士等と一緒に様々な色彩や形のものや絵本などを見る。
　　④　玩具や身の回りのものを、つまむ、つかむ、たたく、引っ張るなど、手や指を使って遊ぶ。
　　⑤　保育士等のあやし遊びに機嫌よく応じたり、歌やリズムに合わせて手足や体を動かして楽しんだりする。
　(ｳ)　内容の取扱い
　　上記の取扱いに当たっては、次の事項に留意する必要がある。
　　①　玩具などは、音質、形、色、大きさなど子どもの発達状態に応じて適切なものを選び、その時々の子どもの興味や関心を踏まえるなど、遊びを通して感覚の発達が促されるものとなるように工夫すること。なお、安全な環境の下で、子どもが探索意欲を満たして自由に遊べるよう、身の回りのものについては、常に十分な点検を行うこと。
　　②　乳児期においては、表情、発声、体の動きなどで、感情を表現することが多いことから、これらの表現しようとする意欲を積極的に受け止めて、子どもが様々な活動を楽しむことを通して表現が豊かになるようにすること。
(3)　保育の実施に関わる配慮事項
　ア　乳児は疾病への抵抗力が弱く、心身の機能の未熟さに伴う疾病の発生が多いことから、一人一人の発育及び発達状態や健康状態についての適切な判断に基づく保健的な対応を行うこと。
　イ　一人一人の子どもの生育歴の違いに留意しつつ、欲求を適切に満たし、特定の保育士が応答的に関わるように努めること。
　ウ　乳児保育に関わる職員間の連携や嘱託医との連携を図り、第3章に示す事項を踏まえ、適切に対応すること。栄養士及び看護師等が配置されている場合は、その専門性を生かした対応を図ること。
　エ　保護者との信頼関係を築きながら保育を進めるとともに、保護者からの相談に応じ、保護者への支援に努めていくこと。
　オ　担当の保育士が替わる場合には、子どものそれまでの生育歴や発達過程に留意し、職員間で協力して対応すること。

2　1歳以上3歳未満児の保育に関わるねらい及び内容
(1)　基本的事項
　ア　この時期においては、歩き始めから、歩く、走る、跳ぶなどへと、基本的な運動機能が次第に発達し、排泄の自立のための身体的機能も整うようになる。つまむ、めくるなどの指先の機能も発達し、食事、衣類の着脱なども、保育士等の援助の下で自分で行うようになる。発声も明瞭になり、語彙も増加し、自分の意思や欲求を言葉で表出できるようになる。このように自分でできることが増えてくる時期であることから、保育士等は、子どもの生活の安定を図りながら、自分でしようとする気持ちを尊重し、温かく見守るとともに、愛情豊かに、応答的に関わることが必要である。
　イ　本項においては、この時期の発達の特徴を踏まえ、保育の「ねらい」及び「内容」について、心身の健康に関する領域「健康」、人との関わりに関する領域「人間関係」、身近な環境との関わりに関する領域「環境」、言葉の獲得に関する領域「言葉」及び感性と表現に関する領域「表現」としてまとめ、示している。
　ウ　本項の各領域において示す保育の内容は、第1章の2に示された養護における「生命の保持」及び「情緒の安定」に関わる保育の内容と、一体となって展開されるものであることに留意が必要である。
(2)　ねらい及び内容
　ア　健康
　　健康な心と体を育て、自ら健康で安全な生活をつくり出す力を養う。
　　(ｱ)　ねらい
　　①　明るく伸び伸びと生活し、自分から体を動かすことを楽しむ。
　　②　自分の体を十分に動かし、様々な動きをしようとする。
　　③　健康、安全な生活に必要な習慣に気付き、自分でしてみようとする気持ちが育つ。
　　(ｲ)　内容
　　①　保育士等の愛情豊かな受容の下で、安定感をもって生活をする。
　　②　食事や午睡、遊びと休息など、保育所における生活のリズムが形成される。
　　③　走る、跳ぶ、登る、押す、引っ張るなど全身を使う遊びを楽しむ。
　　④　様々な食品や調理形態に慣れ、ゆったりとした雰囲気の中で食事や間食を楽しむ。
　　⑤　身の回りを清潔に保つ心地よさを感じ、その習慣が少しずつ身に付く。
　　⑥　保育士等の助けを借りながら、衣類の着脱を自分でしようとする。
　　⑦　便器での排泄に慣れ、自分で排泄ができるようになる。
　　(ｳ)　内容の取扱い
　　上記の取扱いに当たっては、次の事項に留意する必要がある。
　　①　心と体の健康は、相互に密接な関連があるもの

であることを踏まえ、子どもの気持ちに配慮した温かい触れ合いの中で、心と体の発達を促すこと。特に、一人一人の発育に応じて、体を動かす機会を十分に確保し、自ら体を動かそうとする意欲が育つようにすること。
② 健康な心と体を育てるためには望ましい食習慣の形成が重要であることを踏まえ、ゆったりとした雰囲気の中で食べる喜びや楽しさを味わい、進んで食べようとする気持ちが育つようにすること。なお、食物アレルギーのある子どもへの対応については、嘱託医等の指示や協力の下に適切に対応すること。
③ 排泄の習慣については、一人一人の排尿間隔等を踏まえ、おむつが汚れていないときに便器に座らせるなどにより、少しずつ慣れさせるようにすること。
④ 食事、排泄、睡眠、衣類の着脱、身の回りを清潔にすることなど、生活に必要な基本的な習慣については、一人一人の状態に応じ、落ち着いた雰囲気の中で行うようにし、子どもが自分でしようとする気持ちを尊重すること。また、基本的な生活習慣の形成に当たっては、家庭での生活経験に配慮し、家庭との適切な連携の下で行うようにすること。

イ 人間関係
他の人々と親しみ、支え合って生活するために、自立心を育て、人と関わる力を養う。
(ア) ねらい
① 保育所での生活を楽しみ、身近な人と関わる心地よさを感じる。
② 周囲の子ども等への興味や関心が高まり、関わりをもとうとする。
③ 保育所の生活の仕方に慣れ、きまりの大切さに気付く。
(イ) 内容
① 保育士等や周囲の子ども等との安定した関係の中で、共に過ごす心地よさを感じる。
② 保育士等の受容的・応答的な関わりの中で、欲求を適切に満たし、安定感をもって過ごす。
③ 身の回りに様々な人がいることに気付き、徐々に他の子どもと関わりをもって遊ぶ。
④ 保育士等の仲立ちにより、他の子どもとの関わり方を少しずつ身につける。
⑤ 保育所の生活の仕方に慣れ、きまりがあることや、その大切さに気付く。
⑥ 生活や遊びの中で、年長児や保育士等の真似をしたり、ごっこ遊びを楽しんだりする。
(ウ) 内容の取扱い
上記の取扱いに当たっては、次の事項に留意する必要がある。
① 保育士等との信頼関係に支えられて生活を確立するとともに、自分で何かをしようとする気持ち

が旺盛になる時期であることに鑑み、そのような子どもの気持ちを尊重し、温かく見守るとともに、愛情豊かに、応答的に関わり、適切な援助を行うようにすること。
② 思い通りにいかない場合等の子どもの不安定な感情の表出については、保育士等が受容的に受け止めるとともに、そうした気持ちから立ち直る経験や感情をコントロールすることへの気付き等につなげていけるように援助すること。
③ この時期は自己と他者との違いの認識がまだ十分ではないことから、子どもの自我の育ちを見守るとともに、保育士等が仲立ちとなって、自分の気持ちを相手に伝えることや相手の気持ちに気付くことの大切さなど、友達の気持ちや友達との関わり方を丁寧に伝えていくことと。

ウ 環境
周囲の様々な環境に好奇心や探究心をもって関わり、それらを生活に取り入れていこうとする力を養う。
(ア) ねらい
① 身近な環境に親しみ、触れ合う中で、様々なものに興味や関心をもつ。
② 様々なものに関わる中で、発見を楽しんだり、考えたりしようとする。
③ 見る、聞く、触るなどの経験を通して、感覚の働きを豊かにする。
(イ) 内容
① 安全で活動しやすい環境での探索活動等を通して、見る、聞く、触れる、嗅ぐ、味わうなどの感覚の働きを豊かにする。
② 玩具、絵本、遊具などに興味をもち、それらを使った遊びを楽しむ。
③ 身の回りの物に触れる中で、形、色、大きさ、量などの物の性質や仕組みに気付く。
④ 自分の物と人の物の区別や、場所的感覚など、環境を捉える感覚が育つ。
⑤ 身近な生き物に気付き、親しみをもつ。
⑥ 近隣の生活や季節の行事などに興味や関心をもつ。
(ウ) 内容の取扱い
上記の取扱いに当たっては、次の事項に留意する必要がある。
① 玩具などは、音質、形、色、大きさなど子どもの発達状態に応じて適切なものを選び、遊びを通して感覚の発達が促されるように工夫すること。
② 身近な生き物との関わりについては、子どもが命を感じ、生命の尊さに気付く経験へとつながるものであることから、そうした気付きを促すような関わりとなるようにすること。
③ 地域の生活や季節の行事などに触れる際には、社会とのつながりや地域社会の文化への気付きにつながるものとなることが望ましいこと。その際、保育所内外の行事や地域の人々との触れ合いなど

を通して行うこと等も考慮すること。

エ　言葉
経験したことや考えたことなどを自分なりの言葉で表現し、相手の話す言葉を聞こうとする意欲や態度を育て、言葉に対する感覚や言葉で表現する力を養う。
(ｱ)　ねらい
① 言葉遊びや言葉で表現する楽しさを感じる。
② 人の言葉や話などを聞き、自分でも思ったことを伝えようとする。
③ 絵本や物語等に親しむとともに、言葉のやり取りを通じて身近な人と気持ちを通わせる。
(ｲ)　内容
① 保育士等の応答的な関わりや話しかけにより、自ら言葉を使おうとする。
② 生活に必要な簡単な言葉に気付き、聞き分ける。
③ 親しみをもって日常の挨拶に応じる。
④ 絵本や紙芝居を楽しみ、簡単な言葉を繰り返したり、模倣をしたりして遊ぶ。
⑤ 保育士等とごっこ遊びをする中で、言葉のやり取りを楽しむ。
⑥ 保育士等を仲立ちとして、生活や遊びの中で友達との言葉のやり取りを楽しむ。
⑦ 保育士等や友達の言葉や話に興味や関心をもって、聞いたり、話したりする。
(ｳ)　内容の取扱い
上記の取扱いに当たっては、次の事項に留意する必要がある。
① 身近な人に親しみをもって接し、自分の感情などを伝え、それに相手が応答し、その言葉を聞くことを通して、次第に言葉が獲得されていくものであることを考慮して、楽しい雰囲気の中で保育士等との言葉のやり取りができるようにすること。
② 子どもが自分の思いを言葉で伝えるとともに、他の子どもの話などを聞くことを通して、次第に話を理解し、言葉による伝え合いができるようになるよう、気持ちや経験等の言語化を行うことを援助するなど、子ども同士の関わりの仲立ちを行うようにすること。
③ この時期は、片言から、二語文、ごっこ遊びでのやり取りができる程度へと、大きく言葉の習得が進む時期であることから、それぞれの子どもの発達の状況に応じて、遊びや関わりの工夫など、保育の内容を適切に展開することが必要であること。

オ　表現
感じたことや考えたことを自分なりに表現することを通して、豊かな感性や表現する力を養い、創造性を豊かにする。
(ｱ)　ねらい
① 身体の諸感覚の経験を豊かにし、様々な感覚を味わう。
② 感じたことや考えたことなどを自分なりに表現しようとする。
③ 生活や遊びの様々な体験を通して、イメージや感性が豊かになる。
(ｲ)　内容
① 水、砂、土、紙、粘土など様々な素材に触れて楽しむ。
② 音楽、リズムやそれに合わせた体の動きを楽しむ。
③ 生活の中で様々な音、形、色、手触り、動き、味、香りなどに気付いたり、感じたりして楽しむ。
④ 歌を歌ったり、簡単な手遊びや全身を使う遊びを楽しんだりする。
⑤ 保育士等からの話や、生活や遊びの中での出来事を通して、イメージを豊かにする。
⑥ 生活や遊びの中で、興味のあることや経験したことなどを自分なりに表現する。
(ｳ)　内容の取扱い
上記の取扱いに当たっては、次の事項に留意する必要がある。
① 子どもの表現は、遊びや生活の様々な場面で表出されているものであることから、それらを積極的に受け止め、様々な表現の仕方や感性を豊かにする経験となるようにすること。
② 子どもが試行錯誤しながら様々な表現を楽しむことや、自分の力でやり遂げる充実感などに気付くよう、温かく見守るとともに、適切に援助を行うようにすること。
③ 様々な感情の表現等を通じて、子どもが自分の感情や気持ちに気付くようになる時期であることに鑑み、受容的な関わりの中で自信をもって表現をすることや、諦めずに続けた後の達成感等を感じられるような経験が蓄積されるようにすること。
④ 身近な自然や身の回りの事物に関わる中で、発見や心が動く経験が得られるよう、諸感覚を働かせることを楽しむ遊びや素材を用意するなど保育の環境を整えること。

(3)　保育の実施に関わる配慮事項
ア　特に感染症にかかりやすい時期であるので、体の状態、機嫌、食欲などの日常の状態の観察を十分に行うとともに、適切な判断に基づく保健的な対応を心がけること。
イ　探索活動が十分できるように、事故防止に努めながら活動しやすい環境を整え、全身を使う遊びなど様々な遊びを取り入れること。
ウ　自我が形成され、子どもが自分の感情や気持ちに気付くようになる重要な時期であることに鑑み、情緒の安定を図りながら、子どもの自発的な活動を尊重するとともに促していくこと。
エ　担当の保育士が替わる場合には、子どものそれまでの経験や発達過程に留意し、職員間で協力して対応すること。

監修者・編者・著者紹介

▶監修　無藤 隆（むとう たかし）第1章§1～6
東京大学教育学部卒業。同大学院教育学専攻科博士課程中退。お茶の水女子大学助教授、同子ども発達教育研究センター教授、白梅学園大学教授を経て、現在、白梅学園大学名誉教授。専門は、発達心理学、幼児教育学、保育学。
【著書】『現場と学問のふれあうところ』（新曜社）、『幼児教育のデザイン』（東京大学出版会）他。

▶編者代表　宮里暁美（みやさと あけみ）第1章§7
お茶の水女子大学家政学部卒業。国公立幼稚園教諭、お茶の水女子大学附属幼稚園副園長を経て、現在、お茶の水女子大学アカデミックプロダクション寄附講座教授。専門は、幼児教育学、保育学。
【著書】『子どもたちの四季 ―小さな子をもつあなたへ伝えたい大切なこと―』（主婦の友社）、『子どもからはじまる保育の世界』（共著、北樹出版）他。

▶編者　倉持清美（くらもち きよみ）第7章
お茶の水女子大学家政学部卒業。同大学院人間文化研究科博士課程修了。博士（人文科学）。現在、東京学芸大学教育学部教授。専門は、保育学、発達心理学。
【著書】『保育実践のフィールド心理学』（共編著、北大路書房）、『児童学事典』（共著、丸善）他。

伊集院理子（いじゅういん みちこ）第4章
お茶の水女子大学家政学部卒業。同大学院家政学研究科修士課程修了。お茶の水女子大学附属幼稚園教諭、副園長を経て、現在、十文字学園女子大学幼児教育学科教授。専門は、保育学、幼児教育学。
【著書】『保育内容環境』（共著、北大路書房）、『子どもの学びをつなぐ』（共著、東洋館出版）他。

▶著者（執筆順）　**野田淳子**（のだ じゅんこ）第2章
東京女子大学文理学部卒業。お茶の水女子大学大学院人間文化研究科博士課程単位取得退学。現在、東京経済大学経営学部准教授。専門は、発達心理学、保育学、幼児教育学。
【著書】『乳幼児のこころ』（共著、有斐閣）、『子育て支援の心理学』（共著、有斐閣）他。

掘越紀香（ほりこし のりか）第3章
お茶の水女子大学家政学部卒業。同大学院人間文化研究科博士課程単位取得退学。白梅学園大学大学院子ども学研究科博士課程修了。博士（子ども学）。現在、国立教育政策研究所幼児教育研究センター総括研究官。専門は、幼児教育学、保育学。
【著書】『保育実践のフィールド心理学』（共著、北大路書房）、『保育内容 環境』（共編著、光生館）他。

清水由紀（しみず ゆき）第5章
お茶の水女子大学文教育学部卒業。同大学院人間文化研究科博士課程修了。博士（人文科学）。埼玉大学准教授を経て、現在、早稲田大学文学学術院教授。専門は、発達心理学、文化心理学。
【著書】『他者とかかわる心の発達心理学』（編著、金子書房）、『パーソナリティ特性推論の発達過程』（風間書房）他。

横山真貴子（よこやま まきこ）第6章
早稲田大学教育学部卒業。お茶の水女子大学大学院人間文化研究科博士課程修了。博士（人文科学）。現在、文部科学省初等中等教育局視学官。専門は、発達心理学、保育学。
【著書】『保育実践の中にある保育者の専門性へのアプローチ』（共著、ミネルヴァ書房）、『絵本の読み聞かせと手紙を書く活動の研究』（風間書房）他。

浜口順子（はまぐち じゅんこ）第8章§1～2
お茶の水女子大学家政学部卒業。同大学院人間文化研究科博士課程修了。博士（人文科学）。十文字学園女子大学助教授、お茶の水女子大学教授を経て、現在、お茶の水女子大学名誉教授。専門は、幼児教育学、保育人間学。
【著書】『自由保育とは何か』（共著、フレーベル館）、『保育原理』（共著、青踏社）他。

北野幸子（きたの さちこ）第8章§3～6
神戸大学教育学部卒業。広島大学大学院教育学研究科博士課程単位修得満期修了。博士（教育学）。福岡教育大学准教授を経て、現在、神戸大学大学院人間発達環境学研究科教授。専門は、乳幼児教育学、保育学。
【著書】『育てたい子どもの姿とこれからの保育』（共著、ぎょうせい）、『平成30年度施行　新要領・指針サポートブック』（共著、世界文化社）他。

事例・写真 提供協力　（五十音順）

お茶の水女子大学附属幼稚園
東京学芸大学附属幼稚園小金井園舎
東京学芸大学附属幼稚園竹早園舎
文京区立お茶の水女子大学こども園

お茶の水女子大学附属小学校
東京学芸大学附属小金井小学校

幼児写真家　天野行造

大分大学教育学部附属幼稚園
神戸大学附属幼稚園
豊島区　目白幼稚園
奈良教育大学附属幼稚園
梅園幼稚園
舞鶴市立うみべのもり保育所

青山昌子
齋藤麻由美

装幀
大路浩実

本文デザイン・DTP
株式会社明昌堂

新訂 事例で学ぶ保育内容 〈領域〉言葉

2007年1月7日　　初版第1刷発行
2008年9月15日　　改訂版第1刷発行
2018年4月25日　　改訂版第9刷発行
2018年9月25日　　新訂版第1刷発行
2025年4月1日　　 新訂版第7刷発行

監修者
無藤 隆

編者代表
宮里暁美

発行者
服部直人

発行所
株式会社萌文書林
〒113-0021　東京都文京区本駒込6-15-11
Tel.03-3943-0576　Fax.03-3943-0567
https://www.houbun.com/
info@houbun.com

印刷
シナノ印刷株式会社

©Takashi Muto, Akemi Miyasato *et al.* 2018, Printed in Japan
ISBN 978-4-89347-259-5

乱丁・落丁本はお取り替えいたします。
定価はカバーに表示してあります。

本書の無断複写（コピー）・複製は著作権法上での例外を除き禁じられています。
また、代行業者などの第三者による本書のデジタル化は、いかなる場合も著作権法違反となります。